꿈을
좇으면
영어는
덤이다

꿈을 좇으면
영어는 덤이다

문성용 지음

휴먼큐브

Trailer

2012년 5월, 아침엔 조금 쌀쌀하지만 낮에는 슬슬 더위가 느껴지기 시작하던 무렵이었다.

60여 석 정도의 종로 YBM 강의실에는 열댓 명 정도가 앉아 있었다. 영어 청취·말하기 초보자 특강에 참석한 사람들이었다. 그들 앞에서 나는 당시 라디오에서 자주 나오던 영단기(영어단기학교)의 광고 문구를 따라 하고 있었다. "영어 20일만 해~~~."

20일 만에 영어를? 사기다, 사기! 영어는 평생 해야 하는 것이다. 왜? '말'이니까. 나는 이렇게 열변을 토하고 있었다. 그런데 뒷자리에 앉아 있던 한 남자가 계속 눈에 거슬렸다. '초보자처럼 보이진 않는데…….'

꿈을 좇으면 영어는 덤이다

그는 수업 후 나를 찾아왔다. 명함을 내밀며 자기소개를 했다. 주식회사 에스티앤 뭐뭐의 대표라고 했다. '뭐 하는 회사지?' 하고 생각하는 순간 그가 말을 이었다.

"영단기라는 영어교육 사이트를 운영하고 있습니다."

속으로 아차 싶었다. 영단기 대표 앞에서 영단기 광고를 깠으니……. 하지만 뭐 틀린 말을 한 것도 아니었다.

그는 내가 가르치는 학생들의 결과를 보고 싶어했다. 나는 그동안 학생들과 훈련할 때 촬영해둔 영상을 하나씩하나씩 보여줬다. 그는 궁금한 점을 자세히 물어봤다. 30분 정도의 시간이 흘렀다. 그로부터 며칠 후 그에게서 연락이 왔다. 함께 하자고 했다. '말이 되는' 영어를 가르치자고 했다.

'생각도 말도 영어로 하는! 국내 어학연수'
과정은 이렇게 탄생했다.

그리고 5년이 지났다. 나는 여전히 영어는 평생 해야 한다고 가르치고 있다. 나와 함께 한 학생들은 1개에 한 시간씩, 하루 1개 이상의 녹음파일을 만든다. 그렇게 쌓인 녹음파일이 2018년 3월 기준 이미 90만 개를 넘었다. 하지만 그들에게나 나에게나 영어는 그저 덤일 뿐이다. 내가 하고 싶은 일, 좋아하는 일을 하면서 오다 보니 영어는 저절로 내 것이 되어 있었다.

비록 하루에 3시간을 자도, 가끔 쓰러져서 응급실 신세를 져도, 아끼고 아껴서 모은 돈으로 학생들을 돕고 있어도, 내가 좋아하는 사람들에게 영어를 가르치고 꿈을 나눌 수 있다는 것이 나를 다시금 기운 나게 한다.

영어를 잘하고 싶은가? 각박한 국내 대기업 대신 외국계 회사에 취직하고 싶은가? 해외유학을 가야 하는가? 아니면 항공사 승무원? 그럼 영어에 목숨 걸지 마라. 문제는 영어가 아니다. 문제는 여러분의 꿈이다. 꿈을 좇다 보면 영어는 어느새 여러분의 손에 쥐어져 있을 것이다. 믿기지 않는다고? 그럼 '성공헬퍼 문성용의 소리드림 카페'(내가 운영하는 다음카페)를 검색해보시라. 거기에 이미 자신의 꿈을 이뤄가고 있고, 말이 되는 영어를 하고 있는 사람들이 있다. 여러분과 함께 꿈을 이루고, 말이 되는 영어를 하고 싶어하는 여러분만의 팀이 여러분을 기다리고 있을 것이다.

이 책은 자신만의 꿈을 이루고, 꿈을 위해 영어를 말해야 하는 이들

꿈을 좇으면 영어는 덤이다

을 위한 작은 안내서다. 혼자 하기 힘들어서 포기했다면, 언어에 소질이 없다며 좌절했다면, 이제 '소리드림'과 함께 하면 된다. 소리드림 '대표 헬퍼' 문성용이 여러분의 성공을 도와드릴 것이다.

물론 이 책에는 나만의 영어 학습법이 담겨 있다. 하지만 그전에 왜 영어강사가 아닌, 성공헬퍼라는 타이틀을 내세우게 되었는지를 설명하고자 한다. 거기에 영어 학습법의 핵심이 담겨 있기 때문이다. 그 시작은 2007년의 어느 늦은 가을, 찬바람이 불기 시작하던 저녁이었다.

Season 2. 영어는 덤이다!

SEASON 1.

성공헬퍼 되다!

EPISODE 1.

1인의 성공헬퍼가 되다!

무슨 일이든 처음이 어렵다. 벌써 600명에 가까운 이들의 성공을 도와왔지만, 9년 전에는 상상도 못했던 일이다. 하지만 내가 다른 이들의 성공을 돕는 일을 꿈으로 삼게 된 것은 단 한 명 때문이었다. 단 한 명을 제대로 도왔더니, 20년 동안 2000명을 도와야겠다는 꿈을 꾸게 되었다.

그 1인은 나의 아내다. 나는 아내에게 성공헬퍼였다!

IT 경력 14년차, 능력은 4년차?

2007년이면 벌써 10년도 더 전이다. 당시 나는 포털사이트 네이버로 유명한 NHN에서 요청한 프로그램을 개발 중이었다. NHN은 네이버 외에도 한게임이라는 게임사이트를 운영하고 있었는데, 그중 '맞고'라는 게임이 제일 유명했다.

사람들이 게임을 하면 데이터가 계속 축적된다. 게임사에서는 이 데이터들을 분석해서 마케팅에 활용하고 싶어한다. 왜 갑자기 비정상적으로 게임 머니가 늘었는지, 갓 출시한 게임 아이템이 어떤 유저들을 유도해서 캐시질을 하게 하는지도 알 수 있게 된다.

내가 NHN에서 하던 프로젝트는 이렇게 데이터베이스에 축적된 데이터들을 편집해서 게임사 입맛에 맞는 자료들이 뚝딱 나오도록 하는 프로그램을 만드는 것이었다. 어찌 보면 재미있어야 할 것 같다. 하지만 나는 출근한 지 30분도 지나지 않았는데, 아직도 2시간 넘게 남은 점심시간을 기다리고 있었다.

옆 자리의 방 선임은 이리저리 왔다 갔다 하며 개발환경을 세팅하고 있었다. 회의실에선 이 과장님이 회의 자료를 검토하고 있었다. 하지만 내 입에서는 연거푸 한숨만 나왔다. "재미없다." 나도 모르게 소리 내어 툭 내뱉고는 혹여 이사님이 들었을까, 슬쩍 뒤를 돌아보았다.

다행히 이사님 자리는 비어 있었다. 대신 창밖으로 중학생쯤 되어 보이는 남자아이 하나가 어디론가 뛰어가고 있었다. '아니 이 시간에 웬 중학생이지?'

불현듯 중학교 3학년 때가 떠올랐다. 나도 어딘가로 급하게 뛰어가고 있었다. 아마 고등학교 배정 후 첫 소집일에 늦지 않으려고 했던 것 같다. 내가 배정된 곳은 가수 서태지가 중퇴한 서울 성북구의 서울북공고였다. 말 그대로 공고였다. 공고에 배정되었다고 하니 공부를 지지리도 못했나 보네 하겠지만, 사실은 배정이 아닌 지원이었다. 당시 가정형편이 어려웠던 터라 부모님과 선생님의 반대를 무릅쓰고 기어이 공고에 들어간 것은 하루빨리 취업하고 싶었기 때문이다.

고3 때 바로 취업하려면 자격증이 필요하다는 말에 입학식 당일에 학원에 등록할 정도였다. 좋아서 했던 것은 아니었다. 인두를 써서 각종 전자기판에 납땜하는 것이 처음에는 재미있었지만, 곧 지루해졌다. 하지만 목표는 조기 취업이므로 전자기기 기능사 2급을 시작으로 몇 가지 자격증을 더 취득했다.

드디어 3학년이 되어 2학기부터 취업활동을 할 수 있었는데, 이 경험이 조기 취업을 위해 인문계를 포기했던 나를 대학교 진학으로 선회하게 만든 계기가 되었다. 그곳은 작은 전파사였다. 사장님과 단 둘이 하루 종일 앉아 유선전화기 고치는 일을 했다. 몸을 움직이기도 힘든 좁은 곳에서 수리, 식사, 수리, 식사를 반복했다. 이건 내가 원하던 삶이 아니었다.

대학 진학을 결심하고는 청솔학원에서 칠판을 닦기로 하고 무료로 수업을 들었다. 하지만 4~5개월 공부해서 될 일이 아니었다. 포기할까 고민하던 차에 자격증으로 대학 진학이 가능하다는 것을 알게 되었다. 자격증만으로 갈 수 있다니, 다행이면서도 씁쓸하기도 했다. 자격증으로 들어갈 수 있는 곳은 전문대밖에 없었기 때문이다.

그렇게 해서 들어간 곳이 동양공전이었다. 그 후 나는 군입대 대신 병역특례를 선택했다. 고3 때 돌아가신 아버지와 군대에 간 형을 대신해 가장 노릇을 해야 했기 때문이다. 3년이 기한인 병역특례 업체에서 5년 넘게 근무했다. 고등학교 시절부터 따지면, 지금까지 14년이다. 14년을

꿈을 좇으면 영어는 덤이다

내가 좋아하지도 않는 일을 하면서 허둥지둥 살아온 것이다.

"문 선임님!" 점심식사 후 믹스커피를 같이 마시던 NHN 직원이 나를 불렀다. "방 선임님은 바쁜 것 같으면서도 일을 참 깔끔하게 잘하시던데요." 방 선임은 경력 4년차였지만, 데이터베이스 프로젝트 분야의 경험이 적어 프로젝트 초반부터 내가 직접 교육을 시키며 업무를 진행하고 있었다. '그렇지, 내가 가르쳤는데!' 혼자 뿌듯함을 느끼는 순간 다음 말이 이어졌다.

"근데…… 문 선임님은 무슨 일…… 하시는지 잘 모르겠어요." 말끝을 흐렸지만, 의미는 명확했다. 내가 일을 가르친 4년차 동료보다 14년차인 내가 더 못하다는 뜻이었다. 좋아하지는 않았지만 나름 잘하고 싶어서 관련 서적도 사서 읽고, 교육도 받고 해왔는데, 이게 다른 사람들의 나에 대한 평가란 말인가? 무엇이 문제란 말인가? 뭔가 부족한 것 같긴 한데 당시 나는 그게 뭔지 짐작조차 할 수 없었다.

Scene #2.

새벽 4시에 일하는 게 즐거워?

　서울시청부터 동대문 역사문화공원까지 쭉 이어지는 대로가 을지로다. 을지로는 양쪽에 하나은행, 외환은행, 기업은행, SK텔레콤 등의 본사 건물들을 거느리고 있다. 이 건물들은 그 당당한 모습이, 마치 그 옛날의 을지문덕 장군을 보는 듯하다. 아침 출근길에 그 앞을 지나다 보면 나도 모르게 어깨를 쭉 펴서 걷게 된다. 나는 시청에서 가까운 롯데 면세점에서 프로젝트를 진행하고 있었다.

　내가 개발하던 것은 사내 업무관리를 위한 ERP 프로그램이었다. 공장 자동화 프로그래밍이 지겨워서 이직을 했던 터라 당시 나는 그 어느 때보다 잘해보리라는 의지에 불타고 있었다. 새벽 5시에 일어나 6시 전

　　　　　　　　꿈을 좇으면 영어는 덤이다

에 회사에 도착했다. 그리고 저녁 9시에 퇴근해서 운동하고 2시간 독서, 새벽 1시 취침이 하루 일과였다.

어느 분야나 마찬가지겠지만, 롯데면세점에서도 1년간의 프로젝트가 막바지에 다다를 즈음 야근과 밤샘이 점점 잦아지고 있었다. 몸이 피곤한 것은 둘째치고, 하루 종일 극도의 짜증을 달고 살았다.

그날은, 다음 날로 예정돼 있던 신규 시스템 일부 오픈을 앞두고 최종 점검이 한창이었다. 나는 그날도 당연하게 밤새울 준비를 하고 있었다. 밤샘 준비라고 해봐야 그저 자판기 커피나 뽑아 마시며 컴퓨터 앞에 앉아 있는 것이 전부였지만…….

저녁 7시쯤 이사님이 사무실로 들어오며 나를 부르셨다. "문 주임, 식사는 했어?" 우물쭈물하는 사이 한 마디 더 덧붙이셨다. "피곤하겠지만, 조금만 더 힘내자고!"

이사님은 외부 컨설팅을 마치고 서둘러 돌아오시는 길이었다. 피곤하실 법도 한데, 말투나 얼굴에 미소가 가득하다. 이사님이 활짝 웃으며 격려해주는데, 주임 입장에서 기분이 안 좋아질 리 없다.

이사님은 마이크로소프트 데이터베이스 서버 분야의 실력자였다. 더욱이 그즈음에는 관련 책 출간으로 어느 때보다 바쁜 일정을 보내고 있있다. 이사님과 함께 전체 진행 상황을 확인한 후 각자 맡은 업무를 하느라 분주했다.

Episode 1. 1인의 성공헬퍼가 되다!

새벽 1시쯤 됐을 때 김 주임이 사우나에 가서 눈 좀 붙이자고 했다. 하지만 나는 더 확인할 것들이 있었다. 솔직히 말하면 마무리가 안 돼서 고생을 하던 참이었다.

새벽 2시가 되자, 낮부터 눈이 아팠는데 더는 견딜 수가 없었다. 너무 졸리기도 해서 잠깐 눈이나 감고 있을 겸 책상에 엎드렸다. 나도 사우나에 갈 수 있으면 좋겠다는 생각이 들었다. 그러면서 왠지 나 자신이 한심하다는 생각이 들었다. 열심히 하는 것 같은데, 만족할 만한 결과가 나오지 않았기 때문이다. 일에 익숙해질 때도 되었는데, 아직도 헤매는 것 같았다. 다들 집에서 등 붙이고 잘 시간에 나 혼자 뭐 하고 있나 하는 자괴감도 들었다.

그러다 갑자기 정신이 번쩍 들었다. 엎드린 채로 고개만 돌려 손목시계를 보니 새벽 4시였다. 짜증이 확 밀려왔다. 아직 다 못했는데, 2시간이나 허비한 것이다. 몸을 일으키는데, 저 멀리 사무실 끝에 누군가가 어렴풋이 보였다. 누가 이 시간까지 남아 일하고 있는지 궁금했다. 얼른 안경을 찾아 썼다.

이사님이었다. 바퀴의자에 앉아 모니터 세 대 사이를 왔다 갔다 하며 작업하고 있었다. 분주하게 몸을 움직이는데도 이상하리만치 차분해 보였다. 움직임 하나가 군더더기 없이 깔끔했다. 단지 멋있다는 말로는 표현이 안 될 정도로 멋있어 보였다. 부러웠다.

그런데 뭔가 이상했다. 처음에는 그게 뭔지 알 수가 없었다. 홀린 듯 한참을 지켜보다 갑자기 깨달았다. 웃고 있었다. 사실 미소였겠지만, 내 눈에는 이사님이 웃고 있는 것처럼 보였다. 평소에도 미소가 많은 분이지만, 밤을 꼬박 새웠을 텐데 웃으면서 일하고 있었다. 뭔가 아주 재미있고 흥미로운 일을 하고 있는 것 같았다. 이해가 되지 않았다.

불룩한 배에 꾸부정하게 앉아서 양 미간에 주름을 지어가며 마치 혼자 대단한 일을 하는 것처럼 구는 나하고는 비교가 안 되었다. 단순히 일을 잘하거나, 이사라는 책임감이 새벽 4시에 저런 미소를 짓게 하는 건 아닐 터였다. 젊은 나보다 체력이 더 좋아서 저렇게 에너지가 넘치는 것도 아닐 터였다.

'뭐지?'

무엇이 나와 이사님을 다르게 보이게 하는지 알 수 없었다. 열심히 일하는 것이라면 나는 누구에게도 뒤지지 않았다. 하지만 나는 즐겁지 않았고, 이사님은 즐기고 있었다. 그건 금전적인 부분에서 오는 차이도, 기술력에서 오는 차이도 아니었다. 하지만 당시 나는 그것이 무엇인지는 알 수 없었다.

후에 깨달았지만, 그 순간이 내 인생의 첫 번째 터닝포인트였다.

Scene #3.

서른세 살에 무슨 좋아하는 일을 해!

아내를 처음 만난 것은 친한 선배의 사무실에서였다. 선배는 해결하기 어려운 문제에 부딪힐 때마다 나에게 도움을 주곤 했는데, 그날은 전에 못 보던 여직원이 사무실에 있었다. 첫눈에 보호 본능을 자극하는 여자였다. 천성이 여자 앞에서는 온몸이 떨리고, 얼굴도 쳐다보지 못하는 터라 말 한 번 붙이지 못했다.

그녀에게 처음 건넨 말은 "이거 드세요"였다. 나는 그녀에게 아이스크림을 내밀었다. 사무실 직원들에게 나눠주면서 같이 주는 척했다. 그 후 선배가 외근을 나갈 때마다 모르는 척 사무실로 전화를 걸었다. 선배가 없으니 당연히 그녀가 전화를 받을 거라고 생각했다. 그녀가 전화

꿈을 좇으면 영어는 덤이다

를 받으면 나를 아이스크림이라고 소개했다. "안녕하세요, 아이스크림 기억나시죠? 아이스크림."

그렇게 천천히 부담스럽지 않게 다가갔다. 두 달 후 어렵사리 같이 영화를 보게 되었고, 2주에 한 번, 일주일에 한 번, 이렇게 만나는 횟수를 늘려갔다. 그리고 8년이 지나 그녀는 나와 같은 집에서 치맥을 하는 사이가 되었다.

"자기는 어릴 적 꿈이 뭐였어?"

시원한 가을 저녁 맥주 한 모금을 넘기면서 아내에게 던진 말이었다. 전공이 식품영양학이었고, 회사에서는 회계 담당자였지만, 아내의 꿈이 뭐였는지 궁금했던 건 그날이 처음이었다. 아내의 답은 여느 30대 여성의 그것과 다르지 않았다. 좋은 남자 만나서 아이 낳고 행복하게 사는 것.

하지만 뭔가 더 있을 것 같았다. 나는 재차 물었고, 망설이던 아내는 술기운에 살짝 달뜬 얼굴로 수줍게 이야기하기 시작했다.

"고등학교 때 왜 친구들이 뭐 물어볼 때 있잖아…… 모르는 거…… 나는 그런 거 가르쳐줄 때가 재미있더라고. 시간 가는 줄도 모르고, 더 쉽게 알려주려고 준비하는 게 하나도 힘들지 않고……. 그때 생각했던 게 있어. 선생님이 되고 싶다고. 그럼 재미있을 것 같다고."

아내는 서울교대를 가고 싶었다고 했다. 하지만 담임선생님이 성적에 맞춰가라며 원서를 써주지 않아, 서울여대에 들어갔다고 했다. 1년 정도 다니다 재수할 생각도 했지만, 경제적 상황 때문에 포기했다고 했다. 그렇게 살다 보니 어느덧 서른이 넘은 것이다.

서른이라는 나이에는 많은 것이 걸려 있다. 결혼하면서 얻은 집 대출금도 갚아야 하고, 아이가 생기기 전에 차도 사야 한다. 이후에는 30평대 아파트로 넓혀 가야 하고……. 당장 대출 원금 갚기도 빠듯한데, 교사가 되기 위해서는 대학교에 다시 들어가야 하고, 교원 자격증을 따려면 최소 3년 이상 공부에 집중해야 한다. 그럼 맞벌이는 포기해야 한다.

한번 해보라는 나의 말에 아내는 뚱딴지같은 소리 하지 말라며 핀잔만 주었다. 괜한 얘기로 아내의 마음만 불편하게 한 것 같아서 미안했다. 하지만 한편으로는 억울하기도 했다. 지금도 IT 업계에서 매일 야근하면서 바득바득 살고 있는데, 그런 건 나 하나로 족했다. 아내까지 하고 싶은 일을 포기하고 살아가게 하고 싶지 않았다.

나는 꿈만 거창할 뿐 실행력은 빵점이지만, 아내는 나랑 반대였다. 일단 뭔가를 시작하면 책임감이 상당히 강했다. 그걸 알았기 때문에 어떻게든 도와주고 싶었다. 아내가 원하는 일을 하게 된다면, 그래서 행복해한다면 나도 기쁠 터였다.

게다가 이번 기회를 놓치면 다시는 기회가 오지 않을 것 같았다. 이렇게 계속 살다 보면 곧 마흔 살이다. 아내는 공부를 하고, 집안일은 내가 하면 된다. 둘 중 더 가능성이 높은 사람에 투자하는 것이다. 나보다는 아내가 더 많이 배웠으니 그게 맞을 터였다. 나는 아내를 설득했다.

나이 때문에, 처한 현실 때문에, 아직 닥치지 않은 미래의 이런저런 걱정에 얽매여 살아간들 뭐가 달라진단 말인가. 이전에 지나갔던 그 많은 기회들을 그때 용기 내어 잡았더라면 지금 나는, 우리는 이 자리에 있지 않았을 것이다. 서른이라는 나이가 앞으로 남은 50년, 60년을 발목 잡게 할 수는 없었다. 남들이 사는 서른을 아내가 살 필요는 없는 것이다. 더 늦기 전에 아내는 아내만의 시간을 살아야 하는 것이다.

아내도 내 말에 수긍하기 시작했다. 우리는 인터넷에서 대학 편입과 교원 자격증 취득에 대해 찾아보았다. 술 때문인지 들뜬 마음 때문인지 모르겠지만, 아내의 얼굴에는 아이 같은 환한 미소가 피어오르고 있었다. 어느새 새벽이 밝아왔지만, 나는 조금도 피곤하지 않았다.

첫 번째 성공 사례

　"여보……."

　아내의 문자였다. 드디어 편입학 결과가 나온 건가. 나는 얼른 전화를 걸었다.

　"여보……."

　수화기 너머로 들리는 아내의 힘없는 목소리에, 어떻게 위로를 해줘야 할지 고민했다. 지난 1년 동안 그렇게 고생했는데, 이제는 서른넷인데 앞으로 계속 도전할 수 있을까? 우리는 이날을 위해 아이 갖는 것도 미루어오던 터였다.

아내가 편입학 계획을 세운 것은 치맥을 먹은 다음 날이었다. 처음 목표는 서울교대였으나, 중고등학교 교사로 바꾸고 나서는 서울 상위권 대학의 영어교육학과로 진로를 수정했다. 목표를 정했으니 이를 이뤄낼 방법이 필요했다. 편입학 준비는 혼자서 힘드니 편입학원을 다녀야 했다. 문제는 등록금이었다.

당시 학원비는 월 40만 원 정도였다. 노량진에서 이런저런 시험 준비를 해본 사람은 알겠지만, 공부할 때 들어가는 돈이 학원비만은 아니다. 왔다 갔다 하는 교통비에, 밥도 먹고, 졸리면 커피도 마셔주고, 교재도 사야 한다. 우리는 집 대출금도 갚아야 하는 상태라 아르바이트가 되는 학원을 찾을 수밖에 없었다. 마침 한 학원에서 포토샵으로 교재 표지 디자인을 하는 조건으로 학원비를 지원해주었다. 낮에는 교재 디자인을 하고, 밤에는 수업을 들었다.

아내가 공부에 집중하도록 집안일은 내가 알아서 해야 했다. 퇴근길에 광명시장에 들러 찌개 거리를 사서 뚝배기를 끓였다. 반찬이 많진 않아도 정성스레 차린 음식을 먹고, 기분 좋게 공부했으면 했다. 몸이 피곤해도 나만 생각할 순 없었다. 우리는 그렇게 1년 동안 서로 최선을 다했다. 그리고 그런 식으로 아내를 도울 수 있다는 사실이 기뻤다.

꾸준한 노력 끝에 아내는 3월 모의고사에서 10위 인에 들게 되었다. 일하면서 최선을 다하는 아내의 모습에 학원 원장은 1년 가까이 남은 기간의 수강료를 전액 무료로 지원해주었다.

그때 깨달은 점이 있었다. 간절한 마음으로 한 걸음씩 노력해나가면 생각지 못한 도움을 받게 되고, 알고 보면 그 도움은 주변에서 온다는 것이었다(이 경험은 나중에 무료로 진행 중인 소리드림 평생회원 과정을 위한 기반이 된다. 소리드림 평생회원 과정에 대해서는 뒤에서 자세히 설명할 것이다). 여하튼 원장님의 도움으로 아내는 공부에만 집중할 수 있었고, 전국 모의고사 10위 안에 들어야 가능한 고려대 및 중앙대 영어교육과 편입에 대한 희망을 키워갈 수 있었다.

여느 부부처럼 우리도 부부싸움을 하곤 했다. 우리는 한 번 싸우면 그 여파가 며칠씩 가곤 했다. 서로 말도 안 할 뿐 아니라 어떻게든 이기려고 신경전을 벌이곤 했는데, 그게 좀 심한 편이었다.

그날도 마찬가지였고, 사흘 동안 다툼이 이어졌다. 하지만 달라진 것이 있었다. 싸우고 난 후 아내의 행동이었다. 아내는 곧장 책상 앞으로 가서 공부를 했다. 나는 기분이 상하고 짜증이 나서 아무것도 하기 싫었는데, 같은 기분이었을 아내는 아랑곳하지 않고 차분히 공부를 하는 것이었다. 처음에는 그런 아내를 보면 더 화가 치밀어오르곤 했었다.

아무리 다툼이 심해도, 슬럼프에 빠져도, 몸이 아파도 아내는 책상 앞을 떠나지 않았다. 어떤 상황에서도 한결 같았다. 그런 아내를 보며 나는 서서히 나 자신이 어떤지를 알아가게 되었다. 나는 그냥 꿈만 꾸어

꿈을 좇으면 영어는 덤이다

왔던 것이다. 그것도 멋지고 대단한 꿈이었다. 하지만 내 꿈은 언제나 꿈으로만 끝나곤 했다.

하지만 아내의 꿈은 구체적이었고, 부단한 노력을 통해 존재감을 드러내고 있었다. 사실 배치고사 성적만 보면 아내는 상위권 대학에 지원할 수준이 아니었다. 진로담당 선생님의 의견도 같았다. 하지만 아내는 상위권 대학의 영어교육학과에 지원했고, 마지막 시험을 치를 때까지 최선을 다했다. 마지막 시험을 마치고 집에 돌아온 날부터 사흘 동안 식사 때를 제외하고 잠만 잘 정도였다.

중앙대 발표 당일, 나는 아침부터 내내 아내의 문자만을 기다리고 있었다. 드디어 오후 4시가 되어서야 온 아내의 문자는 "여보⋯⋯"였다. 가슴이 철렁했지만, 곧장 아내에게 전화를 걸었다. 어떻게 됐냐고 묻는 나의 말에 아내는 힘없는 목소리로 "여보⋯⋯"라고 할 뿐이었다.

어떻게 위로해줘야 할지 생각이 나지 않았다. 서른이 넘어서 자기 꿈을 찾기 위해 어떤 노력을 해왔는지 너무도 잘 알았기에 무슨 말을 해야 할지 알 수 없었다. 왈칵 눈물이 났다.

그때 울먹이는 아내의 목소리가 들렸다.

"여보⋯⋯ 나 이제 꿈으로 한 발짝 더 다가섰어."

울음 반 웃음 반으로 이야기하던 아내의 목소리를 지금도 잊을 수가 없다. 그날 이후로 나는 두 가지를 배웠다.

첫 번째는 꿈을 이루기 위해 간절히 노력하는 사람을 가까이서 돕는 것을 내가 너무도 재미있어 한다는 것이었다. 그 무엇에 비할 바 없이 즐거운 일이었고, 내 업으로 삼을 수도 있겠다는 생각이 들었다.

두 번째는 꿈을 현실로 만드는 것은 그 어느 누구도 아닌 자신의 노력에 달려 있다는 것이었다. 아내가 꿈을 현실로 바꾸는 것을 보면서 나도 희망을 갖게 되었다.

전화를 끊으며 나는 난생처음 진심을 다해 노력해보고 싶다는 생각에 사로잡혔다. 더 이상 꿈만 꾸고 아무것도 하지 않는 사람은 되고 싶지 않았다. 그런 인생을 살고 싶지 않았다.

NG cut

비전카드가 뭐야?

비전이란?

"삶은 난제였으나, 죽음은 축제라." 뮤지컬 〈광화문 연가〉에 나오는 월하의 대사다. 극에서는 곧 죽음을 맞이하는 남자 주인공에게 월하가 죽기 전 1분 동안 지나온 인생을 돌아보는 시간여행을 시켜주기 전 하는 말이다.

언뜻 들으면 무슨 말인지 갸우뚱하다가도, 조금 자세히 들여다보면 무슨 말인지 감이 온다. 대학입시, 취업, 결혼, 출산, 양육 그리고 노후까지 인생에서 일어날 이벤트들은 이미 줄지어 있다. 마치 코스 요리와도 같다. 그리고 한 번 코스를 선택하고 나면 바꿀 수 없을 것 같다. 그런데 코스 중에 어느 것 하나 쉬운 것이 없다. 또 하고 싶어도 다 할 수도 없다. 오죽하면 N포세대라는 말이 생겨났겠는가? 아이러니하게도 계속 살아가려면 뭔가 하나씩은 계속 포기해야만 한다. 하고 싶은 일 따위 할 마음의 여유는 없다.

나도 다르지 않았다. 4차 산업혁명 시대에는 어떤 직종이 유망하다고 하면 모든 사람들이 관심을 갖듯 나도 취직이 잘된다고 해서 IT 관련 일을 시작했다. 그것도 모자라 무엇 하나 제대로 하는 것 없이 남이 좋다는 것만 쫓아다녔다. 웹 프로그래밍이 좋다고 해서 시작했고, 윈도우 프로그래밍이 유망하다고 하면 다시 옮겼다. 이번에는 틀림없이 데이터 마이닝이라 해서 또 갈아탔다.

이렇게 항상 남들이 좋다는 것을 따라다니기만 했다. 가끔은 이유도 모른 채 뛰어들었다. 당연히 즐겁지도 행복하지도 않았다. 처음부터 그런 건 생각해본 적도 없다. 직업을 구할 때도 그랬다. 살면서 가장 많은 시간을 보내게 될 직장임에도 고민은 없었다. 있었다면 '연봉은 얼마일까?', '복지 혜택은 어떤 것이 있을까?' 정도다. 일은 돈을 벌기 위해 어쩔 수 없이 하는 것일 뿐 그 이상도 이하도 아니었다.

하지만 문득 이런 생각이 들었다. '일을 하면서 즐거울 수는 없을까?' '내가 좋아하는 일을 직업으로 삼을 수는 없는 것인가?' 그리고 이런 질문에 답하기 위해 만들기 시작한 것이 비전카드다.

꿈을 좇으면 영어는 덤이다

그렇다. 우리는 단지 막연하다는 이유만으로 좋아하는 건 생각하지 않고 사는 대로 살고 있다. 우리가 무엇을 좋아하는지, 어떻게 살고 싶은지는 아르바이트나 주어진 일보다 뒷전이다.

그러나 지금 우리에게 필요한 건 우리 자신을 알아가는 시간이다. 좋아하는 것을 찾고, 좋아하는 일을 찾고 또 좋아하는 일과 가장 관련된 일을 찾는 것이다. 좋아하는 일을 찾은 다음에는 잘할 수 있는 방법을 고민하고, 실천하면서 하루하루 행복감을 느끼는 것이다.

여기서 잠깐! 그런데 왜 좋아하는 일이어야 할까? 이유는 간단하다. 사람은 누구나 좋아하는 일을 해야 최선의 노력을 기울일 수 있고, 최고의 성과를 낼 수 있기 때문이다. 일을 하고 있지만, 즐긴다는 생각과 느낌을 갖는 이유는 좋아하기 때문이다. 이는 좋아하는 일을 비전으로 삼아야 하는 강력한 이유가 된다. 한 번 생각해보자! 인생에서 잠자는 시간과 더불어 가장 많은 시간을 차지하는 일하는 시간을 좋아하는 일로 채울 수 있다면 얼마나 행복할까. 그리고 그 일이 누군가에게 도움이 된다면, 아마 죽는 순간에도 '잘~ 살았다'라고 말할 수 있을 것이다.

하루는 오랫동안 보아온 수강생이 메시지를 보내왔다. 내용인즉, 비전카드를 만들고 난 뒤 하나씩 실천하기 위해 비전 여행을 하던 중 더 하고 싶은 일을 발견했다는 것이다. 그리고 그것을 스케치북에 정리해서 같이 보내줬다. 참으로 기특하다는 생각이 들었다. 2013년인가, 처음 이 수강생을 봤을 때 마음씨는 착하나 말과 행동이 수동적이어서 도와주고 싶은 안타까운 마음이 들었기 때문이다. 그러나 이제는 따로 알려주지 않아도 알아서 일을 진행하는 모습이 대견했다.

물론 누군가가 보기에는 별것 아닌 일일지도 모른다. 그러나 세상에 나와 똑같은 사람은 없듯이 생각과 행동방식이 나와 똑같은 사람도 없다. 그러니 함부로 이야기할 수 없다. 사람마다 기준이 다르기 때문이다. 여기서 중요한 점은 비전카드 만들기 전과 후의 행동이 눈에 띄게 다르다는 것이다. 이렇듯 좋아하는 일을 찾고 행동하면 더 나은 방법이 눈에 보이게 된다. 그리고 그것을 하나씩 실천하다 보면 삶이 바뀌기 시작한다.

이렇게 찾은 비전은 우리 인생이 나아갈 방향을 알려준다. 삶이 아무리 난제라고 한들, 더디 갈지는 몰라도 방향을 잃지 않으면 언제나 희망은 있다. 이렇듯 비전을 가지고 산다면, 인생에 풀지 못할 수수께끼는 없다.

꿈을 좇으면 영어는 덤이다

본격! 스케치북 쓰기

수강생들로부터 많이 받는 질문 중 하나가 비전카드를 어떻게 만드느냐는 것이다. 수업시간에 종종 비전카드의 중요성을 강조하기 때문이다. 비전카드대로 이루며 살고 있는 많은 수강생들의 소식도 자주 전해준다.

사실 꿈을 꾸지 않는 사람은 없을 것이다. 누구나 뭔가가 되고 싶고, 뭔가를 하고 싶어한다. 하지만 대부분은 그저 바라고, 생각하고, 계획까지만 한다. 거기까지가 끝이다. 간혹 실천하기도 하고, 꿈을 이루기 위해 이것저것을 하기도 하지만, 꾸준히 1년, 2년 이어지는 것은 쉽지 않다.

결국 꿈을 이루고 싶다면,

첫째, 내가 무엇을 좋아하는지 찾아야 하고,

둘째, 그걸 구체화하기 위한 계획을 세워야 하고,

끝으로, 어떤 상황에서도 포기하지 않고 최선을 다해 노력해야 한다.

세 가지가 모두 중요하다. 이 글을 읽으면서 '나도 내가 좋아하는 일을 하면서 살고 싶어'라고 생각하는 뷴이 있다면, 아래의 글을 찬찬히 읽어보시라. 꿈을 이루는 데 많은 도움이 될 것이다.

꿈을 이루고 싶다면 가장 먼저, 내가 무엇을 좋아하는지부터 찾아내야 한다. 다들 이것을 가장 어려워한다. 왜냐하면 지금까지 살아오면서 진지하게 해본 적이 없기 때문이다. 하루에도 많은 사람들과 대화하지만 정작 자기 자신과는 대화하지 않는다. 그래서 어렵긴 하지만, 불가능하지는 않다. 스케치북을 한 권 사는 것으로 시작할 수 있다. 훗날 자녀 교육을 위해 대물림할 생각으로 좋은 것을 사자!

스케치북을 샀으면, 집이든 카페든 조용한 곳에 자리를 잡고 앉는다. 짧으면 2시간, 길면 3시간이 필요하다. 마음을 차분히 가라앉히기 위해 차를 한 잔 준비한다. 펜을 들고, 내가 죽기 전에 꼭 하고 싶은 혹은 되고 싶은 것, 만약 그것들을 다하고 죽게 된다면 후회 없는 인생을 살았다라고 스스로에게 자신있게 말할 수 있는 것들을 흰 스케치북 위에 펜으로 써내려간다. 너무 큰 글씨로 쓰지 말고, 적당히 작은 글씨로 가능한 한 빽빽하게 한 페이지를 채워나간다. 이렇게 스케치북을 쓴다는 건 나 자신과 대화한다는 의미다. 그동안 머릿속에서 흘려왔던 생각들을 글로 적어 정리하겠다는 뜻이기도 하다.

이때 주의할 점이 있다. 반드시 지켜야 한다. 그냥 생각나는 대로 쭉 적어 내려가야 한다는 것이다. 생각 없이 쭉 써야 한다. 생각을 하지 말라는 것은, 이성적인 판단을 최대한 제거하라는 것이다. 하고 싶은 일을 적으라고 하면, 이건 이래서 안 되고, 저건 저래서 안 되고…… 이런 생

꿈을 좇으면 영어는 덤이다

각이 들게 마련이다. 그럼 솔직하게 적을 수가 없다. 내가 정말로 하고 싶은 일을 찾기가 어려워진다. 마음속 깊은곳에 감춰두었던 나만의 생각을 찾고 싶다면, 그냥 생각나는 대로, 혹은 아무 생각 없이 쭉쭉 빠르게 써내려가야 한다. 그렇게 한 면을 다 채우는 데, 빠르면 2시간, 늦으면 3시간 정도 걸릴 것이다.

이걸 일주일 동안 매일 하는 것이 가장 좋다. 매일 하기 힘들면, 최대 2주일 안에 끝내야 한다. 단, 한 가지 주의할 점은 스케치북 일곱 장을 채워가는 동안 전날 작성한 내용을 절대로 보지 말라는 것이다. 이유는 간단하다. 이전에 작성한 내용에 영향을 받거나, 읽으면서 현실적 판

수강생들이 스케치북을 작성하며 보내준 사진.

Episode 1. 1인의 성공헬퍼가 되다!

단을 할 가능성이 높기 때문이다. 어제 쓴 내용은 머릿속에서 깨끗하게 지우개로 지워버리고 오늘은 새로운 마음으로 써야 한다.

이렇게 일곱 장을 채웠다면 통계를 내야 한다. 같은 단어나 내용에 색연필로 동그라미를 치는 것이다. 어떤 단어가 얼마나 많이 나왔는지, 엑셀 같은 곳에 정리하면 좋다. 빈도수에 따라 순위를 매기는 것이다. 그다음은 순위별로 정리한 키워드들을 보면서, 확인해보면 된다. 빈도수가 높은 단어와 문장들이 평소에 내가 좋아하고 하고 싶었던 것과 일치하는지 말이다.

일치하면 지금 하고 있는 일, 하려고 계획했던 일을 계속 하면 된다. 하지만 다르다면 그다음부터는 검증이 필요하다. 첫 번째는, 정말 스케치북을 솔직하게 썼는지 하는 것이다. 솔직하게 썼다면 통계에 나온 것이 진짜 나인 것이다. 그렇다면, 왜 진짜 나에 대해서 잘 몰랐는지 생각해보아야 한다. 이 고민을 하다 보면, 나에 대해 많은 것을 알게 된다.

태어나서 노래 한 번 제대로 배워보지 않은 여학생이 스케치북에 노래라는 단어가 나왔다. 패션 디자인을 전공한 만큼 다른 사람들 모두 '패션 회사에 취업하겠지, 정도로 생각하던 터였다. 본인조차 평소 노래 부르는 것을 좋아하기는 했지만, 이렇게까지 '노래'라는 단어가 많이 나올 줄은 몰랐던 모양이다. 그래서인지 스스로 계속 물었다. '왜 노래라는 단어가 나왔을까?' 그리고 생각 끝에 미술보다 노래를 좋아했지만,

꿈을 좇으면 영어는 덤이다

가족의 반대로 마음속에 접어둔 것이 노래라는 사실을 깨달았다. 현재 그 여학생은 패션은 잠시 접어두고 노래를 배우며 즐거워하고 있다.

만약 그때 여학생이 스케치북에 쓴 단어를 무시했다거나 또는 '왜 노래인가?'라고 묻지 않았더라면 자신이 얼마나 노래를 좋아하는지 깨닫지 못했을 것이다. 물론 지금과 같은 즐거움도 느끼지 못했을 것이다. 그러므로 비전카드를 만드는 과정에는 어떤 행동이라도 의미가 있고, 우리가 매일 하는 고민도 쓸모가 있는 것이다.

다음 단계는 비전카드를 만드는 것이다. 두 번째 NG cut을 기대하시라!

NG cut

비전카드 만들기

　지금은 100세 인생이라고 한다. 길어진 시간만큼 우리가 일을 하며 살아갈 시간도 길다. 그러면 여기서 오늘 하루를 뒤돌아보자. 오늘 우리의 하루는 어떠했는지 말이다. 일을 할 때 나의 모습은 어떠한가? 행복한가? 수업을 듣던 내 모습은 어떠한가? 행복한가? 만약 재미있거나 즐겁지 않았다면, 이대로 계속 살 것인가?

　우리는 답을 알고 있다. 이미 스케치북을 바탕으로 통계를 냈기 때문이다. 자, 보이는가? 그동안 머릿속에 스쳐만 지나갔던 생각들을 밖으로 끄집어놓으니, 이렇게나 하고 싶은 일이 많다. 여기까지는 좋다. 그런데 이 일을 한 번에 어떻게 다 한단 말인가? 책도 읽고, 여행도 가고, 노래도 배우고, 춤도 추고…… 다 나열할 수 없을 정도로 많은 일을 동시에 다 할 수는 없다. 그래서 통계를 통해 순위를 매기고, 그중 우선순위가 높은 일이 무엇인지 확인해야 한다. 그리고 우선순위를 실행할 계획을 세워야 한다.

<u>Step 1 나만의 비전 문장</u>

자! 이제 상상해보자. 평생 내가 좋아하는 일을 직업으로 삼을 수 있다면, 얼마나 기쁠까? 직장에서 받은 스트레스를 풀기 위해 매일 술을 마시거나 온라인 쇼핑을 할 필요가 없다. 일이 곧 놀이이기 때문이다.

그러기 위해서는 가장 먼저 나만의 비전 문장을 만들어야 한다. 방법은 간단하다. 통계를 냈을 때 상위권에 있는 일들을 쭉 나열한다. 그러고는 비슷한 속성을 가진 일들을 한데 묶는다. 이때 방심은 금물이다. '통계까지 냈으니 한데 묶는 것쯤은 쉽겠지?'라고 생각하면 안 된다. 이렇게 한데 묶는 것도 생각보다 시간이 많이 필요하다.

예를 들어보자. 아래는 10년 전 내가 비전카드를 만들었을 때 상위권에 있던 문장들이다.

- 영어를 살하고 싶다.
- 트로트 가수가 되어 매일 노래로 행복을 전하고 싶다.

－경제적으로 힘든 사람들을 돕고 싶다.

－동기부여를 통한 희망을 전달하고 싶다.

－강의를 하고 싶다.

처음에는 이것을 어떻게 묶을지 고민이 많았다. 그래서 일단 우선순위를 정했다. 하고 싶은 일들 중에서도 서로 비교해가며 가장 하고 싶은 일의 순위를 매기는 것이다. 그다음 교집합을 살폈다.

크게 두 가지 결과가 나왔다. 노래교실 운영과 영어강사. 트로트 가수가 된 다음 노래교실을 무료로 운영할 수 있다면, '영어를 잘하고 싶다'를 제외하고 모든 것을 충족시킬 수 있었다.

영어강사를 하려면 먼저 영어를 잘해야 하고, 강의 실력도 길러야 한다. 사람들은 영어를 어려워하니까, 강의는 쉽고 재미있게 하며 수강생

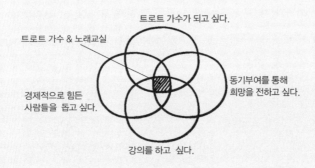

꿈을 좇으면 영어는 덤이다

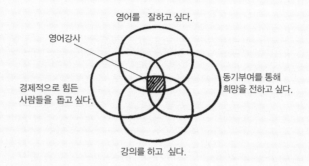

들이 지치지 않도록 구성하면, 동기부여도 할 수 있다. 마지막으로 영어를 배우고 싶지만 돈이 없어 어려워하는 학생들에게 집중적으로 영어를 가르치는 과정을 운영하면, 트로트 가수가 되는 꿈을 제외하고는 다 이룰 수 있었다. 그리고 이 두 가지를 놓고 고민했다. 노래교실을 하면 나머지 4개는 다 할 수 있는데, 영어는 더 이상 할 기회가 없었다. 그러나 영어강사의 경우 팝송을 부르며 영어를 가르칠 수 있었다. 오성식의 팝스 잉글리시처럼 말이다. 트로트는 가르칠 수 없겠지만, 좋아하는 노래를 매일 부르고 가르칠 수 있기에 영어강사를 선택했다.(사실, 가끔 수업시간에 팝송을 트로트 느낌으로 부르기도 한다.) 왜냐하면 교집합 부분에 해당하는 일을 하면 내가 가장 좋아하는 일에 끝없는 열정을 쏟아부을 수 있기 때문이다.

이걸 다시 키워드 중심으로 나의 비전을 설명하는 문장으로 만들었

Episode 1. 1인의 성공헬퍼가 되다!

다. 그렇게 나온 문장이 아래와 같다.

세계인을 대상으로 가장 쉽고, 정확하고, 재미있게
영어 커뮤니케이션 기술과 성공 기술을 알려주는 세계 최고의 전달자

위 문장은 곧 나의 인생 방향이다. 그리고 이를 바탕으로 탄생한 것이 소리드림이다. 수강생들에게 영어를 가르치고, 수업시간마다 포기하지 않도록 동기부여도 한다. 또 매주 토요일은 아침 7시부터 나와 밤늦게까지 공부하고 싶지만 당장 해외에 갈 수 없는 학생들과 함께 영어 연습을 한다. 뜻이 있는 곳에 길이 있다고 하지 않았던가? 우선순위를 정해 하나씩 행동에 옮기니, 정말 하나씩 이뤄지고 있다.

Step 2 나를 소개하는 문장 만들기 (feat. 인사말이 나야 나!)

"안녕하세요. 여러분의 성공을 돕는 성공헬퍼 문성용 코치입니다."

마치 아이돌 가수의 공연 인사말처럼 10년째 매 수업시간 인사말은 똑같다. 왕년에 아이돌 가수가 되고 싶었던 한을 풀어냈다고 생각하는 사람도 있을지 모르겠다. 그렇지는 않다. 눈치 빠른 사람은 벌써 눈치챘을 수도 있겠다.

그렇다. 소개말이 곧 비전문장의 축약된 형태다. 비전은 매일 순간순

꿈을 좇으면 영어는 덤이다

간 떠올려야 한다. 흔히들 "생각하는 대로 살지 않으면 사는 대로 생각하게 된다"라고 말한다. 정말 맞는 말이다. 나의 비전이지만 종종 우리는 비전을 잊고 산다. 하루 종일 일을 하고 공부를 하며 최선의 노력을 하며 살지만, 비전을 상실한 노력은 헛된 일이 될 수도 있다. 그러니 비전을 잊지 않도록 스스로 방법을 찾아야 한다.

그래서 내가 찾은 방법이 바로 비전으로 된 인사말을 만드는 것이다. 인사말이 곧 나, 그 자체인 것이다. 누굴 만나든 인사를 하기 마련이다. 그렇게 인사할 때마다 비전으로 된 인사말을 나누니, 비전을 잊으려야 잊을 수가 없다.

Step 3 메일 ID

여기서 끝난 게 아니다. 하나 더 있다. 바로 이메일 주소다. 하루에도 몇 통에서 많게는 수십 통의 이메일을 주고받는다. 매일 로그인할 때마다 비전을 확인할 수 있도록 이메일 주소도 'successhelper2000'으로 만들었다. 2000명의 성공을 더욱 가까이에서 돕겠다는 나의 인생 목표를 축약해놓은 형태다.

이렇게 키워드를 통해 비전 문장을 만든 다음에는 매 순간 비전이 잊히지 않도록 인사말부터 이메일 주소까지 비전을 떠올리도록 해야 한다. 앞에서 말한 두 가지 말고도 더 좋은 방법이 있다면 실천해도 된다.

그리고 나에게도 꼭 알려주길 바란다. 우리 모두는 비전을 향해 가는 동료들이기 때문이다.

Step 4 비전카드

마지막으로 비전카드다! 소개 인사도 이메일 주소도 변경했다면, 비전카드를 만들 차례다. 누구나 좋아하는 사람, 사랑하는 가족의 사진을 지갑 속에 넣고 다닌다. 보기만 해도 행복하기 때문이다. 그렇다. 사진 한 장을 보기만 해도 웃음이 절로 날 만큼 행복하다. 바로 우리가 비전카드를 만들어야 하는 이유다. 말이나 글과 달리 이미지에는 또 다른 힘이 있다. 이미지가 가진 힘은 우리가 생각하는 것보다 강력하다.

이렇게 말하면 의아해하는 사람이 있을지 모른다. "아니 한 치 앞도 모르는 게 인생인데, 어떻게 비전카드를 만들 수 있습니까?" 하고 묻는다. 물론 누구도 우리네 앞일을 알 수가 없다. 그렇다고 해서 손 놓고 아무것도 하지 않을 수는 없다. 앞일을 모른다고 가만히 있어야 한다면, 우리가 살아야 할 이유도 찾을 수 없기 때문이다.

먼저, 비전 문장을 중심으로 1년, 2년, 5년, 10년, 20년, 30년을 차근차근 그려본다. 그리고 시간 순서에 따라 비전에 맞는 세부목표나 이벤트를 정리한다. 비전에 따라 메인 이벤트가 정리되었다면, 통계 자료를 참고하여 세부적인 내용을 채워나간다. 그렇게 정리가 되었다면 이

꿈을 좇으면 영어는 덤이다

제 거기에 어울리는 사진이나 이미지를 찾는다. 들어가고 싶은 회사가 있다면 회사를 찾아가 건물 앞에서 사진을 찍어보자. 닮고 싶은 사람이 있다면 찾아가 함께 사진을 찍는다. 외국계 회사에 들어가고 싶다면, 포토샵으로 멋지게 합성해도 좋다. 실제 일어난 일처럼 꾸밀수록 마음 속에서도 생생하게 그릴 수 있다.

자신의 비전을 찾고 "제 삶이 너무 소중하고 재밌네요" 라고 미소 가득한 얼굴로 이야기하는 최재영 수강생

비전카드는 그래야 한다. 사진이나 이미지를 총동원해서 최대한 생생 하게 만들어야 한다. 그래야 이루어진다.

몇 해 전의 일이다. 당시 그 학원에서 가장 큰 250석 강의실에서 강의 를 하고 싶었다. 그래서 새벽에 빈 강의실에 들어가 "난 이 강의실에서 수업한다. 된다! 된다! 된다!"를 외쳤다. 그리고 그 모습을 영상으로 남겨, 매일 수업 준비를 하면서 봤다. 그 후 어떻게 되었을까? 지금도 난 학원에서 가장 큰 강의실에서 강의를 하고 있다.

수강생들이 마음을 다해 작성해서 보내준 비전카드들.

꿈을 좇으면 영어는 덤이다

EPISODE 2.

4인의 성공헬퍼가 되다!

인생길에서 무슨 일이 일어날지 아는 사람은 한 명도 없다. 나도 마찬가지였다. 영어강사는 내 꿈이 아니었다. 하지만 이러저러한 것들이 모여서 나 를 이곳까지 이끌었다. 처음 한 명은 의도한 것이 아니었다. 두 번째 4명도 의도한 것이 아니었다. 하지만 최선을 다하니 4명은 100명이, 100명은 600명이 되었다. 그리고 앞으로 2000명이 될 것이다.

생사의 기로에 섰던 Seven Days!

"으악…… 으아악!"

나는 야근이 싫어서 아침부터 일을 서두르고 있었다. 일찍이라고 해봐야 저녁 9시에 퇴근하는 것이 목표였다. 더 늦으면 다음 날 피로 정도가 달라진다. 출근길에 사들고 온 커피를 집어들었지만, 밍밍한 얼음물만 조금 올라오다 말 뿐이었다. 시계를 보니 10시를 지나고 있었다. 그때였다. 옆구리 뒤쪽에서 갑자기 통증이 느껴졌다. 아니다. 단순한 통증도 아니었고, 그 통증이 그저 느껴지기만 한 것도 아니었다. 정확히 말하자면, 다시는 떠올리고 싶지 않을 정도의 극심한 고통이 갑작스럽게 나를 덮쳐왔다.

"으악! 으악!"

왜 아픈 건지 생각할 겨를도 없이 입에서 비명부터 터져나왔다. 비명과 거의 동시에 앞으로 고꾸라졌다. 사무실 바닥에 무릎이 먼저 닿았는지 머리를 먼저 조아렸는지는 기억이 나지 않는다. 기억나는 것은 내가 사무실 바닥을 구르고 있었고, 누군가 달려와서 왜 그러냐고 다급하게 물어봤다는 것이다.

그는 119를 부르는 대신 자신의 차로 나를 병원 응급실로 데려갔다. 의사의 검진 후 엑스레이 촬영을 했지만 특별한 문제는 발견되지 않았다. 병원에서는 진통제를 주면서 같은 증상이 생기면 다시 오라는 말뿐이었다. 이해가 되지 않았다. 죽을 것처럼 아픈데 그냥 가라니……. 통증은 차츰 가라앉았지만, 두려움은 떠나지 않았다. 하지만 그 와중에도 회사 업무는 내 머릿속을 떠나지 않았다.

'오늘 마치지 못하면 내일은…… 아…….'

다음 날 아침 어제 나를 병원에 데려다주었던 이 과장님이 차를 몰고 와주셨다. 광명사거리에서 분당으로 가는 외곽순환도로 진입 중에 다시 통증이 몰려왔다. 교통체증으로 꽉 막힌 차 안에서 이러지도 저러지도 못한 재 고통을 견뎌내야 했다. 그때의 고통은 평생 잊지 못할 것이다. 한 시간이나 걸려 병원에 도착했을 때 나는 거의 실신 상태였다.

병원에서는 다시 사진을 찍고 여러 가지 검사를 했다. 도착하자마자 처방해준 진통제 덕에 다소 진정이 될 무렵 검사 결과를 들을 수 있었다. 하지만 어제와 다르지 않았다. 별 이상이 없다는 것이다. 좀 더 지켜보자고 했다. 허탈했다. 다음 날도 그다음 날도 며칠 동안 비슷한 상황이 반복되었다. 통증이 줄어들기는커녕 오히려 주기가 빨라지고, 지속 시간은 길어졌다. 이러다 병명도 모르고 죽는 것은 아닌가 하는 생각이 들었다. 혹시 암은 아닐까? 전이가 되면 어떡하지? 말기인 건 아닐까? 혹시 이름 모를 불치병은 아닐까?

병원비는? 내가 죽으면 아내는? 어머니는? 온갖 생각이 꼬리를 물었다. 병명이라도 안다면 그렇게까지 답답하지는 않았을 것이다. 너무도 슬프고 억울했다. 내 인생이 고작 여기서 끝나는가 하는 생각도 들었다.

나 때문에 프로젝트 일정도 계속 늦어지고 있었다. 이로 인한 스트레스도 만만치 않았다. 내 몸 하나 건사하지 못해서 모두에게 피해를 주고 있었다.

그날도 아침부터 바로 병원으로 향했다. 그날 진찰해주신 분은 다른 의사였다. 그는 신장 쪽에 결석이 의심된다며 급할 때 먹을 수 있도록 진통제를 주었다. 하지만 확진은 아니었다. 검사해도 아무것도 나오지 않았기 때문이다. 주변에 물어보니 이수역에 신장 결석 전문병원이 있다고 했다.

꿈을 좇으면 영어는 덤이다

도착해보니 작은 병원이었다. 대형병원에서도 모르는 걸 여기서 알아낼 수 있을까 싶었다. 원장님에게 며칠 동안 병원에 다니며 힘들었던 일을 얘기하니, "얼마나 고생하셨겠어요. 결석일 수 있으니 한번 봅시다"했다. 이 말 한마디에 왠지 모르게 안심이 되었다.

검사를 위해 혈관 주사를 맞았다. 몸이 갑자기 뜨거워졌고, 촬영이 진행되었다. 결과는 결석이었다. 뼈에 가려서 결석이 보이지 않았던 것이라고 했다. 바로 수술을 한다고 했다. 무서웠지만 그보다 더한 것이 지난 일주일 동안 맛본 통증이었다. 의사 말로는 출산의 고통보다 더 심한 것이 신장 결석이라고 했다.

다음 날 지칠 대로 지친 몸을 이끌고 출근했다. 회의 후 다들 자리에 돌아가려는데 차장님이 하는 말이 들렸다.

"많이 아픈 것 같지도 않은데 빨리 좀 하지."

나더러 들으라 한 말은 아니었을 텐데 내 귀에 그렇게 선명히 들릴 수가 없었다. 순간 너무도 억울했다. 꾀병이란 뜻인가? 내가 저렇게 모욕적인 말을 들을 만큼 뭘 잘못했단 말인가?

책상 앞에 앉았지만 일에 집중하기 어려웠다. 그러다 '내가 정말 이일을 좋아하는 걸까' 하는 생각까지 들었다. 좋아하지도 않는 일을 해내느라 나는 죽음과 같은 고통이 언제 다시 닥쳐올지도 모르는 불안을 견뎌내며 지난 일주일 동안 매일 출근했던 것이다.

죽음의 공포 앞에 마주 서보니 비로소 그동안 내가 매달려왔던 것들이 아무런 의미가 없음을 알게 되었다. 한 번뿐인 인생, 좋아하지도 않는 일을 하면서 바득바득 살고 싶지 않았다. 돈은 덜 벌어도 좋아하는 일을 하며 행복하게 살고 싶어졌다. IT 프로그래머로서의 문성용은 더 이상 의미가 없었다.

그날 나는 사표를 제출했다.

꿈을 좇으면 영어는 덤이다

영어 때문에 좌절된 주 5일 근무

사표를 내고 나니 마음이 홀가분했다. 어딘가 꽁꽁 묶여 있다가 풀려난 기분이었다. 기한에 맞춰 일을 끝낼 필요도 없었고, 혹시 실수할까 눈치 볼 필요도 없었다. 9시 넘어 야근할 필요도 없었고, 등 뒤로 상사가 지나간다고 긴장할 필요도 없었다.

그렇다고 인수인계를 허투루한 것은 아니었다. 꼼꼼하게 인수인계 보고서를 작성하고 교육을 해나갔다.

퇴사를 며칠 앞두고 대표님이 조용한 카페로 나를 부르셨다. 왜 갑자기 그만두려고 하는지 물었다. 무슨 말 못할 사정이라도 있는 건지, 신장 결석으로 고생한 것 때문에 그런 건지. 이런저런 말끝에 대학 편입을 한 아내 학비를 대기 위해서라도 열심히 벌어야 한다고 하지 않았냐고 하셨다.

그랬었다. 갑자기 앞으로 어떻게 해야 할지 막막해졌다. 대출금 상환도 만만치 않았다. 머릿속이 복잡해졌다. 좀 더 다니면서 돈을 모으고, 준비할까 하는 생각도 들었다. 하지만 이유도 모른 채 극심한 통증을 겪던 지난 일주일과, 사람보다는 프로젝트가 더 중요한 현실이 나를 다시 일깨웠다. 뭐라 말해야 할지 몰라 우물쭈물하는 사이, 대표님은 다시 한 번 나를 설득하려고 했다.

"문 대리, 오해가 있으면 풀고 차근차근 다시 해보자. 프로젝트도 이제 중반을 넘어섰는데, 요즘 이 분야 사람 구하기도 쉽지가 않아."

"대표님, 그만두는 게 나을 것 같습니다."

"그럼 지금 나가서 뭐 할 건데…… 할 것도 없잖아."

처음 IT 분야로 이직했을 때, 내가 내세울 수 있던 것은 실력이 아니었다. 나름 오랜 경력이었다. 그 경력을 담보로 IT 업계에서 버텨왔고, 큰 숫자가 찍힌 월급통장을 위안 삼아왔다. 하지만 더는 매일 수 없었다. 어서 이 자리를 박차고 나가야 했다. 나도 모르게 그동안 속으로만 생각하던 말들이 갑자기 튀어나왔다.

"저는 누군가의 성공을 돕고 싶습니다."

꿈을 좇으면 영어는 덤이다

황당한 말이었다. 대표님은 IT 기술로 고객을 돕는 것도 같은 거 아니냐고 하셨다. 그때 나도 예상치 못했던 말이 내 입에서 튀어나왔다.

"대표님, 저는 영어로 돕고 싶습니다. 영어로 누군가의 성공을 돕고 싶습니다. 저는 영어 선생이 되고 싶습니다."

"영어 선생? 문 대리가 영어를 잘했었나?"

"아니, 그런 건 아니고요······."

목소리가 기어들어갔다.

"그런데 어떻게 영어를 가르치려고?"

"아······ 배워서 가르치고 싶습니다. 음······ 할 수 있습니다."

사실 머릿속에서는 '할 수 없을 거야!'라는 말이 계속 맴돌고 있었다.

"문 대리가 영어 선생이라······ 분야가 같으면 모르겠지만 완전히 다르니 잡을 수도 없군."

면담 후 혼자 공원 벤치에 앉아 왜 영어 선생이라 했는지 나 자신도 황당해하고 있었다. 영어를 잘하고 싶은 건 맞는데, 컴퓨터 선생도 아니고 영어 선생이라니······. 그때 불현듯 몇 달 전의 면접 자리가 떠올랐다. 바로 한국마이크로소프트 컨설팅팀 면접이었다. '아 맞다. 그때 영어만 질했더라면 ·····.'

2년 전 나는 학원에서 C언어를 배우고 있었다. 기계 프로그래머였던 내가 IT로 옮기려면 반드시 익혀야 하는 컴퓨터 언어였다. 그때 만난 분이 한국마이크로소프트에서 컨설턴트로 일하던 분이었다. 집으로 가는 방향이 같아 친해지게 되었고, 술 한잔 하며 형님, 동생 하는 사이가 되었다. 형님은 나에게 정말 많은 조언을 해주셨다. 덕분에 대기업 IT 프로젝트를 맡아 하는 회사를 알게 되었고, 나는 열흘 넘게 회사 대표에게 장문의 메일을 보낸 끝에 면접 기회를 얻어 입사할 수 있게 되었다. 사실 학벌도 좋지 않고 IT 경력도 전무하던 내가 면접 기회를 얻은 것만 해도 거의 기적에 가까웠다.

그 회사에서 몇 년 동안 경력을 쌓았을 때 형님은 나에게 한국마이크로소프트에 지원해보라고 했다. 자신이 추천해주겠다면서 덧붙인 말이 아직도 생생하다.

"난 네가 잘되는 모습을 보고 있으면 참 좋더라."

"난 네가 잘되는 모습을 보고 있으면 참 좋더라."

"난 네가 잘되는 모습을 보고 있으면 참 좋더라."

한참이 지나서야 나는 형님의 말을 이해할 수 있게 되었다. 다른 사람들의 성공을 돕겠다는 나만의 비전을 실천하고 있는 지금, 하루하루가 그 말에 딱 들어맞는 삶이기 때문이다.

꿈을 좇으면 영어는 덤이다

형님이 자기 이름을 걸고 만들어준 자리였기에 나는 최선을 다해 준비했다. 그동안 진행했던 프로젝트, 입상 경력, 기술 발표 등을 준비해서 면접에 임했다. 이런저런 질문과 대답이 오고 가던 중 지금까지 이야기한 모든 내용에 대해 영어로 PT(프레젠테이션)를 해달라는 요청을 받았다.

영어로? 영어로……. 영어로…….

난 그 자리에서 움직일 수가 없었다.

머릿속으로 한참을 발버둥치다가 내뱉은 말은 그저 "H……i……"였고, 그게 다였다. 내가 그렇게 바라고 바라던 기회였는데, 형님이 어렵게 만들어주신 기회였는데, 그냥 날려버린 것이다. 그깟 영어 때문에.

그동안 뭘 한 걸까. 10년 넘게 배운 영어는 다 어디로 간 건지…….

창피하고 억울했다. 면접실에서 나오는 나를 기대에 찬 눈으로 바라보던 형님에게 죄송하다는 말 한마디만 남기고, 사무실을 빠져나왔다. 엘리베이터 안에서 나도 모르게 눈물이 나왔다. 눈물이 멈추지 않았다.

그게 불과 6개월 전이었다. 그 이후로 영어는 나에게 한스러운 존재였다. 영어 면접만 통과했더라면, 연봉은 말할 것도 없고 주 5일 근무에 이른바 글로벌 컴퍼니 직원이 될 수 있었을 것이다.

"아 짜증나!" 더 늦기 전에 영어를 배워야 했다. 영어 때문에 다시는 그런 소중한 기회를 날려버릴 수는 없었다. 지금부터 6개월 정도 쉬면서 열심히 공부하면 다시 한 번 그런 기회가 오리라 생각했다. 사표를 낼 때만 해도 프로그래머 문성용은 더 이상 없다고 생각했다. 대표님한테도 영어 선생을 하겠다고 선언했지만, 선생은 무슨! 다시 한 번 한국 마이크로소프트에 도전해보는 것이다.

이번에는 잘 준비해서 야근 없이 사람답게 살아보는 것이다. 외국계 대기업에 연봉도 올라가면 IT 프로그래머로서의 만족도도 당연히 높아질 것이다.

꿈을 좇으면 영어는 덤이다

첫 달 영어 수강생 0명!

초인종이 울렸다. 경찰이었다. 아랫집에서 소음으로 신고를 했다는 것이다. 경찰에게 한참이나 훈계를 들어야 했다.

퇴사 후 딱히 갈 곳이 없었다. 며칠만 집에서 푹 쉬자고 생각했다. 그 동안 철야를 밥 먹듯이 했으니 처음엔 아내도 이해해주었다. 하지만 점점 눈치가 보이기 시작했다. 그래서 집에서 영어 훈련을 하기 시작했다. 영어 문장을 큰 소리로 반복 연습해서 암기하는 것이었다. 문제는 방음이 부실해 다른 집에 방해가 된다는 것이었다. 나름대로 조심한다고 했는데, 훈련이 재미있다 보니 목소리가 커지게 되었고, 참다못한 아랫집에서 경찰에 신고한 것이었다.

경찰이 돌아간 후 바로 가방을 싸서 나왔다. 온종일 근처 산과 공원을 돌아다녔다. 돌아다니다 찾은 곳이 안양천이었다. 최적의 장소였다. 구일역 근처는 인적이 드문 데다 햇볕과 비를 피할 수 있는 대형 천막까지 있었다. 외국계 회사 입사를 위한 나만의 훈련 장소였다.

아침 9시부터 저녁 7시까지 매일 안양천으로 출근했다. 아프면 벤치에 와서 드러눕는 한이 있더라도 한 번도 빠지지 않았다. 보통 오후 5시쯤 되면 목소리가 잘 나오지 않았다. 피 맛이 느껴지기도 했다. 비가 오면 오히려 행복했다. 우산이 없으니 꼼짝 없이 천막 안에 머물면서 훈련만 할 수 있었기 때문이다. 5개월 2주를 그렇게 보냈다.

아내와 약속한 6개월이 거의 다 되어가고 있었다. 하지만 태어나서 그때처럼 최선을 다한 적이 없었기에, 그 정도면 충분히 외국인과 의사소통을 할 수 있다는 자신감이 생겼다. 내 실력을 테스트하고 싶었다. 카메라를 들고 무작정 이태원으로 향했다. 외국인이 보이면 바로 달려가 인터뷰 요청을 했다. 승낙을 받으면 그동안 입에 익힌 문장들을 술술 내뱉었다. 기분이 좋았다. 하지만 그것도 아주 잠시였다. 상대방이 말을 시작하자, 바로 멘붕 모드로 진입하고 말았다. 만나는 외국인 모두와 그런 식이었다.

충격적이었다. 소통을 위해 그렇게 열심히 훈련했는데, 소통이 되지 않았다. 발음을 교정하고 영문 스크립트를 달달 외운 것이 다 소용이 없었다. 원인을 알 수가 없었다. 해결책을 찾아야 했다. 아내에게 기한을 연장해달라고 할 수는 없었다. 그렇다고 이전 회사로 돌아가고 싶지도 않았다.

사실 5~6개월 만에 영어를 끝낸다는 것 자체가 커다란 착각이었다. 하지만 그때는 누구에게 물어도 그런 답을 듣지 못했다. 그러다 들은 대답이 영어를 가르쳐보라는 거였다. 가르치려면 준비를 많이 할 수밖에 없기 때문에 오히려 가르치는 사람의 실력이 더 빨리 는다는 논리였다. 맞는 말 같았다. 시간이 지난 후에야 가르치는 것이 듣고 말하기와 별반 상관없다는 것을 알았지만, 그때는 마음이 급했다. 당장이라도 강의를 시작하고 싶었다.

마침 중앙대에서 영어 강의를 하던 이수연 선생님의 도움을 받았다. 자신이 맡은 오전, 오후 강의 중 오후 강의를 내게 맡기셨다. 9월 개강을 목표로 강의 준비를 했다. 이수연 선생님과 단 둘이 홍보를 했다. 직접 디자인한 광고 전단지를 8월 땡볕에 낑낑거리며 학교 이곳저곳에 붙이고 다녔다. 하지만 청소 아주머니들은 그렇게 고생해가며 붙인 광고지를 바로 바로 떼어내곤 하셨다. 야속하기도 하고 죄송하기도 했다. 세상에 어느 것 하나 쉬운 일이 없었다. 한 가지 희망은 이 광고지를 보고 학생들이 강의실을 꽉 채워줄 거라는 기대였다.

개강 첫날을 위해 전날부터 많은 신경을 썼다. 목욕탕에 들렀고, 옷장에서 가장 좋은 옷을 꺼내 입었다. 나름대로 최선을 다해 깔끔하게 차려입고 집에서 나왔다. 가는 길 내내 긴장감에 정신을 차릴 수 없었다. 태어나서 처음으로 다른 사람들 앞에서 하는 강의였다. 얼마나 많은 사람들이 내가 준비한 멋진 강의를 들을지 설레는 마음에 지난밤 한숨도 못 잔 터였다. 강의실로 올라가는 길에 마주친 학생들이 다 내 강의를 들으러 온 건 아닐까 하는 상상에 즐겁기까지 했다.

수업은 공학관 1층에 위치한 120석의 계단식 강의실에서 저녁 6시부터 진행될 예정이었다. 20분 전 강의실 앞에 도착했다. 혹시라도 미리 와 있는 학생들이 있을까 싶어, 1분 동안 미소를 연습했다. 그마저도 학생들이 볼까 싶어 아무도 없는 곳으로 가서 연습했다. 심호흡을 크게 한 후 드디어 강의실 문을 열었다.

아무도 없었다. 텅 빈 강의실이었다. 잘못 왔나 싶어 다시 확인해봤지만, 그곳이 맞았다. 아…… 아직 15분이나 남아서였을 것이다. 아무도 없는 것이 당연했다. 교탁에 노트북을 올려놓고, 수업 준비를 하기 시작했다. 침착하려 애썼지만, 자꾸 시계를 쳐다보게 되었다. 그렇게 6시가 되고, 6시 5분, 10분, 20분, 30분이 되어도 단 한 명도 나타나지 않았다.

꿈을 좇으면 영어는 덤이다

너무 창피했다. 아내에게 큰소리치고 나왔는데 집에 가서 뭐라고 해야 할지 몰랐다. 기다리고 기다려도 아무도 오지 않았다. 6시 50분쯤에 강의 기회를 주신 이수연 선생님이 확인차 들르셨다. 선생님을 보자 눈물이 나올 뻔했다.

"뭐 다 그런 거지. 걱정하지 말아요. 우리가 마케팅을 잘못한 것 같아. 성용 씨 문제가 아니니까 걱정 말고 힘내자고. 성용 씨 파이팅!"

그렇게 2008년 9월 나의 첫 강의 수강생 수는 0명이었다.

다음 날부터 나는 10월 강의를 준비하기 시작했다. 거의 한 달 내내 전단지를 붙이며 돌아다녔다. 강의를 못해서 학생들이 등록하지 않는 건 어쩔 수 없지만, 강의할 기회조차 얻지 못한 터였다. 아직 희망은 있었다.

전단지를 돌리다 힘들 때는 빈 강의실을 찾아 강의 연습을 했다. A4 용지에 아는 사람들 이름을 써서 강의실 책상 위에 올려놓고는 그걸 학생들이라 생각하며 연습했다. 유머도 하고, 동기부여도 하고, 즐겁게 춤까지 취가며 빈 강의실을 나만의 열기로 채웠다. 분명 나 혼자였다. 하지만 이상하게 재미있었다. 성취감도 느껴졌다. 강의라는 게 이렇게 재미있는 거였나 하는 생각까지 들었다.

그렇게 10월이 점점 다가오고 있었다.

　　　　　　　Episode 2. 4인의 성공헬퍼가 되다!

숙명여대 프레젠테이션 대회 싹쓸이하다

"이어서 마지막 대상을 발표하도록 하겠습니다. 대상은 고민의 여지가 없었습니다. 영어 프레젠테이션 대회 대상은 바로~~~ 정. 은. 지!"

정은지! 내가 가르친 학생이었다. 이거 꿈이 아닐까?

첫 달 0명으로 시작한 중앙대 강의는 숙명여대로까지 이어지게 되었다. 11월, 오전에는 숙명여대, 오후에는 중앙대에서 강의를 하다, 12월부터는 숙명여대에서만 오전과 오후로 나눠 강의를 하게 되었다. 아내와의 첫 만남 이야기에서도 말했듯이 나는 천성적으로 여자랑 눈 마주치는 것도 힘들어 하는 성격이었다. 그래서 숙명여대 강의는 더욱 긴장

꿈을 좇으면 영어는 덤이다

하여 많은 준비를 하지 않을 수 없었다.

게다가 당시 숙명여대는 강의실별 프로젝터와 스피커 시스템이 갖추어져 있지 않아 내가 직접 빌려서 메고 다녀야 했다. 양 어깨에 프로젝터와 스피커를 나눠 들고, 등에는 노트북과 강의 자료가 든 백팩을 멘 내 모습은 뒤에서 보면 영락없는 찹쌀떡 장수였다.

육체적으로 힘들었지만 양질의 수업을 위해서라면 감내해야 했다. 하지만 이보다 더 힘든 것은 강의 준비 때문에 잠을 거의 자지 못한다는 점이었다. 오전 오후 각각 80분의 수업을 위해 온종일 강의 준비에 매달리느라 고작 2~3시간 자는 것이 전부였다. 평일만이 아니었다. 주말에도 강의 준비에 매달렸다. 회사 다닐 때도 이 정도는 아니었다.

그때나 지금이나 학생들에게 실력 향상을 위해 내주는 숙제가 있는데, 이중 가장 중요한 것은 뭐니 뭐니 해도 영어 녹음파일 만들기다(보통 줄여서 녹파라 한다). 자세한 내용은 뒤에서 다시 설명하겠지만, 간단히 말하자면 그날 배운 콘텐츠 중 일부를 40분 동안 연습한 후 녹음해서 내가 만든 다음카페에 올리는 것이다. 나는 수업이 끝나면 녹파를 힘들어 하거나 잘 적응하지 못하는 수강생을 일대일로 상담해주곤 했다.

당시 내 실력이 그렇게 뛰어난 것도 아니었으니 뭐 그리 도움이 될까 싶은데도 수강생들은 이런 작은 도움에도 고마워했다. 부족한 나에게 몇 번이고 와서 고맙다고 할 때는 이상하기까지 했다. 오히려 와서 물어봐주는 것 자체로, 내가 뭔가 도울 수 있다는 것만으로도 힘이 났다. 좋은 사람들과 만나 즐겁게 이야기하는 것은 덤이었고, 오히려 내가 감사해야 할 일이었다.

도움을 요청하는 사람들이 많아지면서, 일대일로 하는 것에 한계를 느끼기 시작했다. 좀 더 체계적인 도움을 주고 싶었다. 그래서 수강생들을 대상으로 강사가 직접 운영하는 스터디를 모집했고, 첫 모임에 4명이 참석했다(이 모임이 현재 내가 무료로 운영 중인 1년 과정 소리드림 평생회원의 전신이다).

첫 번째 스터디 팀은 토요일마다 안양천에 모여 훈련하면서 하도 라면을 먹어서 라면팀이라 불렸고, 두 번째 팀은 이동시간을 아끼느라 김밥을 주로 먹어서 김밥팀이라 불렸다. 팀원들이 잘 따라와줘서 수업만들을 때와는 다르게 갈수록 실력이 좋아졌다.

이때가 2010년이었는데, 그즈음 숙명여대에서 영어 프레젠테이션 대회가 열린다는 소식을 들었다. 당시 2회째였는데, 대회 소식을 듣는 순간 그 누구보다 기뻐했던 것 같다. 대다수 학생들이 영어는 토익, 토플, 텝스라는 생각으로 접근하고 있을 때, 영어는 시험 점수가 아닌 소통의 도구라는 것을 보여줄 수 있는 기회라고 생각했기 때문이다.

해외유학이나 어학연수 경험 없이 내 수업을 듣는 학생이 상을 받는다면, 영어는 말이라고 내가 강조했던 것을 학생들 스스로 입증할 수

꿈을 좇으면 영어는 덤이다

있는 소중한 기회였다. 게다가 내가 별도로 개설했던 자신감 향상을 위한 한글 및 영어 프레젠테이션 수업의 효과도 확인할 수 있을 터였다.

(프레젠테이션 수업의 취지는 간단하다. 영어를 아무리 잘해도 자신감이 없으면, 아는 말도 나오지 않기 마련이다. 게다가 메시지를 효과적으로 전달하기 위한 제스처 및 어법도 중요하다.)

예선이 일주일 정도밖에 남지 않았지만, 학생들에게 적극적으로 참여를 권유했다. 결국 7명이 이에 응했다. 시간이 많지 않았기에 늦은 시간까지 함께 모여 연습했다. 개개인이 프레젠테이션을 통해 전달하고자 하는 핵심 메시지를 가다듬고, 전달력을 높이기 위해 반복해서 연습했다. 말 그대로 최선을 다했다. 당시 학생들과 함께 준비하면서 느꼈던 희열을 지금도 잊을 수가 없다. 어떤 일을 하면서 과정 자체를 즐길 수 있다는 것을 그때 처음 실감했기 때문이다.

그렇게 일주일이 지나고 예선에서 나와 함께 훈련했던 7명 중 무려 5명이 호명됐다. 본선 진출자 10명 중 절반이 내가 가르친 학생이었다. 본선은 일주일 뒤였다.

본선 심사는 원어민 선생님들이 맡았다. 대회 당일 숙명여대 대강당 1층과 2층이 학생들로 가득 찬 상태였다. 멀리서 보기에도 참가한 학생들이 긴장하고 있는 티가 역력했다. 하지만 그동안 수십 차례에 걸쳐 많은 사람들 앞에 서는 훈련을 해온 우리 학생들은 당당한 모습 그대로였다.

긴장된 무대가 하나씩 끝나갈 때마다 많은 박수가 이어졌다. 너무 큰 압박감에 중간에 멈추고 말을 잇지 못해 당황하는 학생도 있었고, 처음부터 끝까지 당당하게 발표를 이어가는 학생도 있었다. 모든 무대가 끝나고 심사위원들이 결과를 확정하기 위해 잠시 자리를 비운 동안 동아리 무대가 이어졌다. 수상의 영광은 대상 1명, 우수상 2명, 장려상 3명 등 총 6명에게 주어질 터였다.

사회자가 마이크를 잡았다.

"긴장되시죠? 마음 편히 가지시고요, 이제 발표를 시작하겠습니다."

첫 번째 발표는 장려상이었다.

"장려상, ○○○." 아, 우리 학생이 아니었다.

"장려상, 조하얀." 이야~~ 나도 모르게 소리를 지르고 말았다. 함께 훈련했던 학생의 이름이 불리는 순간 너무 기뻐서 창피한 줄도 몰랐다.

"장려상, 나유리." 우왓!!! 벌써 2명이다. 대박이다, 대박!

"우수상, ○○○." 아…… 아직 상이 2개가 남아 있었다. 심장이 터질 듯 빨리 뛰었다.

"우수상, 이은정." 아자~~~ 3명이나? 믿기지 않았다.

"이제 마지막 대상을 발표하겠습니다. 대상은 고민의 여지가 없었습니다. 모든 네이티브 선생님들께서 찬성하셨습니다. 제2회 숙명여대 영어

꿈을 쫓으면 영어는 덤이다

프레젠테이션 대회 대상은 바로~~~ 정. 은. 지!!!"

그 순간 나도 모르게 외쳤다. "그렇지! 그렇지!! 바로 그거야~~~~." 모든 사람들이 일제히 나를 쳐다보았다.

나와 함께 했던 학생들이 6개의 상 중 대상을 포함해 4개의 상을 휩쓸었다. 이게 가능한가? 우리 학생 4명은 전원 국내파였고, 나머지 입상자들은 모두 외국에서 영어를 배운 학생들이었다.

그날 학생들과 헤어지고 남영역으로 향하면서 가장 먼저 든 생각은 '노력은 배신하지 않는다'는 것이었다. 이 말은 나라는 사람이 이제야 비로소 제대로 된 노력을 시작했다는 것이었다.

두 번째는, 내가 상을 받은 것도 아닌데 왜 자신이 받은 것처럼 흥분되고 기쁜지, 내 가슴이 그렇게 뛰었는지 하는 것이었다. 학생들이 상을 받았다고 내 이력에 뭔가 보태지는 것도 아니고, 득이 될 것도 없었다. 대회 결과로 수강생이 좀 늘어난들 외국계 IT 회사 취직이 목표였던 내게 뭔가 도움이 되는 것도 아니었다. 처음에 영어 때문에 고민하고 힘들어 하던 학생들이 영어를 즐기게 되고 열심히 도전한 결과, 스스로 뿌듯해하고 기뻐하는 모습을 보는 것 자체로 행복하고 즐거울 뿐이었다.

문득, 고민이 되었다. 가르치면 실력이 빨리 는다는 말에 시작했던 이 일이 재미있어지기 시작했기 때문이다. 심지어 외국계 회사에 들어가기 위해 준비했던 모든 순간이 이제 더 이상 중요하지 않게 되었다는 점이다. 그냥 이 길을 계속 걷고 싶었다. 그들의 성공을 진심을 다해 돕고, 그들이 성공했을 때 뒤에서 박수쳐줄 수 있는 그런 삶. 이것이 내가 정말 좋아하는 일이 아닐까? 그것은 바로 성공헬퍼로서의 삶이었다.

그날 많은 학생들로부터 문자를 받았다.

"선생님, 감사합니다. 제가 영어로 프레젠테이션을 할 줄은 꿈에도 생각하지 못했어요. 거기다 상까지…… 다 선생님 덕분이에요. 진심으로 감사드립니다."

난 그냥 재미있어서 한 것뿐인데, 이렇게까지 생각해주다니…… 아이들에게 진심으로 고마웠다.

그날도 집에 들어가자마자 수업 준비를 시작했다. 몸은 피곤하지만 마음은 뿌듯했다. 그 누구에 의해서도 아닌 내가 하고 싶어서, 내가 좋아서 열심히 한 결과, 내 가슴에 부끄럽지 않은 감동을 스스로 주었던 하루였기 때문이다. 수업 준비를 마치고 자리에 누웠을 때 나도 모르게 이런 말을 내뱉었다.

"아, 꿈같은 하루였어. 계속 이랬으면……."

이 말과 함께 IT는 내 꿈으로부터 점점 더 밀려나고 있었다.

꿈을 좇으면 영어는 덤이다

NG cut

비전카드는 어떻게 써먹어?
(비전카드 활용법)

비전카드로 도배하기

짠! 멋진 비전카드가 완성되었다. 정성스럽게 만든 만큼 크게 출력하고 코팅을 한다. 소중한 비전카드인데 혹여 찢어지거나 물에 젖으면 속상할 테니 말이다. 이렇게 예쁘게 만들기는 했는데, 앞으로 이 비전카드를 어떻게 사용해야 할까?

일단 가장 크게 출력한 비전카드는 내 방의 명당 자리에 붙인다. 명당 자리란 방에서 비전카드를 가장 잘 볼 수 있는 곳이다. 하루 중 책상에 머무는 시간이 많다면 책상 앞에 붙이고, 그렇지 않다면 방 벽면 중 가장 잘 보이는 곳에 붙인다. 벽에 붙일 때에는 되도록 큼지막하게 붙이는 것이 좋다. 하지만 이것만으로는 아직 부족하다. 다양한 크기로 만들어 어디에서든 비전카드를 볼 수 있게 해야 한다.

내 방의 가장 잘 보이는 곳에 비전카드를 부착했다면, 거실에는 TV 바로 옆에 붙인다. 화장실에서 앉아 볼 수 있는 곳에다 붙이고, 자기 전에 볼 수 있도록 방 천장에도 붙인다. 핸드폰 배경화면에도 붙인다. 그밖에도 집 안 어디든 많은 시간을 보내는 곳에 붙인다.

매일 밤 할 일 없이 TV를 켤 때마다 옆에 비전카드를 바라보자. 어떠한가? 습관적으로 보는 예능 프로그램은 볼 때는 재미있을지 몰라도, 다음 날 아침은 어딘가 모르게 허전하다. 대신 그 시간을 비전카드 속의 목표를 실천하기 위해 영어를 하거나, 공부 또는 운동이나 독서를 한다면 조금 더 나을 것이다. 사람들이 장난삼아 하루 중 가장 집중이 잘된다는 화장실에서도 내일의 비전을 그린다. 천장을 보며 잘 때도 비전카드를 보면 행복한 꿈을 꿀 수 있으며, 아침에 눈뜨자마자 보이는 것이 비전이라면 그것만큼 좋은 알람시계도 없을 것이다. 거기에 핸드폰 배경화면을 보면서도 비전을 그릴 수 있으니, 하루가 비전으로 빈틈없이 꽉 찰 것이다.

우리의 하루를 비전카드로 도배하는 데는 다 이유가 있다. 오늘 하루를 잘 살기 위해 나의 시선이 닿는 모든 곳에 비전을 두기 위해서다. "눈에서 멀어지면, 마음에서도 멀어진다"는 말이 있다. 비전도 마찬가지다.

소중한 비전을 가지고 있지만, 살다 보면 잊어버리게 된다. 바쁘다는 핑계로 말이다. 그래서 자주 봐야 힘과 용기도 얻고 지치지 않을 수 있다.

당신의 자신감은 상승 중인가? 하강 중인가? (feat. 비전카드가 필요할 때)

상담을 하다 보면 많은 수강생들이 자신감을 갖고 싶다고 말한다. 그리고 스스로를 자신감이 없다고 생각한다. 그럴 때마다 안타깝다. 자신감은 갖고 태어나는 것도 아니고, 돈을 주고 살 수 있는 것도 아니다. 그렇다면 자신감은 어떻게 기를 수 있을까?

누구는 동기부여 강의를 들으라 하고, 누군가는 자기계발서를 추천한다. 물론 도움이 될 것이다. 그러나 지속적이기는 힘들다. 자신감이 떨어졌다고 느끼면 또다시 다른 강연이나 책을 찾아나설 수 있기 때문이다. 가장 강력한 자신감의 원동력은 미래의 자기 모습이다. 그러므로 사방팔방 어디서든 볼 수 있도록 비전카드를 붙여놓아야 한다. 당연히 틈나는 대로 꺼내 볼 수 있도록 휴대도 해야 한다. 원할 때마다 꺼내어 볼 수 있도록 말이다.

그렇다고 하루 종일 비전카드를 쳐다보기만 하라는 말은 아니다. 자신감은 실천을 통해서만 기를 수 있다. 여러분이 원하는 일을 꾸준히 실천해야 한다. 그러던 중 의기소침해지고, 왠지 주뼛주뼛하게 되는 순간 자신감이 떨어진다고 느낀다면, 바로 그때 꺼내어 보는 것이다.

나의 경우, 오늘 하루 자신감이 없어진다면 바로 화장실이나 사무실 등 혼자 있을 수 있는 공간을 찾아간다. 그리고 재빨리 비전카드를 꺼내어 본다. 사진 하나, 문구 하나를 보며 미래의 내 모습을 머릿속에 생생히 그린다. 손동작 하나까지, 그때의 감정까지 떠올리며 노력한다. 그렇게 10~20분 그리고 나면 마음이 편해진다. 그리고 다시 밖으로 나와 현실에 맞선다.

힘이 들 때마다 술 생각이 나는가? 아니면 담배에 먼저 손이 가는가? 그 순간은 잊을 수 있을지도 모르겠다. 그러나 자고 일어나면 변한 건 하나도 없다. 이제부터는 힘들다고 느끼면 스스로를 위해 비전카드를 보자.

계획하라, 그리고 실천하라!

온 사방이 비전카드다. 지긋이 바라보고만 있어도 좋다. 그다음 단계는 오늘 하루의 계획을 세우는 것이다. 쉽게 말하면 오늘 꼭 해야 할 일을 정하는 것이다. 보통 계획을 세운다고 하면, 그날 그날 즉흥적으로 세우는 경우가 많다. 오늘은 보고 싶은 영화가 개봉하는 날이니까 영화를 보고, 좋아하는 배우가 나오는 드라마를 보고, 오랫동안 보지 못한 친구를 만난다. 사실 이런 건 계획이라기보다는 스케줄 관리에 가깝다. 계획은 구체적이고 치밀해야 한다.

꿈을 좇으면 영어는 덤이다

먼저, 오늘의 계획을 세우기 위해서는 30년 후의 계획부터 세워야 한다. 그리고 20년, 10년, 5년, 1년 내려오면서 계획을 점검해야 한다. 나의 먼 미래의 계획 중 하나는 소리드림센터를 세우는 것이다. 소리드림센터는 교육의 혜택을 잘 입지 못하는 사람들을 위해 영어뿐만 아니라 살아가는 데 필요한 것을 가르치는 교육기관이다. 이를 실현하기 위해 소리드림 평생회원 제도를 운영하고 있다. 100기까지 1년 단위의 목표로 운영계획을 가지고 있다. 사실 먼 미래의 일이라 그 사이에 얼마든지 변수가 생길 수 있다는 것을 잘 안다. 그러나 걱정할 필요 없다. 변수가 생기면 그때 반영하고 수정하면 된다.

위와 같이 30년 후부터 큰 계획을 세우고 거기에 맞춰서 점점 좁혀 내려오다 보면 올 한해 해야 할 일이 보인다. 그럼 다시 6개월, 3개월, 그리고 1개월, 1주 단위로 계속 내려온다. 그렇게 내려오다 보면 1일, 즉 오늘 하루 집중해야 할 일이 보인다. 이를 바탕으로 'To do list'를 작성한다. 이제 남은 건 To do list에 따라 순간순간에 집중하는 것이다. 이때가 바로 그 어느 때보다 열정적인 자신의 모습을 발견할 수 있는 순간이다. 상상해보라. 매사 생기 넘치는 자신의 모습을. 행복하지 않은가?

드디어 오늘 하루 무엇에 집중해야 하는지 명확해졌다. 이젠 더 이상 불안한 미래를 걱정하며 뜬눈으로 밤을 지새울 필요가 없다. 지나간 과거를 후회하며 한숨지을 이유도 없다. 항상 리스트를 따르며 아침부터 최선을 다해 실천하기만 하면 된다. 그리고 잠자기 전 천장에 붙인 비전 카드를 보면 To do list가 잘 이행되었는지 확인하면 된다.

자! 마음속으로 하나씩 확인해보자. 오늘 할 일이 다 지워져 있다면 앞으로 걱정할 게 전혀 없다. To do list를 다 했다는 건 이번 주, 이번 달, 더 나아가 올해의 목표도 가능하다는 말이니까 말이다. 이제야 비로소 우리 인생의 방향키를 우리가 쥐게 되었다.

EPISODE 3.

100인의 성공헬퍼가 되다!

굳이 새옹의 고사를 듣지 않아도 인생은 시계추처럼 좋은 일과 나쁜 일 사이를 왔다 갔다 반복한다. 지금이야 담담하게 얘기하지만, 성공과 기쁨, 불행과 슬픔은 막상 당할 때는 롤러코스터처럼 사람을 오르락내리락하게 만든다. 내가 여기까지 온 것은 그런 상황에서도 꿈을 포기하지 않고 주어진 자리에서 최선을 다했기 때문이다.

영어로 날개를 달다

숙명여대 강의 초반 텅 비다시피 했던 강의실은 프레젠테이션 싹쓸이 소식이 알려지면서 점점 더 많은 수강생들로 채워지기 시작했다. 1년 정도 지난 시점에서는 대학 청취 강사 중 최고기록인 월 수강생 수 282명을 달성할 정도였다. 강의실에 들어서면 300명에 가까운 수강생들이 일제히 나를 바라보는 눈빛에 압도될 정도였다. 당시 숙명여대 국제어학원 원장님과 영문과 교수님이 직접 와서 청강하신 후 색다르지만 의미 있는 강의라고 칭찬까지 해주셨다.

하지만 좋은 일은 오래가지 못하는 것일까? 첫 강의 이후로 잠자는 시간을 최소로 하면서 버텨왔는데, 강의 중에 신장 결석이 재발해서 기어가다시피 병원에 가야 했다. 신장 결석이 아니더라도 체력이 한계에 다다랐고, 이곳저곳 건강이 악화된 상태였다.

그 와중에 숙명여대 강의를 중단해야 하는 상황이 발생했다. 나에게 강의를 맡긴 곳에서, 안정적 급여와 함께 내근직을 요구해왔다. 고민이 되었다. 학생들을 떠나 내가 과연 이 일을 이어갈 수 있을지 알 수 없었기 때문이다. 과로를 하더라도 이 순간이 너무나 즐거웠기 때문이다.

사정을 얘기해보았지만 상황은 바뀌지 않았고, 결국 강의를 그만두어야 했다. 1년간 영어 독립을 위해 돕기로 한 학생들과의 약속을 지킬 수 없게 된 것이다. 나 자신이 무능하고 한심하게 느껴졌다. 몸이 아픈 것보다 두 배 세 배 더 마음이 아팠다.

강의를 그만둔 후 한동안 쉬면서 몸을 추슬러야 했다. 모아둔 돈이 바닥날 즈음에 IT 업계로 돌아갈 준비를 할 수밖에 없었다. 아는 분들에게 연락을 드렸다.

"수석님, 제가 18개월간의 외도 끝에 다시 돌아왔습니다. 데이터 분석 기술을 필요로 하는 외국계 회사가 있으면 추천 부탁드립니다."

"오~ 문 대리~~ 이제 영어 좀 하나 봐?"

"아…… 아닙니다. 조금밖에 못합니다. 아주 조금요. 회사 들어가서도 계속해야죠."

"그래, 알았어. 한번 알아볼게. 수고해."

언제 뵈어도 반가운 이헌구 수석님이 얼마 후 한 외국계 회사 전산실에서 데이터 분석 업무 담당자를 찾고 있다는 소식을 전해주셨다. 메리케이코리아는 미국의 화장품 회사였다. 내가 원하던 조건의 회사였기에 바로 지원했다.

데이터 분석 관련 업무.
무엇보다 중요한 외국계 회사.
해외 프로젝트 진행으로 해외 경험을 할 수 있는 기회.
전산 장애만 없다면 6시 퇴근.

6시 칼퇴근이라니. 6시에 끝나면 내가 좋아하는 강의도 할 수 있을 터였다. 야학이나 학원에서 가르칠 수도 있다는 생각에 마음이 설레었다.
지금 생각하면 참으로 이상하고 바보 같은 생각이었다. 퇴근하고 좋아하는 일을 할 생각이었고, 그래서 6시 퇴근에 마음이 갔다면, 차라리 좋아하는 일을 직업으로 삼으면 될 일이었다. 사실 그보다 더 이상한 건 내가 퇴근 후라도 누군가의 성공을 돕기 위해 나의 경험을 나누고 싶어한다는 것이었다. 정말 나는 누군가의 성공을 돕는 것을 좋아하는 걸까? 정말로 가르치는 것이 그렇게 좋은 걸까? 난 영어 전공자도 아니었다. 이런저런 고민 속에서도 손으로는 지원서를 적어 내려가고 있었다.

서류 통과 후 바로 면접 일정이 잡혔다. 대기실에서 간단하게 영문으로 된 질의 문서에 답변을 하고 커피를 마시며 기다리고 있었는데, 이상하게 하나도 떨리지 않았다. 그냥 면접도 아니고 영어 면접이라고 들은 터였다. 흠.

면접관은 전산실 부장님과 인사팀 과장님 2명이었다. 처음에는 기술적인 부분을 확인했다. 데이터 분석 관련 비즈니스 인텔리전스Business Intelligence 프로그램을 오랜 기간 해온 터라 18개월의 공백에도 불구하고 어렵지 않게 통과했고, 곧이어 영어 면접이 이어졌다.

부장님이 자기소개와 지원 사유에 대해 영어로 물어보았다. 그동안 영어를 꾸준히 해왔기에 어렵지 않게 답변을 했다. 물론 문장에 오류도 있었지만 개의치 않았다. 소통 중심으로 최선을 다해 말했다. 두 번째 질문부터는 갑자기 한국어로 물어보았다. 속으로 이상하다 생각했지만, 대답은 끝까지 영어로 했다. 영어 면접을 마치고 나니 부장님이 18개월이면 짧은 기간인데 어떻게 이렇게 성장했냐고 물어보았다.

그 말에 나는 깨달았다. 포기하지 않고 꾸준히 할 수 있는 만큼 훈련을 이어왔더니 나 같은 사람도 성장할 수 있다는 것이었다(후에 지인에게 들은 바에 따르면 부장님은 내가 당당하게 큰 소리로 말하는 태도가 마음에 들었다고 한다. 그러면서 도대체 영어를 얼마나 잘하기에 부장님이 그렇게 말씀하시냐며, 영어를 어떻게 배운 거냐고 물어보기까지 했다).

면접 후 연봉 협상이 이어졌다. 난 이전 회사에서 받던 연봉에 25퍼센트 인상된 금액을 제시했다. 그렇게 높은 금액을 요구한 것은 만약 떨어져도 상관없다고 생각했기 때문이었을 것이다. 내부 협의 후 알려주겠다고 했고, 며칠 후 합격 통보를 받았다. 이러저러한 사내 복지제도에 대해서도 알려주었는데, 상상 이상이었다. '아, 이런 복지 때문에 다들 대기업이나 외국계 회사에 들어가고 싶어하는구나' 하는 생각이 들었다.

솔직히 국내 기업에 다닐 때는 불경기이기도 했지만, 1년에 100만 원 올리기도 힘들었는데, 영어 하나로 25퍼센트나 올릴 수 있다는 데서 영어의 힘을 느꼈다. 물론 프로그래머 14년의 경력이 있기에 가능했을 것이다. 하지만 이 경력에 날개를 달아준 것은 분명 영어였다. 그동안 너무 어렵다고 부실한 번역서만 찾아다니며 기술에만 몰두했던 시간이 아쉬웠다. 일하는 틈틈이 즐기며 영어를 했다면 좀 더 빨리 좋은 결과를 얻지 않았을까 하는 생각에 기쁘면서도 한편으로는 아쉬운 마음이었다. 나만의 경쟁력을 위해 굳이 기술만을 고집할 필요가 없음을 뒤늦게 깨달았기 때문이다.

2010년 남산에서의 약속

"뭐? 정말? 그렇게 많이 준대? 출근은 바로 하고?"

메리케이코리아 합격 소식을 들은 아내의 반응이었다.

"영어 한다고 1년 반 가까이나 긁기더니 보람이 있네. 그 기간이 아깝지 않네."

기뻐하는 아내 모습을 보니 한편으론 뿌듯하면서도 다른 한편으로는 답답했다. 마음속으로는 '가기 싫은데……'라는 말을 되뇌고 있었다.

안정된 외국계 회사 vs. 강사

둘 중에 무엇을 선택해야 하나 고민하던 내가 우습게 보일지도 모른다. 그러나 나에게는 너무나 어려운 질문이었다. 마음은 강사로서 누군가의 성공을 돕고 싶지만, 불안정한 급여로 매달 아내를 가슴 졸이게 할 수 없다는 생각에 답답했다. 지금까지도 충분히 고생한 아내이기에 나만을 생각하기가 쉽지 않았다.

'회사에 들어가면 안정적인 급여뿐 아니라 외국 경험도 쌓을 수 있잖아. 무엇보다 6시에 퇴근해서 가족과 함께 시간을 보내거나 좋아하는 강의를 하면서 행복하게 살 수 있지 않을까? 그동안 아내 고생시킨 것만으론 부족하니? 여태껏 기다려준 것만 해도 얼마나 고맙니? 평생 잘해야지. 18개월 전에 회사를 그만둔 이유가 뭐야. 외국계 회사 들어가려는 거 아니었어? 바라던 대로 됐는데 도대체 뭐가 문제야? 넌 목표를 멋지게 달성한 거라고. 더 이상 고민하지 마. 그게 최선이야. 모두를 위한 거라고.'

머릿속에서 이런 생각이 떠나지 않았다.

'그래, 맞아. 네가 외국계 회사에 들어가게 된 게 얼마나 큰 복인데. 네 학벌을 보라고. 절대 쉬운 일이 아니라고. 이 좋은 걸 왜 스스로 걷어차려는 거야? 말도 안 되는 거지. 이젠 그동안의 고생을 보상받으라고.'

꿈을 좇으면 영어는 덤이다

'뭐, 보상? 그게 보상이야? 월급 많이 받는 거? 하지만 14년이나 재미없어 하던 IT 일을 다시 해야 하잖아. 퇴근 후에 좋아하는 일을 할 수 있다고? 말도 안 되는 소리! 현실적으로 시간이 날 것 같아? 아기도 가져야 하고, 바쁘게 이일 저일 하다 보면 금방 마흔 되고 오십 될 텐데, 좋아하는 일을 할 수 있다고?

성용아. 강의, 그게 네가 좋아하는 일이잖아. 과감해지라고. 너, 지난 14년을 다시 생각해봐. 진정한 보상이 뭔데? 돈? 웃기지 마. 돈을 위해 싫어하는 일을 14년 동안 해왔다면 이젠 돈을 포기하더라도 좋아하는 일을 해야 하는 거 아니야? 네가 좋아하는 일을 하면서 살아갈 기회가 앞으로 몇 번이나 더 있을 것 같아?

실패? 실패가 두렵다고? 지금까지 돈 생각하면서 힘겹게 보낸 14년은 실패 아닌가? 그 실패 반복하려고? 외국계 회사? 네가 어렸을 때 돈 때문에 많이 고생했다는 건 아는데, 그래 봐야 네가 싫어하는 IT야. 아무리 외국계 회사라도 IT라는 건 바뀌지 않는다고. 그곳에 간다고 보상받을 수 있을 것 같아?

넌 지금, 네가 좋아하는 일을 할 수 있는 마지막 기회를 눈앞에 두고도 무시하고 있는 거라고. 이번 기회를 놓치면 넌 절대 다시는 강의를 할 수 없을 거야. 지금, 이번이, 너에게 주어진 마지막 기회라는 걸 모르겠니? 바보야.'

그래…….

이번이 마지막 기회일지도 모른다는 생각이 들었다. 싫어하는 일을 하며 살아온 지난 14년이 과연 성공한 삶이었던가? 이걸 몇 년 더 한다고 싫던 일이 좋아지고, 행복할 수 있을까? 과연 성공한 삶이 될 수 있을까? 그렇지 않으리란 건 나 자신이 너무나 잘 알고 있었다.

답은 한 가지밖에 없었다. 누군가의 성공을 돕는 성공헬퍼가 되는 것. 그게 나에게는 성공적인 삶이었다.

'성용아, 못 먹어도 Go다!!!'

며칠을 고민한 끝에 결론을 내렸다. 이제는 아내에게 동의를 구해야 했다. 나는 조심스럽게 이야기를 꺼냈다.

"여보, 나 강의하고 싶어. 내가 지금은 제일 잘하는 일이 프로그래밍이고, 제일 못하는 일이 영어 강의지만, 누군가를 도우며 강의하는 게 가장 재미있는 일이 되어버렸어. 여보, 나 강의할 수 있게 도와줘."

미안한 마음에 아내의 얼굴을 쳐다볼 수가 없었다. 잠시 후 아내가 입을 열었다.

"그래, 해봐. 자기가 좋아한다면 한번 해봐."

힘은 없었지만, 따뜻한 그 한 마디에 난 고개를 들 수가 없었다.

꿈을 좇으면 영어는 덤이다

그렇게 아내의 동의를 얻은 후 내가 도와주고 있던 학생들에게 전화를 걸었다.

"애들아, 우리 남산 가자."

"네? 남산이요? 왜요?

"꿈 따러 가야지!"

남산은 몇 주 전에도 학생들과 함께 해돋이를 보러 다녀온 곳이었다. 그때의 기억이 굉장히 인상적이어서 꿈에 대해 이야기하기에 가장 좋은 장소라는 생각이 들었다. 우리는 저녁에 모여 남산까지 천천히 걸어 올라갔다. 남산타워 조명 쇼가 끝날 즈음 다들 둥그렇게 모여 앉았다.

"우리, 앞으로 하고 싶은 일과 그 일을 어떻게 이루어갈지 한 명씩 돌아가면서 이야기해볼까?"

처음엔 뜬금없어 하던 학생들이 하나씩 둘씩 자신의 이야기를 하기 시작했다. 어느새 이야기에 푹 빠져서 웃기도 하고 박수도 쳐가며 서로에 대해 알아가는 시간이 되어가고 있었다.

내 차례가 왔다. 학생들은 내가 메리케이코리아에 합격한 사실을 알고 있었기에 축하부터 해주었다.

"애들아, 결심했어. 앞으로 계속 강의할 생각이야. 능력이 대단하지 않아서 어니서 널 빈아줄지는 모르겠지만, 강의하는 게 정말 좋아. 너희들처럼 영어 때문에 힘들어 하는 친구들에게 도움을 줄 수 있다는 사실이 너무 좋아. 그래서 합격한 회사는 포기하고 강의를 하려고. 물론 어려운 일이 많을 테지만, 어느 때보다 힘들었던 지난 18개월도 잘 이겨 냈으니 앞으로도 두렵지는 않아. 지난 18개월 동안은 내게 가장 행복한 시간이었어. 내가 가려는 길이 평탄치는 않겠지만 이 선택을 후회하지 않을 거야."

예상치 못한 말에 학생들은 멍한 표정으로 날 쳐다봤다.

"그래서 너희에게 공약한다. 앞으로 6개월 안에 건강도 되찾고, 종로 학원가에서 영어 강의를 시작한다. 달성하지 못하면 내가 대박 큰 피자 쏠게."

2010년 2월 3일 남산에서. 마지막 강의를 기념하며.

꿈을 좇으면 영어는 덤이다

가만히 귀 기울여 들어주던 학생들은 웃으며 나를 응원해주었다. 그리고 그 소중한 순간을 사진에 담았다.

그날 집으로 돌아와서는 사진을 출력해 비전보드에 붙이고 다음과 같이 썼다.

"2010년 8월, 난 종로로 출근하는 영어강사다!"

학생들과 한 소중한 나의 약속이었다. 다음 날 종로에서 가장 큰 학원인 YBM을 찾아가 빈 강의실 교탁에서 학생들 책상 쪽을 바라보며 사진을 찍었다. 역시 내 비전보드에 추가했다. 그리고 그 아래에 "내 소중한 강의실"이라고 적었다.

그 시간 이후로 나는 건강 회복과 함께 종로 진출을 위한 준비를 시작했다. 6개월 후의 내 모습은 이미 비전보드에 들어 있었고, 저 사진들은 내가 타임머신을 타고 6개월 후의 미래로 가서 찍어온 것이었다. 나는 6개월 후 저기 있을 것이었다.

Scene#3.

34세 x 공고 출신 x 영어 비전공자! 종로 YBM 강사 되다

어느 날 한 수강생과 상담 중이었다. 자신의 처지에 대해 얘기하던 학생이 이렇게 말하는 것을 듣고 깜짝 놀라지 않을 수 없었다.

"선생님은 대단하세요. 좋은 대학도 나오시고, 유학도 다녀오시고 부러워요. 저도 그럴 수 있었으면 지금쯤은 제가 좋아하는 일을 하고 있을 텐데요."

"네?" 무슨 말인지 알 수가 없었다.

"아니 그게 무슨 말씀이세요? 좋은 대학에 유학이라뇨? 어디서 그런 말을 들으신 거죠?"

"아니, 영단기에서 강의하실 정도의 실력이면 그럴 것 같아서요."

꿈을 좇으면 영어는 덤이다

영단기가 인터넷 영어 인강 1위에 강남 한복판에서 국내 최고의 강사들이 경쟁하는 곳이니, 그런 오해를 할 수도 있겠다 싶었다.

"아닙니다. 오히려 미진(가명) 님이 저보다 더 좋은 환경인 듯한데요."

"네?" 그녀는 말도 안 된다는 표정으로 나를 바라보았다.

나는 서울도시과학기술고등학교와 동양미래대학교 전자과를 졸업했다. 지금은 이렇게 그럴듯한 이름으로 바뀌었지만, 내가 다닐 때는 서울북공업고등학교와 동양공업전문대학이었다.

좀 더 알기 쉽게 써보자면, 나는 전자과를 졸업한 공돌이에, 14년차 프로그래머였다.

혹시 '그럴 것이다'라는 말로 자신의 가능성에 대해 문을 꽁꽁 닫아버리고 사는 건 아닌지, 생각해볼 필요가 있다. 특히 젊은 친구들이 그런 생각을 하며 산다는 것은 안타까운 일이다. 멍한 눈으로 나를 바라보던 그 수강생을 보면서, 쉽지 않았던 지난날들이 빠르게 뇌리를 스쳐 지나갔다.

학생들 앞에서 "2010년 8월 나는 종로로 출근하는 영어강사다"라고 당당하게 약속하고 온 다음 날 나는 다시 현실을 마주해야 했다.

'백수.'

아니다. 단순한 백수가 아니다.

'건강에 문제가 있는 백수.'

이것도 현실을 정확하게 반영한 것은 아니다.

'지금 당장 돈을 벌어야 하는, 건강에 문제가 있는 백수 가장.'

입사 포기 이후 아내의 도움으로 5개월이라는 시간을 버텨왔지만, 그럼에도 내가 할 수 있는 일은 여전히 아무것도 없었다. 이른 아침부터 초조함에 심장이 조여오는 것 같았다. 내가 할 수 있는 것은 벽에 붙어 있는 비전보드를 보며 지금 이 순간 내가 할 수 있는 최선이 무엇인지 다시 확인해보는 것뿐이었다.

0순위. 하루를 시작할 때, 마칠 때, 틈틈이, 무엇보다 두려울 때, 비전 카드 보기.

1순위. 비전을 위해 오늘 내가 해야 할 중요한 한 가지 일에 집중하기.

2순위. 종로 학원 알아보기.

내가 할 일은 이 세 가지였다. '비전카드 보기'는 기본이므로, 나머지 액션플랜 중 가장 중요한 것은 '한 가지 일에 집중하기'였다. 내가 집중해야 할 한 가지는 바로 '영어 실력'이었다. 그것도 가장 쉽고, 재미있고,

즐겁게 가르칠 수 있는 정도의 실력이어야 했다. 그래서 나는 국내에서 내로라하는 유명한 강사들은 어떻게 가르치는지 보기 위해, 영어에 국한하지 않고 다양한 분야의 강사들을 인터넷 강의로 확인한 후, 그분들이 있는 곳이면 어디든, 그곳이 학원이든 강연장이든 달려가 수업을 들었다. 이동 중에는 유튜브로 강의를 들었다. 한 마디로 나의 하루 중 가장 중요한 시간을 수많은 강의 수강으로 채웠다. 그리고 저녁에 집에서는 강의 중 틈틈이 메모해둔 사항들을 하나씩 정리해두었다.

취업을 위한 노력은 매일 한 시간으로 정하고 그 이상은 투자하지 않았다. 강사로서의 실력을 키우는 것이 우선이었기 때문이다.

우선 종로에 있는 학원들에 관한 정보를 모았다. 수많은 학원들이 있었다. 영어강사 지원서뿐 아니라 면접 시 필요한 시연 강의도 준비했다. 준비는 매일 했지만, 한 시간을 절대 넘기지 않았다.

이렇게 나는 미래에 대한 두려움을 조금씩 떨쳐내고 있었다. 하지만 현실은 그대로였다. 이력서를 들고 학원을 찾아가도 연락을 주는 곳은 한군데도 없었다. 시연 강의를 아무리 철저히 준비해도 할 수 있는 기회를 얻지 못하니, 나에 대해 판단할 수 있는 근거는 지원서뿐일 터였다. '공고 출신', '영어 비전공자', 무엇보다 '34세'라는 키워드가 나를 설명하는 진부었다.

2010년 2월, 남산에서의 약속 이후로 벌써 5개월이 지나고 있었다.

다시 IT 업계로 돌아가야 하나 싶을 정도로 지쳐가고 있었다. 나라도 서른네 살 신입에 영어 비전공자를 강사로 채용하지는 않을 터였다. 그날은 답답한 마음에 스스로를 위로하고자 좋아하는 카페라테 한 잔을 앞에 두고 비전카드를 보며 에너지를 충전하고 있었다. 그때 뜻밖에도 지인으로부터 반가운 전화가 걸려왔다.

분당 YBM에서 청취강사를 구하는데 원한다면 추천해주겠다는 내용이었다. 여태껏 시강 기회 한번 잡지 못했는데, 드디어 기회가 온 것이다. 분당이라는 점이 마음에 걸렸지만, 주저할 일이 아니었다.

면접 당일 2시간이나 걸려 분당으로 향했다. 대기실에서 기다리다 순서가 되어 강의실로 들어갔다. 잠시 후 들어오신 원장님은 근엄해 보이는 분이었다. 이분 앞에서 시강을 해야 했다.

"자, 시작할까요?"

짧은 순간이지만 원장님이 나와 함께 영어를 훈련할 수 있도록 해야 했다. '반드시 원장님이 입을 열고 함께 훈련할 수 있도록 하겠다'라는 목표로 강의를 시작했다. 내 강의는 먼저 원어민의 발음을 들려준 후 수강생들이 나의 '시작' 구호에 맞춰 따라 하도록 하는 것인데, 원장님은 여러 번 신호를 보내도 전혀 반응이 없었다.

"시작."…… "시작."…… "시작."

등에서 식은땀이 흐르고 초조해지기 시작했지만, 최대한 이 시간을

꿈을 좇으면 영어는 덤이다

즐기면서 재미있게 하려고 노력했다. 강의 시나리오를 분위기별로 세 가지를 준비해왔는데, 첫 번째와 두 번째가 효과가 없어 바로 세 번째로 바꿔 진행했다. 그때부터 조금씩 원장님이 입술을 움직이기 시작했다. 마지막에는 문장을 따라 하셨다. 그 소리를 듣고 '합격이다!'라는 마음보다는 목표를 달성했다는 마음에 고무되었다.

시강을 마치자 원장님의 질문이 이어졌다.

"보니까 학벌도 그렇고, 영어 비전공자이신데…… 학생들이 무시할 수도 있을 텐데 어떻게 대처하시겠습니까?"

"그 누구보다 철저하게 준비할 자신이 있습니다. 강의시간 외에 모든 시간을 더 좋은 강의를 하기 위한 준비에 투자하겠습니다. 하루 최소 8시간의 준비로 숙명여대에서 1년 만에 282명의 수강생을 모았습니다. 결과로 보여드리겠습니다."

"네, 알겠습니다. 잘 봤습니다."

그 후 보름이 지나도록 아무런 연락도 없었다. 아침에 일어나니 비전보드에 적어둔 약속시한인 8월이었다.

'2010년 8월 난 종로로 출근하는 영어강사다!'

어쩔 수 없지 않은가? 그렇다고 오늘 하루를 망치고 싶지는 않았다. 지금까지 해온 그대로 오늘 하루도 최선을 다하기 위해 몸을 일으켜 이

리저리 뛰어다녔다.

편의점에서 삼각김밥과 바나나우유로 점심을 해결하고 있는데, 전화가 걸려왔다.

"안녕하세요, 문 선생님. 잘 지내셨어요?"

"네? 실례지만 누구신지⋯⋯."

"아, 오랜만에 연락드렸죠. 분당 YBM 원장 김효준입니다."

"아, 원장님. 안녕하세요!"

"제가 많이 바빴습니다. 학원을 옮기느라 정신이 없었어요. 너무 늦게 연락하지 않았나 모르겠네요. 혹시 벌써 다른 데서 강의하고 있는 건 아니시죠? 하하하!"

웃음소리가 경쾌하고 따뜻하게 들렸다.

"네, 원장님. 열심히 준비하고 있습니다."

"제가 이번에 종로 YBM 프리미어 스피킹 전문학원 원장으로 오게 되었습니다. 선생님과 함께 하고 싶어서 연락드렸습니다. 9월쯤 강의를 시작하실 수 있을 겁니다. 괜찮으시겠어요?"

"아, 물론입니다. 원장님. 당연히 가능해야죠!"

얼떨결에 가능하다고 했지만, 뭔가 이상했다. 뭐지? 아!

"원장님, 그럼 분당이 아니라 종로에서 강의하게 되는 건가요?"

"그럼요. 제가 일하는 곳이 종로이니 함께 하셔야죠."

꿈을 좇으면 영어는 덤이다

"네, 알겠습니다. 감사합니다! 원장님, 최선을 다해 결과로 보여드리겠습니다."

전화를 끊자마자 바로 아내에게 전화를 걸었다.
"여보, 여보, 나 강의 시작해!"
"어? 정말? 어디서?"
"종로 YBM 프리미어에서 하게 됐어!!!"
아내는 울먹이며 축하해주었고, 나도 목이 메었다.
전화를 끊고 반쯤 남은 삼각김밥 대신 비전카드를 꺼내 들었다.
'2010년 8월 난 종로로 출근하는 영어강사다!'
'2010년 8월 난 종로로 출근하는 영어강사다!'
'2010년 8월 난 종로로 출근하는 영어강사다!'

난 비전카드에 있는 그대로 종로에서 강의할 수 있게 되었다. 그것도 종로 최고의 어학원인 YBM이었다.
'서른네 살.'
'평생 영어와는 담 쌓고 살아온 공돌이.'
'엉어 비진공자.'
과거는 암울했지만, 포기하지 않고 나의 비전을 향해, 언제 올지 모르는 기회를 위해, 그리고 나의 간절함과 절박함만큼 최선을 다하니 현재를 위한 든든한 기반이 되어 있었다.

이제 나는 종로에서 강의하는 영어강사였다!

자네가 전국 YBM 청취 1타네!

　학원 강의 준비도 대학교 강의 준비와 다르지 않았다. 늘 하던 대로 새벽 1시에 일어났다. 하지만 부푼 기대를 안고 시작한 첫날부터 많은 일이 일어났다. IT 출신이라 컴퓨터에는 자신 있다고 생각했는데 컴퓨터가 바이러스에 걸렸고, 출근길에 탄 버스는 고장 나기까지 했다. 하마터면 첫날부터 지각할 뻔했다.

　이게 끝이 아니었다. 강의실 분위기도 달랐다. 대학 강의 때와다르게 전쟁터 한복판에 내던져진 느낌이었다. 다른 강의실에는 수강생들이 많은데 내가 오픈한 청취 강의실에는 몇 명 앉아 있지 않았다. 처음이라 가장 소규모인 15인실을 배정받았는데, 그나마도 거의 빈 상태에서 강의가 진행되었다. 대학에서 300명 가까운 수강생들을 대상으로 강의한 경험 때문인지 약간 우울한 기분이 들기까지 했다.

하지만 별다른 수가 없었다. 고민할 필요 없이 바닥부터 다시 시작해야 한다고 마음에 새기는 것이 전부였다.

1, 2, 3타임을 무사히 마치고 4타임이 시작되었다. 강의실에는 달랑 2명만 앉아 있었다. 마음을 편하게 먹고 들어가서인지 내 강의에 참여해준 두 분이 정말 고맙게 느껴졌다. 이 고마움을 표현할 방법은 최고의 강의밖에 없었다.

매일 준비한 내용이 너무 많아 1시간 20분 안에 풀어낼 수가 없어, 하루나 이틀 정도는 거의 끝날 때쯤 학생들에게 양해를 구하고 10분, 20분씩 더 했다. 마지막 4타임은 준비한 내용을 다 하고 싶기도 하고, 다음 수업도 없어 2시간으로 늘려서 진행했다. 가격도 학생에게 부담이 되지 않도록 최저로 산정했음에도 추가로 더 많은 시간을 함께 훈련할 수 있도록 구성한 것이다.

"두 분 여기 오신 이유가 뭐죠? 영어로 소통하려고 왔죠? 그렇죠? 시험 영어가 소통을 위한 영어라고는 할 수 없잖아요. 소통을 위해 언어를 익히는 것은 아기가 언어를 배우는 과정과 똑같습니다. 아기가 태어나면 하루에 몇 시간이나 말을 배우는 데 사용할까요? 잠자는 시간을 제외한 전부가 아닐까요? 여러분, 저 시간 아주 많습니다. 요즘 하는 일

꿈을 좇으면 영어는 덤이다

이 강의 준비와 강의밖에 없어요. 더 합시다! 두 분 괜찮다면 2시간씩 해버립시다. 어때요?"

두 사람은 흔쾌히 동의해주었다. 그렇게 훈련은 길 때는 2시간 30분 동안이나 이어지기도 했다.

나는 힘든 상황을 이겨내기 위해 더욱 강의와 강의 준비에 집중했다. 그 외 내가 사용한 방법은 두 가지였다. 첫 번째, 8시 수업을 마치면 9시 20분이었는데, 다음 수업인 10시까지 40여 분 사이에 매일 하는 행동이었다. 당시 YBM에는 스타 강사들이 많았는데, 그분들을 보는 것만으로도 엄청난 에너지가 충전되곤 했다. 9시 20분에 수업을 마치면 자판기에서 밀크커피 한 잔을 뽑아 들고는 다른 선생님들 강의실 밖에서 분위기를 느꼈다. 그렇게 하면 나도 수강생이 된 듯 그 기운을 느낄 수 있었다.

두 번째 방법은 비전카드 업데이트였다. 첫 강의실이 15인실이었을 때, 그다음으로 큰 강의실인 30석 강의실을 핸드폰으로 찍어 비전카드에 붙여두고 매일 봤다. 그러다가 30석으로 옮기게 되었을 때는 60석, 그다음에는 더 큰 강의실에 틈만 나면 들어가서 강의 리허설을 진행하기도 했다. 마치 꽉 차 있는 강의실에서 하는 것처럼 생생하게 그려가며 했다.

하루는 나를 YBM에 소개해준 정기원 선생님을 만나러 YBM 강남에 갔다가 대형 강의실을 보게 되었는데, 뒷자리는 칠판이 보이지 않을 정도여서 중간 중간에 TV가 설치되어 있었다. 나는 선생님께 마치 강의하는 것처럼 포즈를 취할 테니 영상과 사진을 찍어달라고 부탁드렸다. 선생님도 다양한 포즈를 요구하면서 즐겁게 사진을 찍어주셨다. 그 사진 역시 비전카드에 업데이트되었다. 그리고 틈만 나면 보고 또 봤다. 매일 그 강의실에서 수업할 날을 그리고 또 그렸다.

많은 사람들이 희망 없는 현재의 모습만을 바라보며, 마치 그날이 평생 반복될 것처럼 힘겹게 살아간다. 하지만 관점을 조금만 바꿔보면, 과거가 만들어낸 현재의 어려움에 집중하기보다는, 현재 최선을 다함으로써 미래를 바꾸는 것이 더 효과적일 것이다.

희망을 갖고 최선을 다했을 때, 나의 노력은 다른 미래를 열어주었고, 더 나아가 지나간 과거조차 다르게 만들어버리는 놀라운 힘을 발휘했다. 운도 필요하겠지만, 가장 기본은 포기하지 않고 물러서지 않는 불굴의 의지와 노력이다. 뿌린 대로 거두는 법이다. 땡볕에, 폭우에, 씨를 뿌리고 퇴비를 주는 것은 힘든 일이다. 하지만 풍성한 수확의 계절이 올 때 지나간 고통은 아름다운 기억으로 남을 뿐이다. 그 고통을 견디며 때를 기다리지 않으면 과거는 아픔과 후회로만 남게 되는 것이다.

YBM에서는 매달 개강 첫 주에 실적회의를 진행하는데, 가장 중요한

　　　　　　　꿈을 좇으면 영어는 덤이다

평가 기준은 수강생 수였다.

조심스럽게 원장실 문을 열고 들어갔다. 원장님은 자리를 권하며 긴장을 풀라 하셨지만, 나에게 치열한 종로 한복판에서 강의할 수 있는 기회를 주신 원장님에게 좋은 결과를 보여드리고 싶었기에, 매달 이 회의가 부담스러울 수밖에 없었다. 그때가 4월이었는데, 영어 학원가에서 4월은 비수기에 속한다. 수강생 수를 늘리는 것이 힘겨운 시기라 나도 전달과 비슷한 수준에서 등록 마감을 했었고, 죄송한 마음으로 회의에 임한 터였다.

"문 선생은 내가 걱정하지 않아. 최선을 다하는 모습을 보면 든든하거든. 고마워."

"아닙니다. 원장님, 죄송합니다. 지난달에 뭐가 부족했는지 찾았고, 지금 개선할 방법을 찾고 있습니다. 다음 달에는 더 좋은 결과가 나올 수 있도록 최선을 다해 준비하고 있습니다."

"참, 그거 알고 있나?"

"네? 어떤 말씀이신지……."

"자네가 전국 YBM 청취 1타네! 방심하지 말고 지금처럼만 해줘."

"1타요……?"

한참 동인 말을 잇지 못했다.

"감사합니다. 원장님, 감사합니다."

원장님에게 연거푸 고개 숙여 인사한 후 나와서는 5층 계단을 뛸 듯이 내려왔다. 영어강사로 충분하지 못한 경력임에도 해외유학을 다녀온 수많은 선생님들과 경쟁하며 얻은 결과였기 때문이다. 하루 3시간만 자면서 얻은 결과였기 때문이다.

하지만 지금도 이 기억을 떠올릴 때마다 감회가 새롭고 행복할 수 있는 건, 바로 다른 사람들이 만들어놓은 무대가 아닌, 내가 정말 하고 싶어서 14년의 경력을 버리고 바닥에서부터 시작한 일이었기 때문이다. 또한 그 누구의 강요도 없이 내가 스스로 선택해서 노력하고 또 노력해서 얻은 결과였기 때문이다.

강의를 처음 시작한 그날부터 지금까지, 그리고 그 이전의 IT 경험들까지 빠르게 내 머릿속을 스쳐 지나갔다. 그날 내가 느낀 것은 부족했던 나의 과거가 달라지고 있다는 것이었다. 오늘의 성과는 스스로 부족하다고 생각했던 나의 과거로부터 이어져온 것이었음을 깨달은 것이다.

나의 과거는 바뀌고 있었다.

꿈을 좇으면 영어는 덤이다

벽돌 두께의 소송장으로 시작된 불행의 쓰리 쿠션

전국 YBM 청취 1타가 되기까지는 쉽지 않은 순간들의 연속이었다. 지금도 가끔 그때를 되돌아보면 두렵고 힘겨운 느낌이 온몸에 생생하게 전해진다. 나만 혼자인 것 같았고, 나만 힘든 것 같았다. 그리고 불행은 한 번에 몰려온다더니 내 경우가 딱 그런 상황이었다.

YBM에서 강의를 시작하고 1년여가 지나는 동안 수강생 수도 늘고, 나름 치열한 프로들의 무대에서 조금씩 적응해가는 중이었다. 쉬는 날에노 여선히 학생들과 함께 모어 훈련을 했고, 힘겨운 스케줄 끝에 함께 파이팅을 외쳤다. 그리고 집으로 돌아가면 여지없이 수업 준비를 위해 자리에 앉아야 했다. 그때나 지금이나 나는 수업 준비는 철저히 지켜왔다.

노력한 만큼 얻는다는 것을 뼈저리게 느낄 수 있었다. 하지만 체력은 나날이 바닥나고 있었다. 학원 강사로서는 반드시 피해야 하는 휴강까지도 해야 했다.

그러던 어느 날 집에 들어서는데 아내가 커진 눈을 뜨고 아무 말도 못한 채 나를 쳐다보았다. 무슨 일이 있나 물으려는데 아내가 가리키는 쪽을 바라보니 식탁 위에 벽돌보다 더 두꺼워 보이는 서류뭉치가 놓여 있었다. 이미 아내가 확인한 듯, 봉투는 열려 있었다.

"뭔데 그래?" 난 봉투를 열고 내용물을 꺼내 보았다.

"여보…… 소송이래."

"뭐?"

갑자기 심장이 뛰기 시작했다. 심장 뛰는 소리에 정신이 아찔해지는 기분이었다. 이상하기도 하고 싫기도 했다. 너무도 무서웠다. 법 없이도 살 것 같은 내게 소송이라니…….

말을 잊은 채 멍한 상태로 서 있었다. 소송장 뭉치를 쥔 손이 떨려왔다. 나도 모르게 두려움 가득한 눈으로 아내를 바라봤고, 아내의 목소리가 아득히 들려왔다. "여보, 괜찮아?"라고 했던 것 같다. "등기우편이니 도장 가져오라고 해서 나가서 받았는데……." 말끝에 아내는 울음을 터뜨렸다. 나는 여전히 무엇을 해야 할지 모른 채 서 있기만 했다.

그날 이후로 아내는 아직도 등기우편을 받지 못한다.

서류를 읽어보니 1억 원 손해배상이라는 말이 눈에 들어왔다. 1억이라니. 어렸을 때 주택복권 당첨금이 1억이었다. 나에게는 꿈같은 돈이었고, 여태껏 벌어보지도 못한 돈이었다. 그 1억을 손해 봤다며 소송을 건 것이다.

떨리는 손으로 소송장 아래 적힌 법무법인에 전화를 걸었다. 담당 변호사는 퉁명스레 '그냥 사과하고 합의하라'는 말뿐이었다. 무슨 합의를 하라는 건지, 내가 무슨 손해를 끼쳤다는 건지 알 수가 없었다. 새벽이 올 때까지 멍하니 책상 앞에 앉아 있었다.

이러지도 저러지도 못한 채 며칠이 흘렀다. 수업 준비에는 영향을 주고 싶지 않아 최선을 다하긴 했지만, 수업의 질이 향상되지 않았다. 소송에서 이기지 못하면 더 이상 강의도 할 수 없다는 생각에 마음이 어지러웠다.

억울했다. 드디어 내가 좋아하는 일을 찾았는데……. 처음에는 내가 가장 못하는 일이었지만, 오직 내가 좋아한다는 이유만으로 최선을 다한 결과 이제 겨우 자리를 잡기 시작했는데……. 모든 게 물거품이 될 수 있다는 생각에 너무나 억울했다.

그때 마음 한켠에서 누군가 나에게 물었다.

'야, 문성용. 너 정말 강의하고 싶어?'

'당연히 하고 싶지…….'

힘없이 주저하며 답했지만, 나의 답은 바뀔 수 없었다. 하지만 어떻게 해야 한단 말인가? 다시 과거로 돌아가고 싶지는 않았다. 그냥 강의만 할 수 있으면 좋겠다는 생각이 전부였다. 강의만 할 수 있다면, 학생들과 함께 할 수만 있다면 뭐든 해야겠다는 생각에 정신을 차리고 법률 상담부터 받아보기로 했다.

그 와중에 어머니가 입원하셨다. 수술을 받아야 한다고 했다. 소송 얘기에 충격을 받아 몸져누워 계시다 편찮으시던 목부위가 더 악화된 것이었다. 수술 후에도 어머니는 아들 걱정뿐이었다. 당신은 괜찮다며 얼른 가서 수업 준비를 하라는 말씀뿐이었다.

이때 나는 살인적인 스케줄을 소화하고 있었다. 소송 준비에, 수업 준비에, 어머니 병원까지, 거의 매일 기말고사를 앞둔 학생처럼 밤샘하듯이 보냈다. 너무나 힘겨웠다. 서 있으면 온몸이 떨려오면서 어지럼증을 느꼈다. 매일 열다섯 잔이 넘는 커피와 핫식스로 겨우 버텼다.

새벽 2시에 힘겹게 일어나 강의 준비를 하던 어느 날 다시 누군가 묻는 소리가 들려왔다.

'문성용! 힘들지? 그동안 잘했어. 이 정도면 네 인생의 기록인 거지.

잘 이겨냈으니, 이제 좀 쉴 때도 되었잖아. 소송 합의하고 강의 그만두고 이제 쉬어. 어머니를 봐. 아내도 그렇고……. 네가 고생하는 건 네 고집 때문이라지만, 두 사람은 어떻게 할 건데. 안 그래?'

대꾸하기 어려운 질문이었다. 망설이고 있는데, 또 물어왔다.

'이래도 정말 강의하고 싶니?'

질문은 반복됐고, 나는 답을 망설이고 있었다. 오히려 내가 나에게 묻기 시작했다.

'정말…… 하고 싶어? 잘 생각해봐.'

그러다 잠들었고, 나는 새벽 강의에 늦지 않게 뛰어야 했다.

어머니가 수술을 받으시고 일주일 정도가 지난 어느 날 힘겹게 강의를 마치고 믹스커피로 정신을 차리며 핸드폰을 확인하는데 처제로부터 부재중 전화가 와 있었다. 아내가 수술 중이라는 것이었다. 전날부터 배가 아프다고 하기에 배탈인가 싶었는데, 맹장염이었던 것이다. 바로 택시를 타고 병원으로 향했다. 멍하니 차창 밖을 바라보다 나도 모르게 눈물이 흘렀다.

'인생 엿 같네……. 하고 싶은 일 하는 게 죄인가? 나보고 어쩌라고……. 어쩌면 이렇게 안 좋은 일만 줄줄이 생길 수 있는 거지?'

그냥 서운한 마음뿐이었다. 아내 고생시키며 여기까지 왔는데, 너무

나도 미안한 마음뿐이었다.

병실에 들어서니 아내는 고통에 얼굴이 일그러져 있었고, 연신 신음 소리를 내고 있었다. 열이 떨어지지 않아 침대 바닥에 죄다 얼음팩을 깔고 냉찜질을 하고 있었다. 걱정하는 나를 안심시키려 애써 웃어 보이는 아내의 모습이 더욱 안쓰러울 뿐이었다.

큰 수술은 아니었지만, 소송과 연이은 어머니의 수술, 악화된 건강과 바닥난 체력, 절대 포기할 수 없는 수업 준비와 강의의 연속에서 아내의 수술은 나에게 다르게 다가왔다. 나를 외면하는 듯한 현실이 야속하기만 했다. 힘들다는 생각뿐이었다.

나는 강의할 때 학생들과 함께 호흡하고 열정적으로 전달하기 위해 절대 앉지 않고 항상 서서 진행하는데, 그때는 얼마나 힘들었는지 수업 중에 서서 잠을 자기까지 할 정도였다. 앞에 있던 학생이 내 손을 잡으며 조용한 목소리로 "선생님…… 선생님……" 하고 여러 번 부를 때까지 알지 못했다. 얼마나 창피하고 미안했던지…….

한 마디로 너무 힘들었다. 얼른 짐을 벗어 던져버리고 쉬고 싶었다.

'그래, 강의를 그만두자.' 소송 문제만 해결되면 당장이라도 살 수 있을 것 같았다.

'강의를 그만두면 소송도 없고 수업 준비도 없으니, 가족과 더 많은 시간을 보낼 수 있고 몸도 회복하면서 쉴 수 있을 거야.'

아쉽고 억울했지만, 그 순간만큼은 단 하루라도 편히 자고 싶은 마음
뿐이었다. 지금은 하고 싶은 강의를 포기하지만, 언젠가는 내가 좋아하
는 또 다른 무언가를 할 수 있는 기회가 올 거라며 스스로를 위로했다.

아내가 잠든 틈에 병실 복도로 나왔다. 소송을 건 상대 변호사에게
합의 요청을 하기 위해 핸드폰을 꺼내 들었다. 그때 핸드폰 바탕화면이
내 눈에 들어왔다. 거기에는 비전카드가 있었다.

비전카드에는 내가 도와준 많은 학생들과 함께 찍은 사진이 있었다.
나는 뭐가 그리 좋은지 활짝 웃고 있었다. 모든 걸 다 가진 듯한 미소였
다. IT 일을 하던 14년 동안에는 가져보지 못했던 미소였다. 사진 위에
적힌 문구들이 새삼스레 눈에 박혔다.

"세계인을 대상으로 영어 커뮤니케이션 기술과 성공 기술을 전파하는
세계 최고의 전달자."

"여러분의 성공을 돕는 성공헬퍼 문성용입니다."

"Successhelper 2000."

나는 움직일 수 없었다. 지난 2년간 이 비전 문구가 나를 얼마나 행복
하게 하고, 강하고 열정적이게 했는지를 깨달았다.

'이 비전카드가 없었다면 나라는 사람은 무엇을 하고 있었을까?'

'태어나서 처음으로 내가 선택한, 내가 좋아하는 일에 희열을 느끼며 달려왔지.'

'그래, 이 정도 어려움은 이겨낼 수 있을 것 같은데.'

'비전카드에 나와 있잖아. 내가 좋아하는 일이 뭔지, 그 일에 최선을 다했을 때 어떤 결과를 만들어왔는지 생생하게 나와 있잖아. 이번에도 충분히 해낼 수 있지 않을까?'

수많은 질문들 속에 또 어디선가 물어왔다.

'지금 무슨 소리를 하는 거야. 포기할 만하잖아. 힘들잖아, 그치?'

'정말? 이런데도 정말 강의하고 싶은 거 맞아?'

순간 추호의 망설임도 없이 대답이 튀어나왔다.

'당연하지! 난 성공헬퍼니까!'

나 스스로도 깜짝 놀랐다. 내 안의 무언가가 변하고 있었다. 나는 핸드폰을 넣고, 노트북을 열었다. 병원 휴게실에서 수업 준비를 하기 위해서였다. 이제 나의 고민은 어떻게 하면 내가 이토록 좋아하는 강의를 계속할 수 있을까, 어떻게 하면 저 두꺼운 소송장을 아무것도 아닌 종이 뭉치로 만들어버릴 수 있을까로 바뀌어 있었다.

법원에서 인정받은 차별화된 강의. 100% 승소하다!

좋아하는 일을 위해 도전해보기로 했지만, 그렇다고 현실이 바뀌는 것은 아니었다. 처음 받아본 소송장은 나의 온 신경과 정신을 두려움에 짓눌리게 했다. 난 곧 죄인이 되어 감옥에 가게 될 운명처럼 느껴졌다. 세상 사람들이 나를 비난하는 것 같았다. 도둑놈이라고, 나쁜 놈이라고 할 것 같았다.

나는 이미 감옥에 갇혀 있었다. 여기서 어떻게 빠져나가야 할지 알 수 없었다. 수업과 강의 준비만으로도 빠듯한 스케줄에 혼자서 소송 준비를 한나는 것은 무리였다. 3시간 자던 잠을 더 줄여야 했음에도, 상황은 더 악화될 뿐이었다. 소송 관련 자료들을 수집해야 했지만, 물리적으로 불가능했다. 소송 걱정에 강의에도 집중하기 힘들었다.

　하루는 학생들이 찾아왔다. 내가 너무 힘들어 보인다며, 소송 관련해서 도와줄 것은 없는지 물었다. 사실 그때까지 수강생들을 돕는 건 해왔어도 거꾸로 도움을 받을 수 있다는 생각은 해보지 못했다. 말을 꺼내기가 미안했지만, 학생들에게 솔직하게 부탁했다. 소송 관련 자료를 찾아야 하는데 시간이 없으니 도와주면 고맙겠다고 했다. 학생들은 뭐든 말만 하면 도와주겠다며 걱정하지 말라고 했다. 너무도 고마웠다.

　며칠 후 한 학생이 취합한 자료들을 USB에 담아 가지고 왔다. 얼떨결에 받아 확인해보니, 내가 찾아야 할 자료들이 꼼꼼하게 정리되어 있었다. 나 혼자 했다면 수업을 휴강한 채 일주일 넘게 매달려야 할 분량이었다. 20명의 학생들이 나눠서 작업을 한 결과였다. 담당 변호사가 더 이상 찾지 않아도 된다며, 대단하다고 감탄할 정도였다.

　뿐만 아니라 학생들은 소송에 도움이 되길 바란다며, 좋은 변호사들을 소개해주었다. 소송을 진행하면서 알게 된 것은, 소송에서 가장 중요한 것은 결국 내 일처럼 변호를 맡아줄 마음 맞는 변호사를 만나는 것이었다. 학생들의 도움으로 좋은 변호사들을 만나고, 필요한 자료들을 찾았으니 정말 다행이었다. 위기는 혼자가 아닌, 같이 이겨내는 것이라는 사실을 새삼 깨달은 시간이었다.

소송을 시작하면서 많은 것을 생각해야 했다. 무엇보다 소송이 장기화될수록 불리한 것은 나 자신이었다. 재판 결과를 떠나서 소송과 건강 악화로 인해 어쩔 수 없이 수업이 가장 큰 타격을 받게 될 것이었기 때문이다. 최대한 빨리 끝내야 했다. 나는 1심에 모든 걸 걸기로 했다.

보통 소송이 들어오면 비용문제로 1심 결과를 보고 불리해지면, 2심 때 변호사를 선임한다고 했지만, 나는 그럴 수 없었다. 또한 개인 변호사보다는 소송을 걸어온 원고 측처럼 법무법인 소속 변호사를 선임해야 대등한 싸움이 될 터였다. 나의 상황을 진심으로 걱정해주고 해결방안을 찾아줄 분으로 선택했다.

변호사 선임비만 1000만 원이었다. 그 외 성공보수와 기타 소송 관련 비용을 합해, 700만 원에 달하는 돈이 추가로 들어갔다. 어떻게든 1심에서 이겨 최대한 빨리 재판을 마무리 지으려면 내 모든 것을 걸어야 했다.

소송이 진행될수록 전문가의 도움을 받는 것이 얼마나 중요한지를 더욱 분명히 알게 되었다. 처음에는 억울한 마음만 있었지 어찌할 바를 몰랐지만, 시간이 지날수록 변호사의 조언에 따라 쓸데없는 대응은 자제하고 변호사를 돕는 데만 최선을 다했다. 변호사는 자료가 충분해 승소힐 수 있다며 나를 안심시켰다.

재판은 첫 번째 법원 참석일 이후 한 달에 한 번 정도 열렸고, 계약 등의 위반 사항이 없었기에 우리에게 유리하게 흘러갔다. 하지만 원고 측은 재판 중반 이후부터 계약 위반이 아닌 영어 학습법에 대한 공방으로 흐름을 바꿔버렸다.

하루는 변호사가 이렇게 말했다.

"문 선생님, 원고 측에서 증인을 세우려고 하는데요……."

"네? 증인이요? 무슨 증인이요?"

"네, 침착하시고요. 원고 측 강의와 피고 측 강의를 둘 다 들은 학생인데, 학습방법이 똑같다는 것을 증언하기 위해 나온다고 합니다. 혹시 우리 측에도 증인이 있을까요?"

변호사의 얘기를 듣고 두 가지 고민에 빠졌다. 하나는 둘 다 들어봤으면 다르다는 걸 분명히 알 텐데, 어떻게 증인으로 나올 수 있지 하는 생각이었고, 다른 하나는 시간을 내서 법정출석까지 해줄 사람을 찾을 수 있을까 하는 것이었다.

고민 끝에 수업 마치기 전에 학생들에게 부탁했다. 나에게는 역시나 힘든 부탁이었다.

"제가 학습방법과 관련해서 소송 중에 있다는 것을 잘 아실 겁니다. 혹시 양쪽 수업을 다 들으신 분 중에 증인으로 법원에 나와주실 분이 있으면 수업 끝나고 제게 연락해주세요."

수업이 끝나고 나서 초조하게 기다리고 있는데, 여기저기서 문자가

꿈을 좇으면 영어는 덤이다

오기 시작했다. 그 짧은 시간에 7명이나 증인이 되어주겠다며 연락해온 것이다.

이날 받은 연락들은 소송의 결과에 관계없이 내가 인생에서 승소했다는 느낌을 주었다.

"감사합니다. 감사합니다."

증인 출석 당일이었다. 그렇게 확실하다며 우리를 압박했던 원고 측 증인은 정작 나타나지 않았다. 우리 측 증인만 참석했을 뿐이다. 승리가 보이기 시작했다. 변호사는 증인 구하기가 힘들었을 텐데 고생했다며 격려해주었다. 하지만 나는 증인으로 나와준 학생에게 고마울 뿐이었다.

판결 전 마지막으로 조정단계를 거치는데, 이날까지도 원고 측은 소송과 관계없는 자료들로 어떻게든 판세를 뒤집어보려 했다. 조정실에는 원고와 원고 측 변호사 2명, 나와 변호사, 그리고 판사가 자리했다. 판사는 양쪽의 의견을 물었다. 원고 측 변호사가 의견을 냈는데, 기가 찰 수밖에 없었다.

"우리도 여기까지 왔는데 뭐라도 가져가야 하지 않습니까?"

한 마디로 합의하자는 것이었다. 잘못한 것도 없는데, 뭘 합의하자는 건지…… 그렇게 괴롭혀놓고 기어이 뭔가를 가져가야겠다니…….

"피고 측 발언해주세요."

"변호사님, 제가 말씀드리겠습니다."

"저는 지금까지 정말 힘겹게 왔습니다. 포기한 것도 많고 잃은 것도 많습니다. 저는 정말이지 제가 좋아하는 일을 계속하고 싶습니다. 그 과정에서 저는 잘못한 일이 없기에 합의하지 않겠습니다. 설혹 대법원까지 가는 한이 있더라도 결코 포기하지 않고 2년이든 3년이든 끝까지 가겠습니다."

"네, 양쪽 의견 잘 들었습니다. 그럼, 판결일에 뵙겠습니다."

2012년 9월 18일. 지난한 기다림 끝에 법원으로부터 판결이 나왔다.

처음 원고의 소송 내용은 다음과 같았다.

"피고는 원고에게 1억 원 및 이에 대하여 이 사건 소장 송달 다음 날부터 다 갚는 날까지 연 20%의 비율에 의한 금원을 지급하라."

이렇게 시작된 재판에 대한 판결문은 간단했다.

1. 원고의 청구를 기각한다.

2. 소송비용은 원고가 부담한다.

내가 이겼다. 그것도 100% 승소였다.

눈물이 났다. 다시 세상이 환해 보였다.

소송에서 이겨서가 아니었다.

소송하는 기간 힘겨웠던 순간들을 잘 이겨내서도 아니었다.

그것은 내가 간절한 마음으로 비전카드에 적었던 성공헬퍼로서의 삶을 다시 살 수 있었기에 흘리는 기쁨의 눈물이었다. 서른네 살이 되어서야 간신히 찾은 나만의 인생이었다.

NG cut

비전카드는 인생에 딱 한 번?

(비전카드 업그레이드론)

멋진 건물을 지으려면 설계도가 필요하듯이, 우리가 생각하는 대로 살려면 인생의 설계도가 필요하다. 그렇다. 비전카드는 인생의 설계도 다. 우리가 건물을 짓기 위해 바닥은 얼마나 깊게 팔지 또는 어떤 자재 로 건물을 만들지는 설계도를 보면 알 수 있다. 당연히 비전카드를 보면 언제 어디서 무엇에 집중해야 하는지 알 수 있다. 그러니 비전카드를 따 르면 미래를 두려워할 이유가 없다.

그러나 건물을 짓다 보면 어느 부분에서든 문제가 발생하게 마련이 다. 땅을 파는 데 지반이 약할 수도 있고, 날씨 때문에 공사 일정이 예 정보다 늦어지기도 한다. 설계는 안에서 하지만, 공사는 밖에서 하기 때

꿈을 좇으면 영어는 덤이다

문에 생각지 못한 일이 발생하는 건 당연하다. 인생도 마찬가지다. 머릿속으로 그려본 비전카드는 가끔 현실적인 제약에 부딪힐 때가 있다.

크게 보면 이유는 둘 중 하나다. 처음부터 설계도가 잘못되었거나, 아니면 공사가 잘못된 경우다. 비전카드로 치면, 비전카드 작성 시 생각지 못한 점이 있거나, 비전카드를 실천하는 과정에서 문제가 생긴 경우다. 그러므로 일이 잘되지 않는다고 느낀다면 꼼꼼하게 점검해봐야 한다. 원인을 찾아야 올바른 해결책을 찾을 수 있기 때문이다.

설계도가 잘못되었다면

학창시절 미술시간을 떠올려보자. 그림 하나를 그리기 위해서 스케치부터 한다. 처음 그린 것이 마음에 들면 다행이지만 그렇지 않으면 지우개로 몇 번을 지웠다 그리기를 반복한다. 그러다가 너무 많이 지우기를 반복하면 종이가 해져 더는 그릴 수조차 없어 다른 종이에 그려야 할 때가 있다. 이와 반대로 처음부터 선 몇 개만 긋고도 그림을 잘 그려내는 친구도 있다.

도대체 왜 이런 차이가 생겨나는 것일까? 물론 그림에 재능이 있는 친구도 있을 것이다. 그러나 대부분은 어릴 적부터 그림을 많이 그려서 밑그림을 그리는 데 익숙해진 경우다.

그렇다. 뭐든지 해봐야 익숙해진다. 인생의 설계도를 그리는 것도 마찬가지다. 수십 시간을 들여 적은 스케치북이고, 그걸 바탕으로 낸 통계이기는 하다. 그러나 따지고 보면 태어나서 처음으로 꿈과 비전을 생각하면서 보낸 시간이다. 그러니 처음부터 마음에 들 수도 없고 완벽할 수도 없다. 게다가 당연히 시시각각 변하는 현재 요소들을 반영하기는 어렵다.

그래서 비전카드는 만들고 직접 실천해봐야 한다. 그래야만 목표가 실천 가능한 것인지 아닌지, 또는 예상 시간보다 더 걸릴지 덜 걸릴지 알 수 있다. 비전카드에 쓰인 대로 계획이 착착 이뤄지고 있다면, 그보다 더 행복할 수는 없다. 하지만 그렇지 않다면 그날 있었던 일을 잘 돌아보고 점검해야 한다. 그리고 점검한 내용을 바탕으로 다시 한 번 비전카드를 수정해야 한다.

한 달, 여섯 달 또는 1년처럼 단기적인 목표를 수정해야 할 수도 있다. 막상 실천해보니 뒤늦게 찾던 비전이 아님을 깨닫게 될 수도 있다. 앞의 경우는 단기 목표만 수정해도 되지만, 뒤의 경우는 스케치북부터 다시 쓰는 게 좋다.

멋진 설계도는 있지만 실천하지 못한다면

"시작은 창대하나 그 끝은 미약하리라." 뭔가 이상하다고 느꼈을 것이다. 맞다. 원래는 "시작은 미약하나 그 끝은 창대하리라"가 우리가 아는 말이다. 그러나 적어도 우리가 계획을 말할 때는 전자가 더 맞게 들린다.

매해 1월 헬스장을 생각해보자. 처음에는 새해 결심을 한 사람들로 북적이지만 시간이 흐를수록 이용자 수가 급격하게 줄어든다. 중고거래 사이트에 회원권을 양도한다는 글로 넘쳐난다. 이뿐만이 아니다. 새해에는 모두 금연, 금주, 다이어트 계획 세우기에 바쁘지만 끝까지 지켜내는 사람은 드물다.

그렇다고 해서 모두가 불성실한 사람이라고 말할 수는 없다. 새해 목표의 대부분은 좋아서 시작한 일이 아니라 어쩔 수 없이 하는 일이 많다. 치킨, 피자, 보쌈을 좋아하지만 다이어트를 위해 끊고 운동을 시작한 사람, 영어 좋아하지 않지만 졸업이나 취직을 위해 어쩔 수 없이 학원 다니는 사람들이다. 의무감에서 시작한 일이니 갈수록 하기 싫어지고 할 때마다 짜증이 날 수밖에 없다.

나도 마찬가지였다. IT 업종에서 일하던 시절 일찍 출근하고 퇴근은 항상 늦었다. 힘이 들었지만 그래도 나름대로 열심히 산다고 생각했다. 그럼에도 불구하고 해외출장은 항상 밀렸고 급여도 만족할 수준은 아니었다. 승진 또한 더디었다. 연거푸 몇 번의 좌절을 맛보니, 어느새 신세 한탄만 하게 되었다. '최선을 다했는데 왜 나만 제자리걸음이지?' '세상 참 불공평하네.' 이런 불평불만만 하게 되었다.

그러나 영어강사를 하며 깨달았다. 나는 좋아하지도 않는 일을 하면서 '최선을 다하고 있다'고 믿고 있었다는 사실을 말이다. 당시 나는 남들처럼 살기 위해 돈이 필요했다. 그래서 돈을 많이 벌고 싶었다. 그리고 일을 열심히 하면 돈도 많이 벌 수 있다고 생각했다. 그래서 IT 관련 서적이라면 닥치는 대로 샀고, 기술 세미나가 있으면 틈나는 대로 찾아다녔다. 사람들 모아 전공 스터디도 하고 야근도 하느라 바빴다. 이게 당시 나의 무한 루프였다. 그리고 돌이켜보니 IT 일은 단순히 돈을 많이 벌기 위해 열심히 한 것 그 이상도 이하도 아니었다.

지금은 그때보다 더 잠도 못 자고, 강의 준비를 제대로 못하면 새벽마다 수강생들 생각에 극심한 스트레스를 받는다. 그래도 강의실에 들어서면 힘이 불끈불끈 솟아난다. 이상한 일이다. 잠 못 자면 더 힘들고 피곤하고 짜증나야 하는데, 도대체 이 힘들은 어디서 나온단 말인가?

그때서야 비로소 알았다. 제대로 된 비전카드는 생각지도 못한, 이전에는 느껴보지 못한 나의 능력, 나의 노력을 이끌어낸다는 것을 말이다. 누가 시키지 않아도 난 즐거워서 일을 한다. 소중한 가족 간의 시간과 잠자는 시간을 빼고는 강의만 생각하는 것이다. 그러니 일과표도 그에 맞게 단순하다. 수업 준비, 수업 그리고 잠이 전부다. 더 나은 강의, 더 쉬운 설명을 할 수만 있다면 그걸로 대만족이다. 왜냐하면 그동안 알 수 없었던 무엇인가를 이해한 수강생들의 얼굴 표정에 나타난 변화들이 모든 피로를 눈 녹듯 없애주기 때문이다.

멋진 비전카드가 있음에도 좀처럼 집중하지 못하고 있다면, 아직 자신에게 딱 맞은 비전을 찾지 못해서일 가능성이 크다. 그때 여러분은 주저 없이 스케치북을 다시 펼치기 바란다.

EPISODE 4.

2000인의 성공헬퍼

하늘은 스스로 돕는 사람을 돕는다고 했던가? 나는 내가 좋아하는 일만 바라보며 달려왔다. 정말 그러했다. 그러자 정말로 상상만 했던 일들이 일어나기 시작한다. 마치 꿈을 꾸는 것만 같은 일들이다. 그러나 인생은 항상 좋을 때 안 좋은 일을 대비해야만 한다. 건강도 마찬가지다. 건강해야 비전도 이뤄나갈 수 있는 것이다.

영단기 대표의 삼고초려

"안녕하세요, 문 선생님. 잘 지내시죠? 제가 아는 분들이 선생님 강의
에 관심이 있다며, 한번 찾아뵙고 청강도 할 수 있냐고 하시는데 어떠세
요?"

YBM에서 같이 근무하다 다른 회사로 옮긴 원어민 선생님으로부터
온 문자였다. 2012년 4월경이었는데, 소송 진행 초기라 수업에 외부인
이 오는 것에 상당히 민감할 때였다. 처음 보는 얼굴이 있으면 몰래 카
메라로 수업 장면을 찍어가서 악용하지는 않을까, 온통 신경이 예민해
져 있을 때였다. 소송으로 인한 일종의 후유증이었다.

"안녕하셨어요? 인사는 드릴 수 있는데, 청강은 좀……."

미안한 마음으로 답장을 보냈다. 몇 주 후 다시 같은 내용으로 연락이 왔다. 좋은 분이었기에 두 번 거절하기가 힘들었다. 그리고 5월 수업 첫날이 되었다. 첫날은 수업을 처음 듣는 사람들이 적응할 수 있도록 최대한 쉽고 재미있게 강의를 진행하는데, 그날은 소송 준비 등으로 유독 힘겨웠다. 그 와중에 유독 눈길을 끄는 수강생이 있었다. 처음 보는 사람이었는데 밝은 미소로 수업에 집중하는 모습이 인상적이었다.

수업이 끝나고 문 앞에서 하루를 시작하는 수강생들이 힘내시도록 한 분 한 분 인사드리고 있는데, 그 수강생이 다가왔다.

"선생님, 강의 잘 들었습니다. 너무 재미있네요. 내일도 즐거운 강의 부탁드려요."

"아, 네 감사합니다. 더 노력해서 내일은 더 즐거운 강의로 보답하겠습니다."

살짝 당황했지만, 밝게 웃으며 건네준 몇 마디에 무거운 마음과 몸의 피로가 싹 풀리는 듯했다.

2주 후 특강이 있었다. 소송 등으로 정신이 없었지만, 원장님의 부탁을 거절하기가 힘들었다. 수업시간에 했던 걸 또 하면 되지 않느냐고 생각할지 모르지만, 특강은 내 수업을 한 번도 접해보지 못한 분들을 대상으로 하기에 수업 준비 이상의 공을 들여야 했다.

그날은 수업 준비와 특강 준비를 겸해야 했기에 한숨도 자지 못했다. 특강은 영단기 광고 흉내로 시작했다. 당시 영단기 광고가 라디오에서 자주 나오던 때였다.

"영어 20일만 해~~."

"광고가 이제는 해도 해도 너무 하네요. 정말 가능할까요? 영어가 가능해지는 기간이 얼마까지 줄어들 수 있을까요? 제발 이런 광고에 속지 마시길 바랍니다. 영어라는 이름이 붙는다고 다 같은 영어가 아니잖아요. 영어는 시험이 아닙니다. 영어는 말입니다. 아기들처럼 차근차근 매일 조금씩 상황을 경험하고 느끼면서, 수많은 반복을 통해 그 경험과 느낌에 맞는 단어나 문장을 매칭시켜가는 과정입니다. 절대 20일 만에, 혹은 몇 달 안에 불가능합니다."

한참 열 내며 설명하고 있는데, 기분 탓인지 뒷자리에 앉은 한 남자가 뭔가 할 말이 있는 듯이 보였다. '뭐지?'

"그럼 광고하고는 다르게 매일 조금씩 꾸준히 즐기면서 영어를 생활화한 사람들은 어떻게 다를까요?"

나는 내가 가르치던 학생들의 변화를 음성 녹음파일과 영상파일로 들려줬다.

"이들의 처음 모습을 보면 웃기지요? 너무 귀엽게 영어 못하잖아요, 그

꿈 을 좇 으 면 영 어 는 덤 이 다

렇죠? 하지만 마지막에 보여드린 이 변화된 모습에서도 그런 생각이 드나요? 감히 말하건대, 여러분보다 잘하면 잘했지 못하진 않을 겁니다."

뒷자리에 앉아 자꾸 거슬렸던 그도 가만히 경청하고 있었다.

"여러분, 궁금하지 않으세요? 시중에 있는 다양한 영어 학습법대로 따라 하면 다 될까요? 광고에 보면 그 방법대로 해서 됐다고 하는 사람들도 나오죠. 어떤가요? 그걸 믿을 만큼 순진하진 않으시죠? 지금 제가 보여드린 이 영상들도 조작된 것일 수 있겠죠? 그렇죠? 변화가 너무 드라마틱하잖아요."

다들 숨 죽여 듣고 있었다.

"저는 소리드림 학습법을 처음 가이드할 때 카페에 녹음파일과 일기 등의 과제를 매일 올리라고 하고 있습니다. 성공담 보다 보면 이거 진짜 맞아? 할 때 있잖아요. 그럼 카페에서 그 사람 이름으로 검색해보세요. 녹음파일을 몇 개 했는지, 일기는 하루에 한자씩 며칠 동안 썼는지 다 확인할 수 있을 겁니다. 그들의 노력을 볼 수 있습니다."

"영어는 하루아침에 되는 것이 아닙니다. 문장 몇 개 달달 외운다고 그 문장을 사용해서 소통할 수 있는 게 아닙니다. 상대방이 영어로 하는 말을 듣고 느껴서 내 느낌을 상대방이 이해할 수 있도록 전달해야 대화가 되는 것입니다. 소통이 되지 않으면 말이 아니잖아요. 여러분도 영어로 소통하고 싶지 않으신가요?"

특강이 끝난 후 뒷자리의 그가 나를 찾아왔다. 영단기 광고가 왜 문제인지에 대해 물었다. 진지하고 조리 있는 말투였다. 그에게 나와 함께 한 학생들이 만든 녹음파일을 일일이 들려주었다. 한 사람당 1500개 이상의 녹음파일이 올라가 있는 소리드림 카페를 보여주었다. 말은 하는 만큼 느는 것이고, 영어는 말이라는 것을 강조했다.

한참 귀 기울여 듣던 그는 명함을 내밀었다. ST&Company의 윤성혁 대표라고 했다. 그는 자신의 회사에서 영단기를 운영하고 있다고 했다. 내가 틀린 말을 한 것은 아니지만, 당사자 앞에서 그 회사 광고를 깎아내린 것이 왠지 미안했다.

"저 자신이 많은 노력에도 불구하고 영어를 못하던 상황에서 영어로 강의까지 하게 된 경험을 바탕으로 설명한 것입니다. 부디 오해하지 마시기 바랍니다."

"네, 걱정하지 않으셔도 됩니다."

그가 시원하게 대답해서 내가 더 당황스러웠다. 그때 옆에 서 있던 여성이 눈에 들어왔다. 늘 웃으면서 수업을 듣고, 즐겁게 인사해주던 그 수강생이었다.

"선생님 강의를 일주일 정도 듣고 회사에 보고드렸어요. 저희 대표님께서도 직접 보고 싶다고 하셔서 오늘 같이 모시고 왔습니다. 오늘도 강의 잘 들었습니다."

꿈을 좇으면 영어는 덤이다

그 여성은 자신을 영단기 부총감독이라고 소개했다.

"아 네, 즐겁게 들어주셔서 제가 더 감사하죠."

그러자 부총감독이 한 마디 덧붙였다.

"기회가 되면 선생님과 함께 하고 싶습니다."

며칠 후 모르는 번호로 전화가 걸려왔다.

"안녕하세요, 윤성혁입니다. 기억하시죠? 시간 되실 때 한번 뵙고 싶습니다. 드릴 말도 있고……."

우리는 학원 근처 스타벅스에서 만났다.

"저희가 공단기 인강으로 공무원 시험 분야에서 1위인 거 아시죠. 그래서 영어회화 인강도 준비하고 있는데, 선생님과 꼭 같이 하고 싶습니다. 이미 알고 계시겠지만, 기초영어 시장을 잡고 있는 김성은 선생님과, P학원에서 토익 1타이신 이영수 선생님, EBS 등에서 LC로 유명한 김선경 선생님, P학원 토익 스피킹 1타 제이정 선생님도 함께 하고 계십니다. 어떠세요?"

윤 대표가 언급한 선생님들은 이미 오래전부터 대단하다고 생각해왔던 분들이기에 놀라지 않을 수 없었다. 내가 그분들과 함께 한다고? 그것도 오프라인이 아니라 온라인 인강으로? 솔직히 순간 두려웠다. 나는 그들처럼 유명하지도 않고 학벌도 좋지 않다. 무엇보다 기대만큼 만족스럽지 못한 강의를 보여준다면 나중에 실망이 크지 않을까? 그런데도 가슴은 터질 것 같았다. 내가 이런 제의를 받을 정도까지 되었단 말인가? 그렇지만 고민하지 않을 수 없었다.

"대표님, 좋은 기회 주셔서 감사합니다. 하지만 아직은 부족하다고 생각하고 있습니다. 죄송하지만, 다음에 기회가 된다면 그때는 최선을 다해 도전해보겠습니다."

"선생님 강의는 충분하다고 생각합니다. 혹시 무슨 고민이 있으신지요?"

"소송 문제도 있는 상황에서, 제 수업 특성상 오프라인 강의 준비만으로도 벅찹니다. 지금도 매일 3시간만 자면서 버티고 있는데, 인강까지 하려면…… 쉽지 않을 듯합니다."

"소송은 어느 정도까지 진행이 되었나요?"

"현재 1심 진행 중입니다. 올해 말에 결과가 나올 것 같습니다."

"그럼 1심은 진행 중이니 혹시 2심으로 가게 되면 저희가 커버해드리겠습니다. 회사 전담 변호사를 통해 진행하면 되니 다른 걱정 없이 수업 준비에만 전념하실 수 있도록 해드리겠습니다. 그 밖에도 다른 문제가 있다면 저희가 해결해드리겠습니다."

당시 소송 때문에 너무도 고생을 하던 터라 윤 대표의 배려가 고마웠고, 덕분에 조금씩 마음의 문이 열리기 시작했다. 하지만 선뜻 결정하기

꿈을 좇으면 영어는 덤이다

는 어려웠다.

"네, 대표님. 시간을 좀 주시면 좋겠습니다. 고민해보겠습니다."

며칠 후 윤 대표로부터 전화가 왔다.

"안녕하세요, 선생님. 좀 생각해보셨는지요?"

"네…… 고민을 많이 해봤는데요. 강의 성격상 영단기 이미지랑 너무 맞지 않아서 힘들 것 같습니다."

"아, 시간 되실 때 종로에서 뵐까요. 학원 근처로 가겠습니다."

"아, 네……."

벌써 세 번째 만남이었다.

"혹시 어떤 부분이 맞지 않다고 생각하시는지요?"

"제 학습방법에서 강조하는 점이 바로 영어는 단기간에 끝낼 수 없다는 것입니다. 이 점에서 영단기 이미지가 소리드림 콘셉트와 맞지 않습니다. 그래서 제가 영단기로 가면 어느 한쪽이 수강생들로부터 오해를 사게 되지 않을까요."

"아, 영단기의 의미는 영어를 단기간에 끝내주겠다는 뜻인 건 맞습니다. 하지만 그 단기의 의미는 생각하시는 것과 다릅니다. 지금까지 우리가 영어를 배우느라 얼마나 많은 시간을 들여왔습니까? 못해도 다들

10년 이상일 거라 생각합니다. 10년 넘게 해도 안 되는 영어를, 1년 또는 2~3년 안에 소통 가능한 수준으로 끌어올릴 수 있다면 그것도 단기간이라고 할 수 있습니다. 그래서 시험 영어가 아니라 선생님 말씀대로 정도를 걸으면, 10년씩 고생하지 않아도 된다는 것을 보여주고 싶습니다. 선생님이 보여주셨던 그 학생들처럼요."

그 자리에서 한참을 생각했다.

"네, 대표님. 함께 하겠습니다."

"네, 감사합니다. 그런데 인강 촬영 전에 다이어트부터 하셔야겠습니다. 하하~!"

기분 좋은 분위기 속에 윤 대표는 함께 말이 되는 영어를 가르치자고 했다.

돈을 위해서 뛰던 지난 IT 시절에는 내가 불행하다고 생각했다. 힘들다고만 생각했다. 그래서 행복해 보이는 사람을 보면 마냥 부럽고, 그들이 있는 곳에 나도 같이 있고 싶었다.

하지만 내가 좋아하는 강의를 하는 이 순간, 너무도 행복하다. 더 이상 행복을 찾아다니지 않는다. 오히려 긍정적이고 행복한 사람들끼리 서로 끌어당겨 모이는 듯한 느낌이다. 전에는 나 자신이 행복해 보이는 이들을 찾아갔지만, 이제는 내가 사람들이 함께 하고 싶어하는 사람이 되어가고 있다. 내가 도울 수 있는 사람들이 점점 더 늘어가고 있는 것이다.

Scene #2.

헐! 내가?

영단기와 계약하는 날이었다.

계약서에 서명을 하고 나니 윤성혁 대표가 갑자기 어디를 같이 가자고 했다. 도착해보니 마포에 있는 피트니스센터였다. 인강을 한 번 찍으면 수정이 어려우니, 몸을 만들어야 한다는 것이었다. 자신을 강인섭이라고 소개한 트레이너는 한눈에 보기에도 멋진 몸매를 가지고 있었다. 유명 연예인들의 개인 PT를 담당하고 있다는 그 트레이너가 내 몸을 만들어줄 사람이라고 했다.

2012년만 해도 개인 PT를 받는 일이 대중화되지 않았던 시절이었기에 전담 트레이너의 도움을 받아 운동을 할 수 있다는 사실이 실감 나

꿈을 좇으면 영어는 덤이다

지 않았다. 어쨌든 3개월 만에 20킬로그램이나 감량하는 데 성공했다.

살인적인 스케줄을 조정해가며 다이어트를 하고 있는 와중에, 영단기 부총감독으로부터 연락이 왔다. 다음 날로 예정돼 있던 프로필 촬영 일정 때문에 확인차 전화한 것이었다.

"선생님, 내일 신사동 가로수길 카페에서 뵙겠습니다. 프로필 촬영 때 입고 싶은 의상 있으면 가져오셔도 됩니다."

다음 날 부총감독은 영단기 디자이너와 같이 나왔다.

"선생님, 우선 메이크업과 헤어를 만지시고 갈게요."

'내가? 메이크업을? 헤어를?'

"오늘 사진 찍는 거 아니에요? 그런 것도 해요?"

"그럼요. 영단기 회화를 대표하는 자리에 걸리는 사진인데, 잘 찍어야죠. 늦기 전에 숍으로 가시죠."

차로 이동한 곳은 청담동에 있는 3층짜리 건물이었다. 많은 사람들이 팀으로 오가는 모습이 보였다. 걸어 올라가는 중에 연예인들이 눈에 띄었다. 아직도 기억에 남는 사람은 전현무다. 인상이 강렬했다.

자리에 앉으니 네 분이나 와서 메이크업과 헤어를 해주었다. 무대에 오르기 전 주인공의 설렘을 알 것 같았다. '남자가 무슨 이런 걸⋯⋯' 하는 생각이 들면서도 신기하고 재미있었다.

그런데 이게 끝이 아니었다.

"선생님, 이제는 압구정에 가서 필요한 것들을 사려고 하는데요, 음…… 우선 안경부터 바꾸시죠. 얼굴을 좀 시크하게, 세련되게 변화를 주는 게 좋겠어요."

'헐!'

"이번에는 타이랑 옷을 봐야 할 것 같아요. 일단 선생님에게 어울릴 만한 스타일로 스튜디오에 세팅해놨으니 그리로 이동하시죠."

스튜디오에는 다양한 스타일의 옷들이 가지런히 준비되어 있었다. 거기에 모인 스태프들은 단 세 장의 사진을 건지기 위해 몇 시간이나 집중하고 있었다. 태어나 처음으로 사진 모델이 되어보니, 전문 모델이 왜 전문가인지 알 수 있었다. 얼굴에 주름자국이 생기고, 경련이 일 정도로 미소를 짓고 또 지어야 했다.

집에 가서도 흥분되고 설레는 마음이 가시지 않았다. 마치 영화 〈프리티 우먼〉의 줄리아 로버츠라도 된 기분이었다. 이제야 내 인생의 주인공이 된 듯한 기분이랄까.

인강 촬영이 시작되면서는 밤 11시나 되어야 그나마 집에 가는 택시 안에서 잠깐 눈을 붙일 수 있었다. 저녁 10시에 자서 새벽 1시에 일어나는 스케줄인데, 귀가시간이 늦다고 기상시간을 늦출 수는 없었다. 그날도 집에 가는 택시에서 문자들을 확인했다. 영단기 부총감독으로부터 문자가 와 있었다.

"선생님, 오늘 6시 이후에 영단기 사이트에 선생님 강의가 론칭될 예정입니다. 꼭 보세요~."

사이트에 들어가니 메인을 장식하고 있는 것은 그 누구도 아닌 내 사진이었다. 어색하고 이상했지만 바로 나였다. 갑자기 눈물이 흘러내렸다. 강의를 시작한 이후 두 번째 흘리는 눈물이었다.

강남역에 걸린 전면 광고.

Episode 4. 2000인의 성공헬퍼

그해 12월이 되었다. 종로 YBM 강사실에 들어서니 앉아 있던 선생님들이 나를 놀란 눈으로 쳐다보았다.

"쌤, 언제……."

"네? 무슨 일 있어요?"

"선생님, 강남역에 가보셨어요?"

"네? 강남역에는 왜요?"

"강남역이 선생님 사진으로 도배되어 있어요. 완전 도배! 대박!"

"네?"

며칠 전에 영단기 본부장으로부터 지하철 역사에 광고를 게시할 거라는 연락을 받기는 했지만, 이렇게 빨리 진행될지는 몰랐다. 그날은 빠듯한 일정 탓에 다음 날 새벽 출근길에 강남역에 들를 수 있었다. 강남역 10번 출구 계단 양 벽면에서부터 지하상가를 가로질러 11번 출구로 이어지는 통로, 그리고 11번 출구로 나가는 계단 벽면까지 모두 내 사진으로 도배되어 있었다.

아무도 없는 그 새벽, 나는 강남역에서 내 사진을 보며 큰 소리로 외쳤다.

"나는~ 세계 최고의~ 성취인이다~~!"

내가 프레젠테이션 수업 때 학생들에게 자신감 훈련을 위해 가르치는 구호였다. 그날은 이 구호가 그 누구의 것도 아닌 바로 나 자신의 것

꿈을 좇으면 영어는 덤이다

이었다.

　나는 내가 좋아하는 일을 매일매일 해왔을 뿐이었다. 비전카드에 있는 나만의 비전을 최대한 생생하게 그리면서 꿈을 위해 최선을 다했을 뿐이다. 그러자 상상의 순간은 어느덧 현실로 다가왔고, 오히려 상상하지 못했던 것까지, 상상했던 것보다 더 빛나는 모습으로 나타났다.

　자신만의 비전이 있다면, 바라기만 해서는 아무것도 이루어지지 않는다. 매일 한 걸음씩의 최선이 내일의 나를 만들기 때문이다. 컴퓨터에서도 Ctrl+C, Ctrl+V라는 정확한 명령어를 입력해야 내가 원하는 이미지를 복사하고 붙일 수 있듯이, 인생도 정확한 명령어를 입력해야 빛나는 미래가 '실행'되는 것이다. 그래야 언젠가 내 입에서 '헐! 내가?'라는 말이 튀어나오게 되는 것이다. 그렇게 되고 싶지 않은가!

Scene #3.

계속되는 스카우트 제의

강남역에 있는 영단기 본관 6층은 한창 공사 중이었다. 영단기에서 가장 큰 규모의 강의실이 들어선다고 했다. 240석 규모라고 했다. 비전 카드에 찍어둔 YBM 강의실보다 더 큰 규모였다.

공사 완료 후 새벽 강의 전 6층 강의실로 향했다. 나는 미래를 담기 위해 카메라를 꺼내 들었다. 전에는 사진만 찍었지만, 오늘은 동영상 촬영까지 했다. 실제 강의하는 것처럼 강단 중앙에 섰다. 강의실에 수강생들로 꽉 찬 듯이 오른쪽에서 왼쪽으로, 왼쪽에서 오른쪽으로 시선을 옮기며 낮지만 확신에 찬 목소리로 외쳤다.

"자, 봐라! 네가 강의하게 될 곳이다. 잘 봐라! 한 번에 얼마나 많은

꿈을 좇으면 영어는 덤이다

분들을 도와드릴 수 있는지. 바로 이곳에서 말이다. 된다! 된다! 된다!"

끝의 세 번의 된다!에서 목소리에 더욱 힘을 주었다. 마지막 된다!에서는 가장 큰 목소리를 냈다.

영상을 찍은 이유는 새벽에 일어날 때 사용하기 위해서였다. 오프라인과 온라인 강의를 함께 하면서 너무도 힘든 스케줄을 소화해야 했다. 새벽 1시에 나를 확실하게 깨워줄 무언가가 필요했다. 매일 새벽 영상 비전카드가 플레이되었고, 마지막 된다!에서 나는 일어나지 않을 수 없었다.

출근하면 바로 6층으로 향했다. 새벽 강의는 3층이었지만, 20분 정도 일찍 나와서 내가 직접 불을 켜고 그곳에서 수업 리허설을 했다.

그달 수업시간에 수강생들에게 비전카드의 중요성에 대해 알려주며 이 영상을 틀어줬다. 처음엔 이게 뭐야 하는 반응이었지만, 이내 나의 취지에 공감하는 듯했다.

그리고 그달 말쯤이었다. 영단기에서 선생님들을 지원하는 부서의 팀장이 나를 불렀다.

"선생님, 다음 달부터 6층 601호에서 강의하셔도 될 것 같습니다. 수강생이 매달 늘고 있어서 다음 달에는 더 큰 강의실이 필요할 것 같네요. 일단 토요일부터 해보시죠!"

비전카드대로 하나씩, 조금 더 선명하게 내 인생이 그려지고 있었다. 비전카드를 서른네 살이 아니라, 스물네 살, 아니 열네 살에 알았으면 어땠을까 하는 생각도 들었지만, 그건 욕심이었다. 비록 서른네 살이었지만, 비전카드를 처음 실천에 옮겼던 그 순간이 너무나도 감사할 따름이었다.

수강생이 늘면서 다른 학원들로부터 스카우트 제의가 들어오기 시작했다. 행복한 고민이었다. IT 때는 그저 남의 일이었던 것이, 내가 좋아하는 일에 최선을 다하니 기대하지 않았던 많은 일들이 일어나고 있었다. 나와 함께 하고 싶다는 제의는 오프라인의 유명 대형학원부터 온라인의 대형학원까지 다양했다.

그중에서도 기억에 남는 곳은 온라인에서 회화로 유명한 시원스쿨이었다. 아는 분이 잠깐 보자고 해서 나간 자리에 처음 보는 분이 함께 있었다.

"안녕하세요? 모르는 사람이 있어서 놀라셨죠. 저는 시원스쿨에서 근무하고 있습니다. 선생님 말씀은 많이 들었습니다. 강의도 봤습니다. 다름이 아니라 저희와 함께 하셨으면 해서 직접 뵈러 왔습니다."

"네?"

"선생님 강의는 리스닝에 집중해서 가르치는 것 같지만, 그 안에 스피킹과 문법까지 들어 있다는 것이 다른 강의와 차별화되는 것 같습니다. 문법 이야기를 하지 않으면서 문법을 가르치는 거죠."

"아…… 제 강의를 많이 들어보셨군요."

"저희 회사에서는 넥스트Next가 필요합니다. 선생님께서 맡아주셨으면 합니다. 저희가 지원해드릴 수 있는 부분은 최대한 지원해드리겠습니다."

그는 최대한의 지원에 어떤 것들이 포함되는지 상세하게 설명하기 시작했다. 기대 이상이었다. 조건으로만 보면 옮기는 것이 맞았다. 너무나 좋은 제안이었지만 걸리는 점이 있었다.

이후로 일주일 정도 밤에 잠을 이루지 못했다. 무슨 일이 있어도 허술하게 해본 적이 없는 수업 준비조차 흔들릴 정도였다. 책상 앞에 앉아 고민하다 알람이 울려 정신을 차려보면 어느새 시간이 훅 지나가 있었다.

'너무나 좋은 제안이다.'

'너무나 좋은 제안이야. 하지만…….'

중앙대 강사시절 이후 내가 운영해오는 것이 있다. 바로 평생회원 제도다. 처음에 20명 남짓으로 시작했던 모임이 이제 한 번에 100여 명에 가까운 학생들이 참여하는 큰 규모의 모임이 되었다. 이 모임을 운영하는 데 필수적인 것이 훈련 장소다. 평생회원 제도는 무료로 운영되기 때문에 가급적 영단기 건물에 있는 빈 강의실을 빌려 모임을 가져야 한다. 하지만 시원스쿨로 옮기면 이것이 문제가 될 터였다. 그곳은 오프라인 학원을 운영하지 않기 때문이다.

지난 8년 동안 거의 휴식시간 없이 하루 스케줄을 이어갈 때 나의 피로를 풀어주었던 것은 잠이나 여행 같은 것이 아니었다. 매일의 수업이, 학생들의 고민을 나누고 도움을 줄 수 있는 상담시간이, 수강생과 단둘이 비전에 집중해서 이야기할 수 있는 비전 산책이, 그리고 무엇보다 매주 토요일 아침 7시부터 오후 8시까지 이어지는 소리드림 평생회원 교육이 나의 비타민이자 휴식이었다.

경제적인 면, 학원 내에서의 입지나 건강 등을 고려한다면, 옮기는 것이 당연했다. 그래서 고민은 일주일 넘게 이어졌고, 일요일 새벽이 되어서야 결론을 내릴 수 있었다.

무심코 눈을 들어 책상 앞의 비전보드를 보다 그 한가운데 있는 사진이 눈에 들어왔다. 소리드림센터 후보지로 점찍어둔 건물 사진이었다. 소리드림 무료교육센터는 내 비전의 종착점이었고, 쉰네 살 때 나는 저기에 있을 것이다.

서른네 살 때 고민하며 한 자 한 자 내 비전에 대해 써내려가며 얼마나 행복했는지 기억이 떠올랐다. 이렇게 상상 이상의 제안을 받은 것도, 이 비전카드를 따라 살아왔기에 가능했다.

'그래, 나는 성공헬퍼 문성용이다.'

내 이메일 아이디 successhelper2000처럼, 성공헬퍼로서 2000명의 성공을 돕기 위해 최선을 다하고 있는 문성용이다. 아직 1400명이 넘는 이들이 나의 도움을 기다리고 있었다. 내 자리는 그 어느 곳도 아닌 소리드림 평생회원과 함께 하는 이곳뿐이었다.

2000명이 채워지는 2030년 1월 12일 토요일 아침 7시까지 나는 흔들림 없이 나의 길을 가야 하는 것이다. 그날 나는 2000명과 함께 모여 얼마나 나의 비전을 이뤘는지 서로 이야기할 것이다.

나는 성공헬퍼 문성용이다!

Scene #4.

쓰러지다

무리한 일정이 이어지면서 일이 터지고 말았다. 늘 하던 대로 새벽 1시부터 수업 준비를 했는데, 자리에서 일어서다 정신을 잃은 것이다. 눈을 떠보니 아내가 나를 깨우고 있었다. 정신을 차리고 병원으로 갔다.

"술이나 과로를 하시나 보죠."

"술은 안 마시는데, 일이 바빠서 잠을 못 자는 경우가 많습니다."

"하시는 일을 잠시 쉬시거나 그만두시는 게 좋을 것 같습니다. 간 검사를 정밀하게 해봐야겠지만, 이 상태로는 나중에……."

의사가 말끝을 흐렸지만, 무슨 말인지 알 것 같았다. 아내는 괜찮을

꿈을 좇으면 영어는 덤이다

거라며 나를 다독였지만, 충격을 받은 듯했다. 나도 걱정이 되었다. 하지만 내가 걱정한 것은 건강이 아니라 강의였다. 건강 때문에 강의를 못하게 될까 봐 걱정이었다. 당시에는 오히려 행복하다는 느낌이었다. 맞다. 행복했다. 몸이 아파서 그 일을 그만두라는 말을 들을 정도로 뭔가를 해본 적은 처음이었기 때문이다. 그런데도 이걸 계속하고 싶다니…….

걱정하는 아내 앞에서 드러낼 수는 없었지만 병원 문을 나서는 내 마음은 뿌듯했다. 심지어 웃음이 새어나올 지경이었다.

하고 싶은 강의를 계속하려면 쉬어야 했다. 하지만 현실적으로 그럴 수는 없었다. 내가 강의를 좋아하는 것을 떠나서 수강생들과의 약속을 지켜야 했다. 내 마음과 다르게 몸은 너무 힘들었지만, 어떻게든 버텨야 했다. 수강생들과 평생회원들에게 티를 낼 수도 없었다. 걱정을 끼치고 싶지 않았다.

집에서 쉬는 대신 병원 치료만으로 버텨야 했기에 강의 외의 모든 일정을 하나씩 둘씩 취소하거나 미뤘다. 학생 상담뿐 아니라, 내가 맡은 평일과 토요일의 평생회원 일정도 모두 연기했다. 나는 나름대로 최선을 다하고 있있다.

하루는 평생회원의 한 팀을 담당하는 헬퍼로부터 연락이 왔다. 평생회원은 3개월에 한 번씩 뽑는데, 팀별로 전담하는 헬퍼가 있다. 팀 전체가 모여 있으니 시간을 내줄 수 있겠느냐는 것이었다. 팀원 중 한 명에게 문제가 생겨서 마침 다 같이 모여 이야기하는 것이 필요하던 참이었다.

평생회원은 대학생과 직장인이 함께 팀을 이루어 훈련을 하는데, 직장인 중 한 명이 무슨 사정인지 출석과 매일 해야 할 기본 과제들을 하지 않고 있었다. 무슨 일인지 묻기도 하고, 수차례 도움을 주고자 했지만, 여전히 나아지지 않고 있었다.

평생회원은 많은 사람들이 함께 하는 과정이기에 서로 간의 약속이 가장 중요하다. 어떤 모임이든 서로가 약속한 바를 지키지 않으면, 모임의 의미가 퇴색되기 마련이다. 전체가 모인 자리에서 함께 하는 것의 의미를 한 번쯤 짚고 넘어갈 필요가 있었다.

"여러분이 왜 소리드림에서 함께 하게 됐는지 기억하나요? 영어와 자신감 문제를 극복하는 게 목적이 아니었나요? 하지만 기본적으로 해야 할 것들을 하지 않으면, 여러분이 바라는 것은 이루어지지 않아요. 다들 알잖아요. 여러분이 간절히 바란다면 그게 행동으로 나타나야 합니다. 세상에 공짜가 어디 있어요? 공짜로 뭔가를 얻었다면 그건 공짜 그 이상도 그 이하도 아닌 거죠."

"직장에 다니면서 영어를 한다는 것이 어렵다는 거 잘 알아요. 저도

꿈을 좇으면 영어는 덤이다

그랬으니까요. 하지만 좀 더 힘을 내야 합니다. 여러분, 살아가면서 내 인생의 흐름을 바꿀 기회가 몇 번이나 있겠어요. 아마 거의 없을 거예요. 그 거의 없는 기회 중 하나가 지금, 여기라고 생각해보세요. 여러분은 지금, 여기서 그 흐름을 바꿔놔야 해요. 정말 중요한 순간이에요. 숨이 턱 밑까지 차오르는 것처럼 힘들겠지만, 바로 그때 이 악물고 한 발짝 더 내디뎌야 합니다."

팀원들의 얼굴이 상기되어 있었다. 내 말에 공감해주길 바라는 마음으로 한 마디 더 이어갔다.

"그리고 자신을 위해 참여한 만큼 다른 팀원들도 생각해주길 바랍니다. 우리가 약속한 것만큼은 꼭 지켜주길 바랍니다. 만약 우리 스스로가 한 약속을 지키지 못한다면, 여러분에게 드릴 수 있는 최고의 성공 경험 무대인 에스티발s-tival에도 참여할 수 없을 겁니다. 끝까지 최선을 다하는 모습을 제가 아닌 여러분 스스로에게 보여주시길 바랍니다."

소리드림 평생회원 제도는 1년 코스로 되어 있고, 1년이 지나면 부모님을 포함해서 200명이 넘는 사람들 앞에서 영어와 한글로 프레젠테이션을 해야 한다. 우리는 이걸 졸업이라는 말 대신 에스티발이라고 불렀다. 새로운 시작을 축하한다는 뜻에서 'start'의 S와 'festival'의 tival을 합쳐 만든 이름이다. 평생회원은 이 에스티발에서 자신이 1년간 준비한 모든 걸 쏟아붓고, 스스로 그 자리를 최고의 성공 경험 무대로 만들어

내야 한다. 영어와 자신감이라는 문제를 어떻게 극복했는지 멋지게 보여주는 무대이자, 자신의 비전과 계획을 많은 사람 앞에서 당당히 발표하고, 다시 한 번 다짐하는 무대다. 그러기에 에스티발이라는 자리에 서기 위해서는 스스로에게 당당해야 한다.

내 말이 끝나자 잠시 침묵이 흘렀다. 이윽고 한 학생이 입을 열었다. 그 학생은 영단기 온라인 강의 때부터 함께 해왔고, 아끼던 친구였다. 무엇보다 그 친구가 살아가는 데 나의 노력이 도움이 되었으면 하는 마음으로 평생회원으로 선발한 친구였다.

"저는 개인마다 나름의 사정이 있다고 생각합니다. 약속을 지키지 않는다고 에스티발에 참여할 수 없다는 건 이해하기 어렵습니다. 그래서 저희는 에스티발에 참여하지 않기로 했습니다."

예상외의 답변이었다.

아픈 몸을 이끌고서라도 어떻게 하면 강의를 더 할 수 있을까, 어떻게 하면 강의를 중단하지 않고 그들의 성공을 도울 수 있을까…… 내 머릿속에 끊임없이 떠오르던 수많은 질문들이, 그 친구의 한 마디로 단번에 정리가 되었다. 어떻게든 버티려고 했던 나의 의지도 그 한 마디에 무너져내렸다.

"여러분이 원한다면 여기서 끝내겠습니다."

떠나는 그들의 뒷모습을 바라보다 고개를 숙였다. 나도 모르게 눈물

꿈을 좇으면 영어는 덤이다

이 쏟아져 내렸기 때문이다.

　IT 업계를 떠난 이후 내 길을 인도해준 것은 비전카드였다. 하지만 이 길은 혼자 가는 길이 아니다. 함께 가는 동료들이 없다면 의미가 없다. 나와 마음을 함께 해줄 사람 한 명 없이 혼자서 버티고 애쓰는 것이 무슨 소용이 있겠는가. 그날부터 나의 비전은 무너지기 시작했다. 건강도 더 악화됐다.

　그달 남은 강의는 학원의 요청으로 꾸역꾸역 마무리해야 했다. 하지만 더는 버틸 수가 없었다. 학원과 수강생들에게 건강 문제로 부득이 휴강하게 되었다고 알렸다. 하지만 아무에게도 진심을 말할 순 없었다.
　쉬면서 건강을 회복하더라도 다시 돌아오지 않을 생각이었다. 내가 비전이라고 여겼던 것들이 겨우 이런 것이었는지 회의가 들었다. 겨우 이렇게 되려고 그 고생을 했던 건가? 나는 약속을 지키기 위해 최선을 다했는데, 그 결과는 나를 비참하게 만들고 있었다.
　아니다. 내가 건강관리를 잘했더라면, 그래서 팀원들에게 좀 더 관심을 가졌더라면, 그랬다면 이렇게까지 되지는 않았을 것이다. 하지만 살인적인 스케줄 속에서 잠을 더 줄일 수도, 더 늘릴 수도 없었다. 그럼, 내 잘못이 아닌가?

혼란스러웠다. 야속하기도 하고 미안하기도 했다. 그냥 모든 것으로부터 벗어나고 싶었다.

그러면 홀가분해질 줄 알았다. 힘겨운 10월의 마지막 밤이었다.

Come Back Home

눈을 떠보니 새벽 1시였다. 알람은 울리지 않았다. 왜 안 울렸지? 잠시 멍하니 있다 나도 모르게 중얼거렸다.

"오늘부터 수업이 없구나."

6년간 매일 같은 시각에 일어났으니 알람 없이 일어난 것도 당연했다. 커피 한 잔을 탔다. 뜨거운 김이 안경을 덮었다. 흐릿해진 눈으로 창밖을 내다봤다. 이 시간에 창밖을 내다보는 것도 오랜만이다. 일어나면 수업 준비 때문에 바로 자리에 앉았었는데…….

마음이 편했다. 강의를 하는 순간의 성취, 더할 수 없는 행복감에도 불구하고, 수업 준비는 몸뿐 아니라 마음에도 무거운 짐이었음을 새삼 느꼈다.

　책상 앞에 앉았다. 수업 준비 대신 스케치북을 써내려갔다. 비전이 흔들릴 때마다 하던 일이다. 내가 하면 행복해질 일들을 주저 없이 빽빽이 스케치북 위에 써내려갔다. 평소에 생각해오던 것들이 많아 쉽게 써졌다. 다 쓴 후 키워드별로 순위를 매겼다. 강사 일 대신 할 수 있는 일을 찾아야 했기에 신중했다. 이번에는 중간에 포기하지 않고, 오래 할 수 있는 일이어야 했다. 물론 건강이 최우선이었다.

　아침을 먹었다. 병원을 다녀왔다. 그동안 미뤄두었던 책들도 샀다. 불어난 체중으로 무릎에 무리가 가지 않도록 걷기 운동도 했다. 코스에 광명화훼단지를 넣었다. 평소에 관심이 있었던 다육식물을 하루에 하나씩 모을 생각이었다. '다육이 산책'을 하며 아내와 이런저런 이야기도 나눌 수 있었다.

　그렇게 15일이 지났다. 처음에는 신기하고 귀여워서 하나씩 사 모았는데, 10개가 넘어가면서 관리하는 것이 슬슬 귀찮아지기 시작했다. 다육이 키우기는 나에게 맞지 않다는 것을 깨달았다.

　영화를 보러 갔다. 여행도 다녀왔다. 그 밖에 그동안 수업 준비에 쫓겨 못했던 것들을 해봤다. 프로그래밍도 그중 하나였다. 역시나 떠나길

　　　　　　꿈을 좇으면 영어는 덤이다

잘했다는 생각이 들었다. 여행도, 영화도 마찬가지였다. 재미있는 것도 처음 한두 번이지 나에게 맞지 않았다. 내가 확인한 것은 딱 한 가지였다. 나는 어떤 것에든 쉽게 싫증을 느끼는 사람이었다.

　나는 그런 사람이다. 그래서 더 이상했다. 강의만은 그렇지 않았기 때문이다. 6년 넘게 해왔다. 매일 8시간 이상을 강의 준비에 매달려야 했다. 원하는 리듬패턴을 찾지 못해 밤을 새우더라도, 잠을 자지 못해 눈꺼풀이 들리지 않다가도, 쓰러질 것같이 어지러운 순간에도, 강의가 시작되면 모든 것이 싹 사라졌다. 마치 놀이기구를 타기 직전처럼, 긴장과 행복이 함께 하는 느낌이었다. 어디서도 맛보지 못한 느낌이었다.

　강의실이 그리워졌다. 고작 보름이 지났을 뿐이었다. 쉼 없이 달려왔던 그 긴 시간의 피로가 조금씩 풀리면서, 그리움은 더욱 선명해졌다. 영화를 보다가도 미드를 보다가도 '아, 저거 리듬패턴 시간에 쓰면 딱인데', '저 상황을 보여주면 학생들이 바로 이해할 텐데' 하며 나도 모르게 메모를 하고 있었다. 인터넷을 하다가도 시냅스에 좋은 이미지를 보면 바로 저장해두었다. 강의를 그만둔 사람이 뭐 하러 이런 짓을 한단 말인가.

　IT 일을 할 때는 퇴근 후 노드북을 켠 적이 없었다. 뭔가 다른 일을 찾고 싶었기 때문이다. 그런 내가 변한 걸까? 그런가? 아니다. 내가 좋아하는 일이기 때문에 계속 하고 싶은 거고, 하기 싫은 일이기에 멀리하려 했던 것뿐이다. 이 당연한 사실을 서른네 살까지 몰랐다. 아니다. 알았지만 애써 무시했던 것이다.

몰랐든 무시했든, 돈 때문이었든 이제 다시는 그 자리로 돌아갈 수 없다. IT뿐 아니라 그 어떤 것이라도 내가 좋아하지 않는 일을 억지로 할 수는 없다.

그럼 다시 강의로? 나를 힘들게 했던 오해와 상처들은? 힘들다. 정말 힘들었다. 하지만 사람들과 함께 하다 보면 당연히 따라 오는 것이다. 하지만 그 상처들이 강의를 하고 싶은 마음보다 더 큰가? 상처만 있었나? 더 많은 위로와 기쁨이 있었다. 내 인생에서 가장 큰 행복을 줬던 일을 포기할 정도로 그 상처가 대단하단 말인가?

이렇게 다시 강의실에 설지를 고민하던 무렵, 다행히도 건강이 점점 회복되고 있었다. 동시에 학생들로부터 안부 문자, 안부 메일이 오기 시작했다. 다음 달 강의 여부에 대한 문의부터, 건강을 염려하고 나를 응원해주는 톡, 내 강의를 들으며 영어에 집중하기 위해 휴학 준비 중이라는 문자 등이었다.

하루는 강남에 나갈 일이 있어 휴강 후 처음으로 학원에 들렀다. 여전히 많은 학생들이 빈 강의실에서, 학원 로비에서 내가 알려준 훈련법을 따라 하고 있었다. 그들은 나를 반갑게 맞아주었다. 그들을 보며 비로소 깨달았다. 나는 혼자가 아니었다. 여태껏 많은 이들과 함께 해왔고, 이들과 서로 위로하고 격려하며 어려움을 이겨내곤 했다. 지금도 나를 기다리는 이들, 소중하고 보고 싶은 이들이 있었다.

이들과 함께 내가 좋아하는 일을 하면서 누군가를 도울 수 있다면, 남은 인생을 걸 만하지 않을까? 다른 건 몰라도 나에게는 충분히 의미 있는 삶이 될 터였다.

나의 비전, 성공헬퍼로서의 삶, 바로 그 비전을 이루어갈 수 있는 강의실. 이곳이 바로 내가 있어야 할 곳이다.

새벽 1시. 여전히 알람 없이 잠을 깼다. 비전카드를 꺼내 들었다. 지난 몇 주는 기름이 바닥난 채 지하주차장에 버려진 차와 같았다. 6년 전에 꿈에 그리던 차를 사고선 너무도 기분이 좋은 나머지 기름이 떨어지는 줄도 모르고 달려왔던 것이다.

이제야 나라는 사람, 문성용의 가치를 알게 되었고, 무엇을 위해 살아가야 하는지 알게 되었는데, 무엇보다 내가 좋아하는 일을 하며 행복을 느끼는 지금, 기름이 떨어져버린 것이다. 뻥 뚫린 도로가 눈앞에 있는데, 언제까지 기름 없이 주저앉을 순 없는 것이다. 이런 기분, 이런 상황, 다시는 반복하지 않을 것이다.

2013년 11월 4일, 나는 다시 강의실에 섰다. 나는 다시 성공헬퍼 문성용이다.

NG cut

비전카드의 핵심은 사람

인생을 살아가는 데 가장 중요한 것은 무엇일까?

자주 가던 약국 봉투 뒤에는 이런 말이 적혀 있었다.

"돈을 잃으면 조금 잃은 것이요,

명예를 잃으면 반을 잃은 것이요,

건강을 잃으면 전부를 잃은 것이다."

읽을 때마다 '역시 건강이 제일 중요해!'라는 생각에 고개를 끄덕인다.

그러다가도 왠지 돈을 잃어도 또는 명예를 잃어도 다 잃은 것 같은 기분이 들 것 같은 생각이 들곤 했다. 그렇다. 돈, 명예, 건강, 어느 것 하나 우리 삶에서 중요하지 않은 건 없다. 그리고 여러분은 비전 이야기에 심취해 이제는 "비전도 중요해요!"라고 말할지도 모르겠다. 하긴 이제까지 '비전, 비전, 비전' 하고 노래를 불렀는데, 여러분이 비전이라고 생각하는 것도 무리는 아니다. 아니 어쩌면 책을 열심히 읽어준 독자라는 셀프 인증인 셈이니 감사하다.

그러나 여기서는 비전만큼 중요한 사람에 대해 이야기하려 한다. 돈, 명예, 사랑, 우정, 건강, 비전은 어느 하나가 다른 하나보다 더 중요하다거나 아니면 덜 중요하다고 말할 수 있는 문제는 아니다. 똑같이 중요하다. 물론 사람마다 더 중요하게 생각하는 게 있을 것이다. 그렇다고 "A가 B보다 더 중요해"라고 말할 수 있는 문제는 아니다. 왜냐하면 우리에게 행복감을 주는 요소들은 서로 긴밀하게 연결되어 있기 때문이다.

그런데 안타깝게도 사람들은 꼭 어느 하나는 다른 것보다 낫다고 생각해야 직성이 풀리나 보다. 나와 비전 강의를 함께 한 학생들 사이에서도 종종 이런 모습을 볼 수 있다. 이제까지 한 번도 꿈에 대해 구체적으로 생각해본 적이 없던 대부분의 학생들이 비전카드를 만들고 나면 세상을 보는 시각이 바뀐다. 그도 그럴 것이 몇 주 동안 매일 스케치북에 적고, 그것을 다시 분류하고, 사진과 이미지를 찾는 시간은 마치 콜럼버스가 새로운 대륙을 발견한 것과 같다. 이렇게 신세계를 발견하면 생각도 저절로 바뀐다.

비전에 눈먼 사람들

비전카드를 만들고 나면 나타나는 변화가 있다. 일단 눈빛부터 달라진다. 그리고 모든 일에 열심히 임한다. 수업에 임하는 태도며 스터디에 참여하는 모습까지 나무랄 데가 없다. 이렇게 하나씩 변화하는 학생을 볼 때마다 뿌듯함을 느낀다. 그런데 가끔은 걱정될 때도 있다. 처음으로 만든 비전에 너무 몰두한 나머지 주위를 돌보지 못하는 학생들이 있기 때문이다.

극소수이긴 하지만 아무래도 학생들은 비전카드 만들기 전의 시간들을 허투루 썼다고 생각하는 것 같다. 그래서 흘러간 시간에 대한 보상 심리로 더 열심히 살고자 한다. 자연히 가족이나 친구 또는 이성친구와 만나는 시간을 줄이고 약속을 멀리한다. 이뿐만이 아니다. 비전을 찾고는 지금 하고 있는 일이 전혀 도움이 안 되는 것 같으면 재빠르게 포기하고 다른 일을 찾는다.

비전을 갖고 사는 삶과 그렇지 않은 삶이 확연히 다르다. 때문에 비전을 찾는 것을 도와주고 싶은 마음에 시작한 강의다. 그러나 너무 한쪽으로 치우친 행동은 주위 사람들의 마음을 다치게 하고, 때로는 동류들의 소중한 비전에 해를 입히기도 한다.

성공의 처음이자 마지막 퍼즐?!

성공한 사람이 가장 멀리해야 하는 건 건망증이다. 이건 비전을 찾고 따르는 모든 사람들에게 해당한다. 간혹 성공한 사람 중에도 자신의 힘으로도 잘된 것이라 생각하는 사람이 있다. 하지만 이건 절대 사실일 수가 없다. 세상 어느 누구도 혼자만의 힘으로 성공할 수는 없기 때문이다.

헬렌 켈러를 떠올려보자. 설리번 선생님을 떼어놓고 생각할 수가 없다. 이렇듯 우리는 누군가에 의해 기회를 발견하고, 인정을 받고 또는 도움을 받는다. 즉 나를 믿어주고 지원해주고 응원해주는 사람이 있기에 비로소 성공이 가능한 것이다. 하지만 이상하리만큼 사람들은 성공하면 기억력이 나빠지는 모양이다. 너도나도 자신의 과거를 부풀려 성공을 이야기하기 때문이다.

여기서 나의 경험을 이야기해보고자 한다. 잘 알다시피 학벌도 강사 경험도 부족한 내가 영어강사로 면접을 볼 수 있었던 건 정기원 선생님 덕이다. 강사가 되고 싶었지만 몇 개월 동안 변변한 면접 한 번 보지 못한 나에게 그는 분당 YBM 어학원 면접자리를 선물해주었다. 이를 발판으로 나는 종로 최고의 회화 전문학원인 YBM 프리미어 어학원에서 강의할 수 있게 되었다. 영단기와의 인연도 마찬가지다. 당시 온라인 신흥업체로 이름을 날리던 영단기였다. 그때 나는 영단기를 단순히 토익

꿈을 좇으면 영어는 덤이다

학원으로만 알았는데, 이런 영단기를 소개해준 사람도 동료 원어민 강사였다. 그 후에도 강의를 시작할 때, 소리드림을 만들었을 때, 소송을 진행할 때 많은 사람들의 도움과 지지가 있었다. 그들에게 일일이 감사 인사를 하자면 끝이 없을 것이다.

Home과 House의 차이(feat. 비전의 느낌?)

두 단어의 차이를 아는가? 우리말로 하면 둘 다 '집'이라고 가르치는 바람에 구분하기가 어렵다. 하지만 영어에서는 쓰임이 조금 다르다. 보통 House라고 하면 물리적 공간으로서의 '집'을 가리킨다. 미국 대통령이 머무는 곳은 'White House(백악관)'이고, 집값을 말할 때는 'house prices'라고 한다. White Home이나 home prices라고 하지 않는다. 반면 캐나다 가수 마이클 부블레의 노래 'Home'에는 이런 가사가 있다.

Another airplane (비행기에서도)

Another sunny place (날씨 좋은 곳에서도)

I'm lucky I know (내가 운이 좋은 걸 알지만)

But I wanna go home (그래도 나는 집에 가고 싶어요.)

Mmmm, I've got to go home (집에 가야만 해요.)

가사를 보면 한눈에 알 수 있듯이 주인공은 집을 그리워하고 있으며, 돌아가고 싶어한다. 이렇듯 home은 정서적 공간으로서의 집을 말한다.

비전 이야기하다가 왜 뜬금없이 영어단어를 설명하는지 의아해하는 사람도 있겠다. 하지만 다 관련이 있어서 하는 이야기다. 잘 들어보시라. 비전은 눈에 보이지도 않고 맛을 느낄 수도 없지만, 단어의 느낌으로 말하자면 house보다는 home에 가깝다.

힘든 회사 생활이나 밤늦게까지 일하던 알바 시절을 생각해보자. 힘들어도 참아낼 수 있는 건 돌아갈 house가 아닌 home이 있기 때문이다. 살이 떨리는 추위에도 home에만 들어가면 따뜻한 온기를 느낄 수 있다. 이렇듯 나만이 아닌 우리 가족 모두가 어울려 따스함을 나누는 공간이 home이다.

비전도 그러하다. 비전도 사람으로 시작해서 사람으로 완성된다. home에서 가장 중요한 요소가 가족이듯이 비전을 이뤄가는 과정에서도 많은 사람들의 도움과 응원 그리고 격려가 필요하다. 그러니 혼자만 빨리 가겠다고 남의 비전을 소홀히 대해서는 안 된다.

운전을 할 때 차선을 바꾸려면 주위를 잘 살펴야 하듯, 비전을 찾고 이제 비전을 따르는 인생으로 들어선 우리도 주위 사람을 잘 돌아봐야 한다. 갑자기 목표가 눈에 보인다고 해서 무작정 추월하고 끼어들다가는 사고가 날 수 있기 때문이다.

꿈을 좇으면 영어는 덤이다

EPISODE 5.

세계인의 성공 헬퍼

영어를 잘하는 방법을 찾기 전에, 더 나은 영어 성적을 받으려 하기 전에, 꿈을 찾아야 한다. 그래야 성공할 수 있다. 드디어 시즌 1의 마지막 에피소드다. 여기선 내가 이루고 싶은 꿈을 밝힐 것이다. 이 에피소드를 읽는 모든 이들이 나처럼 자신의 꿈을 찾을 수 있기를. 그래서 자신만의 항해를 시작할 수 있기를 바란다.

팀 소리드림과 함께 만드는 비전 2000

나는 인생을 즐겁게 살고 싶다. 그게 내가 생각하는 성공이다.

나는 어릴 때부터 많은 도움을 받아왔다. 이제는 나도 도움을 주는 사람이 되고 싶다. 인생을 즐기며 살 수 있도록 돕고 싶다. 내가 하루하루를 즐기며 성공한 인생을 살고 있듯이, 다른 사람들도 나처럼 성공한 인생을 살 수 있도록 돕고 있다.

처음 내가 도울 수 있는 방법은 IT 기술밖에 없었다. 14년 동안 해온 일이 그것뿐이었기 때문이다. 하지만 그때는 내가 행복하지 않았다. 대신 지금은 영어가 있다. 내가 좋아할 뿐 아니라, IT 일을 할 때보다 훨씬 더 많은 사람들을 만나 도울 수 있다. 이왕이면 대한민국을 넘어서 세계인을 대상으로 하고 싶다.

그래서 나의 비전은 '세계인을 대상으로 영어 커뮤니케이션 기술과 성공 기술을 전파하는 세계 최고의 전달자'가 되는 것이다. 요약하면 '성공헬퍼'다. 여기서 말하는 성공은 인생을 즐기며 사는 것이다. 매일매일 자신이 좋아하는 일을 하며 즐겁게 사는 것이다. 그걸 돕는 사람이 되고 싶다. 내가 누군가에게 도움이 된다는 것은 엄청난 행복감을 준다.

소리드림 평생회원 제도를 운영하는 것도 같은 이유다. 소리드림 평생회원 제도를 통해 54세까지 2000명을 돕고 싶다. 한 기수에 20명씩이니 100기까지 졸업시켜야 완성이다. 글을 쓰고 있는 현재 30기까지 뽑았다. 3분의 1 정도 온 것이다.

100기 졸업식은 소리드림 교육센터에서 할 것이다.

나는 1년에 두 차례, 100여 명에 달하는 소리드림 평생회원들과 MT를 간다. 참석 인원은 매번 바뀌지만, 바뀌지 않는 것이 한 가지 있다. MT 장소다. 항상 시립대학교 강촌수련원으로 간다. 이유는 간단하다. 내가 꿈꾸는 소리드림 교육센터의 이미지와 비슷하기 때문이다.

센터를 건립하려면 폐교나 수련원 등을 인수해야 할 것이다. 4년 전에 알아본 바로는 폐교를 인수하는 데 39억 원 정도가 든다고 했다. 폐교를 알아보는 이유는 넓은 운동장과 큰 건물로 이루어져 있기 때문이다.

폐교를 인수하게 된다면, 리모델링 후 강의실과 운동장, 숙소로 구성할 계획이다. 강의실은 자신만의 비전을 위한 강의와 훈련을 위한 곳이다. 건강 없인 어느 것도 이룰 수 없으니, 운동장도 필요하다. 한쪽은 캠핑장으로 꾸밀 것이다. 수많은 소리드리머들이 주말이면 휴식을 취할뿐 아니라 자신의 비전에 대해 고민하고 업그레이드할 수 있는 공간이다. 뒤뜰에는 상추, 깻잎 같은 채소를 심어두고 소리드리머들이 왔을 때식탁 위에 내놓으면 좋을 것이다.

규모로만 보면 이는 인생 프로젝트다. 처음 이 비전을 세웠을 때, 이뤄내면 가슴이 터질지 모른다고, 그러면 정말 좋겠다는 생각에 몇 날며칠을 상상하는 재미에 잠 못 이루곤 했다. 하지만 현실이라는 벽 앞에서 한 발자국 더 내딛는 것도 어려웠다. 수개월 동안 고민한 끝에 내린 결론은 사람이었다. 나 혼자가 아니라 팀으로 하면 할 수 있지 않을까? 개인 문성용이 아닌, 팀 소리드림과 함께 하면 충분히 가능한 꿈이었다.

처음에는 '무슨 돈으로 하지?'였지만, 지금은 '어떻게 하면 내 수업을 듣는 이들을 성공시키지?'로 생각이 바뀌었다. 내가 가진 재능과 시간을 이들과 나누고, 진심으로 이들을 도와 성공시킨다면 10년, 20년 후에는 이들에게 도움을 요청할 수 있지 않을까? 이 책을 읽고 취지에 공감해서 도움을 주시는 분들도 있을 것이다. 하지만 그에 못지않게 소리드림을 통해 성공한 분들도 기꺼이 도움을 주지 않을까?

이렇게 생각하니 수강생들이 모두 성공한 사람들로 보였다. 훗날 소리드림센터가 세워졌을 때 힘을 보태주실 소중한 분들인 것이다.

'그래, 이들의 성공만이 비전을 이룰 수 있는 유일한 방법이다!'

이 사실을 깨달았을 때, 마치 세상을 다 가진 것 같았다. 이들과 함께 하는 시간이 '나'가 아닌 '우리'의 미래를 만들어간다고 생각하니 이들과 함께 하는 시간이 더 신나고 즐거웠다. 나 혼자가 아닌 우리 모두가, 경제적으로 힘든 대한민국의 청소년들에게 교육을 지원할 수 있는 소리드림 교육센터를 만들 한 팀이라는 생각은 나를 들뜨게 한다.

결국 강의 방식도 바뀌었다. 영어가 필요 없는데 굳이 내 수업시간에 앉아 있을 필요가 없지 않은가? 그래서 자신의 비전을 위해 영어가 필요한 사람이 아니라면, 수강 철회를 하라고 강조하게 되었다. 환불해드린다고 얘기하게 되었다. 남아 있는 수강생이 얼마 되지 않더라도 정말 영어가 필요한 사람들만 남는다면, 성공률이 훨씬 높아질 것이기 때문이다.

수업에 참여하는 분들이 자신만의 성공을 이루어낸다면, 그것을 내가 도울 수 있다면, 이거야말로 인생 절호의 기회인 것이다. 폐교에 갖춰질 강의실과 숙소에 이들의 이름으로 책상과 의자, 인테리어를 지원해준다면? 그들의 성공 경험을 바탕으로 미래의 학생들에게 강의로 기부해준다면? 그럼 거미줄이 가득한 폐교는 빛나는 교육센터로 바뀌지 않을까? 행복한 상상이다.

강의실 앞에 '이 강의실은 소리드리머 김명진 님께서 지원해주신 강의실입니다'라는 팻말이 걸릴 것이다. 그곳은 많은 이들이 서로의 성공을 돕는 공간이 될 것이다.

이 책을 쓰고 있는 2017년 12월 30일 저녁 지금 이 순간도 아침 7시 10분부터 강의를 시작해 저녁 9시 20분까지 강의를 이어왔다. 중간에 김밥으로 간단히 때우고, 중간 중간 화장실을 다녀왔을 뿐이다. 와이셔츠와 머리는 땀에 젖었지만, 내가 힘을 내고 열정적으로 강의를 하는 이유는 간단하다. 성공할 사람들과 이 소중한 순간을 함께 하고 싶기 때문이다. 아니, 성공한 사람들과 함께 하고 있기 때문이다.

내가 소리드림 교육센터를 통해 기대하는 것이 있다. 경제적으로 힘들거나 꿈이 없는 사람들이 좋아하는 일을 기반으로 자신만의 비전을 찾을 수 있도록 돕는 것이다. 좋아하는 일을 현실에서 이루어갈 수 있는 능력을 코칭하고 싶다.

좀 더 어렸을 때, 소리드림을 통해 자신만의 비전을 찾고 말이 되는 영어를 익힐 수 있도록 돕고 싶다. 소리드림을 떠나서도 홀로 설 수 있도록, 소리드림에서의 경험을 바탕으로 스스로 하나씩 이루어갈 수 있도록 돕고 싶다.

혼자서는 힘들다. 팀으로 가야 쉽다. 내 옆에 함께 하는 사람이 얼마

꿈 을 좇 으 면 영 어 는 덤 이 다

나 소중한 존재인지, 어떻게 평생 응원하고 도와야 하는지 알려주고 싶다.

무엇보다 나의 팀원들 못지않게 나 자신이 얼마나 소중한 존재인지도 비전을 통해, 진정한 노력을 기울이는 과정을 통해 하나하나 알려주고 싶다.

성공헬퍼와 함께 하는 소중한 직원들, 우리의 작은 도움을 통해 인생에서 성공을 이룰 2000명, 그리고 그 2000명을 통해 또 다른 도움을 받을 수많은 사람들, 이 수많은 사람들이 이루어낼 작은 변화가 대한민국 영어교육 환경이었으면 한다.

무작정 암기하는 기계식 영어 학습법 말고, 내 비전을 위해 영어가 필요하기에, 그래서 말이 되는 영어를 즐겁게 배울 수 있는, 그래도 되는! 그런 대한민국이 되었으면 한다. 그리고 거기에 팀 소리드림이 작은 보탬이 될 수 있으면 좋겠다.

이것이 성공헬퍼로서 내가 이루고자 하는 나만의 비전이다.

Scene #2.

대한.민국과 함께 하는 비전 캠핑카 투어

　오랜만에 친구들 모임에 나갔다. 이제 나이가 있다 보니 자식들 얘기를 많이 한다. 한 친구가 옆집 애는 영어로 일기를 쓰는데 자기 애는 너무 늦은 것 같다며 볼멘소리를 했다. 몇 학년이냐고 물어봤다. 초등학교 1학년이라고 했다. 영어는 자기가 필요하다고 느낄 때 해도 늦지 않다고 말했지만 수긍하지 못하는 눈치였다.

　나의 자녀계획은 둘만 낳는 것이다. 아들이면 대한이나 민국이, 딸을 낳으면 근영이나 희수라고 지을 것이다. 누구 따라 하는 건 아니다. 대한이 민국이는 8년 전 비전카드에 이미 적혀 있던 내용이다. 근영이도 연예인이 아니라 소리드림 평생회원 중에 성품이 정말 좋았던 학생의

　　　　　꿈을 좇으면 영어는 덤이다

이름이다.

여하튼 내가 미래의 아이들에게 해주고 싶은 것은 한 가지다. 내가 좋아하는 일을 찾아 즐기며 살고 있듯이, 내 아이들도 자신이 좋아하는 일을 찾아 자신만의 인생을 살 수 있도록 도와주는 것이다. 물론 쉽지 않을 것이다. 스스로 깨닫고 찾을 때까지 오래 기다려줘야 할 것이다.

대신 부모이기 때문에 주고 싶은 것들이 있다.

첫째, 책을 장난감처럼 느끼게 하는 것이다. 내 아이들이 공부 잘하는 것에는 관심이 없다. 학교 공부 못해도 좋다. 다만 책만큼은 가까이 하게 하고 싶다. 늘 책상 앞에 앉아서 책을 보고 있는 엄마, 아빠를 보고 자라면 자연스레 책과 친해질 것이다.

둘째, 아이들이 관심을 갖는 것이 생기면, 적극적으로 지지할 것이다. 그것이 운동이든 예능이든 공부든 상관없다. 직접 부딪쳐 보고 자신이 좋아하는지 싫어하는지 확인할 수 있는 기회를 주고 싶다.

끝으로, 온 가족이 함께 하는 비전 여행이다. 기간은 최소 1년이고, 시점은 둘째가 중학교를 졸업한 직후가 될 것이다. 그때쯤이면 나는 이미 소리드림 교육센터라는 비전을 이룬 다음일 터이니 1년이고 2년이고 쉬어도 좋고, 아이들은 휴학하면 된다.

이 여행의 필수품은 2톤 트럭과 비전카드다. 트럭은 개조해서 캠핑카로 만들 것이다. 설계부터 재료 구입, 튜닝 작업 모두를 아이들과 함께 할 것이다. 1년 넘게 국내와 해외를 돌아다녀야 하기에 튼튼하고 편하게 만들 것이다.

물론 웰메이드 캠핑카를 살 수도 있을 것이다. 하지만 아이들에게 여행을 기다리며 준비하는 즐거움, 자신들이 직접 만든 차를 타고 전 세계를 누비는 기쁨을 주고 싶다.

여행 코스는 비전카드를 보며 설계할 것이다. 1기부터 100기까지 2000명으로부터 받은 비전카드다. 비전카드 작성 후 길게는 25년, 짧게는 5년 동안 어떻게 자신의 꿈을 이루며 살아왔는지 아이들과 직접 가서 만나볼 것이다.

가는 길에, 그날 만날 이가 나와 함께 소리드림 평생회원으로 훈련하던 시절에 어땠는지, 어떻게 발전해나갔는지 아이들에게 들려줄 것이다. 그가 처음에 써서 내게 줬던 비전카드를 보여줄 것이다. 그리고 그들의 사무실 또는 작업실에서 직접 만나 우리 아이들이 그들로부터 직접 이야기를 들을 수 있도록 할 것이다. 비전카드대로 살고 있는지, 어떻게 비전을 향해 달리고 있는지, 좋아하는 일을 하며 사는 삶이 어떤 것인지.

그리고 매일매일의 만남을 영상에 담아 유튜브에 올릴 것이다. 전 세계에 흩어져 있는 소리드리머들과 거의 실시간으로 공유할 것이다. 아이들은 리얼스토리를 직접 보며 1년 동안 수많은 간접 경험을 하게 될 것이다. 전 세계에 흩어져 있을 소리드리머들은 유튜브를 통해 반가운 동료들의 모습을 접하고, 새로운 자극을 받게 될 것이다.

뿐만 아니라 그들의 자녀들도 유튜브를 통해 나의 아이들처럼 다양한 직업, 다양한 세상, 다양한 이야기를 접하게 될 것이다. 이 유튜브를 계기로 대한민국의 많은 사람들이 2000명의 스토리를 공유할 수 있을 것이다.

각각의 만남은 영어 인터뷰로 진행될 수도 있고, 한국어로 할 수도 있다. 한국어 인터뷰 영상은 영어 자막을, 영어 인터뷰는 한국어 자막을 직접 만들어서 올리도록 할 것이다.

여태껏 많은 이들의 성공스토리가 유튜브에 올라와 있지만, 전 세계에 흩어져 있는 2000명의 각기 다른 이야기가 한 채널로 공유된 적은 없다. 앞 장에서 말했던 비전 2000이 비전 캠팽카 여행을 통해 새로운 버전으로 업그레이드되는 것이다.

내가 처음 영어강사를 시작하며 가졌던 가장 큰 바람은 말이 되는 진짜 영어를 가르치자는 것이었다. 그래서 나와 함께 훈련하기 전 그리고 훈련한 후의 변화된 영어 실력을 증거로 남기는 것을 가장 중요하게 생각해왔다.

하지만 내가 궁극적으로 원하는 것은 영어를 얼마나 잘하게 되었느냐가 아니다. 꿈이 없는 건 둘째치고, 자신이 좋아하는 일을 하며 사는 것은 불가능하다고 생각해왔던 사람들이, 어떻게 자신의 꿈을 하나하나 이루며 살고 있는지, 그 삶이 얼마나 행복한 것인지 그 증거를 대한민국 젊은이들에게, 전 세계 청년들에게 생생하게 보여주는 것이다.

비전 캠핑카 투어는 대한이 민국이를 위한 것이기도 하지만, 미래의 대한민국을 짊어지고 갈 우리 모두의 자녀를 위한 것이기도 하다. 비전 캠핑카 투어는 '세계인을 대상으로 영어 커뮤니케이션 기술과 성공 기술을 전파하는 세계 최고의 전달자'라는 나의 비전을 달성하기 위한 두 번째 도약이 될 것이다. 하루라도 빨리 그날이 오기를 나는 오늘도 손꼽아 기다리고 있다.

2000명과 함께 서는 비전 강의, TED

많은 이들이 TED를 즐겨 본다. 좋은 콘텐츠가 많고, 인터넷을 통해 언제 어디서든 무료로 볼 수 있으며, 강연시간이 18분 이내로 길지 않고, 많은 콘텐츠가 한국어 자막으로 서비스되고 있기 때문이다.

온라인에서는 무료인 이 TED 콘텐츠는 매년 2월 미국 캘리포니아 롱비치에서 일주일 동안 열리는 TED 컨퍼런스에서 행해졌던 강연들이다. 재미있는 점은 이 컨퍼런스 참석은 무료가 아니라는 것이다. 2013년 기준으로 7500달러의 참가비를 내야 한다. 우리 돈으로 환산하면 약 900만 원이다.

이 돈을 낸다고 참석이 가능한 것도 아니다. 주최 측으로부터 초청을 받아야만 참석할 수 있다. 대기자만 1000명이라는 말도 있다.

일주일 강의 청강을 위해 그 많은 돈을 내고, 게다가 대기까지 해야 한다니 속된말로 돈 있는 사람들의 돈지랄인가?

참석자들이 바보가 아니라면 참가비 이상으로 얻는 것이 분명히 있을 것이다. 남들보다 고급 정보를 먼저 얻을 수 있다는 것, 훌륭한 강의를 현장에서 직접 들을 수 있다는 것, 그런 점도 이유가 되겠지만, 가장 중요한 것은 참석자들이 '초청받은' 사람들이라는 것이다.

초청받았다는 것은 그만큼 인지도가 있고, 따라서 인맥을 만들고 싶어할 만한 인물들이라는 것이다. 그들과 일주일 동안 같이 강연을 들으면서 친분을 쌓고 강의 주제에 대해 얘기할 기회인 것이다. TED의 모토인 'Ideas worth spreading', 즉 '널리 퍼뜨릴 만한 아이디어들'의 확산 및 재생산이 강의 현장에서 즉시 이루어지는 것이다. 실제로 주최 측이 가장 신경 쓰는 부분이라고 한다.

내가 TED에 강연자로 서고 싶은 이유는 바로 이것이다. 그건 바로 아이디어의 확산, 실제로 입증된 아이디어의 확산이다.

세상에는 수많은 자기계발서와 영어 학습서들이 있다. 전부 그런 것은 아니지만, 저자들의 실제 경험을 바탕으로 쓴 책일 것이다. 하지만 내가 그런 책들을 읽고 나서 항상 느껴왔던 갈증은, 그래서 이러한 책들을 통해 변화된 사례가 몇이나 되느냐는 것이다. 아마 있을 것이다.

많이 있을 것이다. 하지만 그러한 사례를 찾기란 쉽지 않다.

내가 하고 싶은 것은 그냥 이렇게 하면 되겠지, 좋은 얘기네…… 이렇게 읽히는 책을 쓰는 것이 아니다. 그런 강의를 하고 싶지도 않다. 나와 함께 훈련하고 고민했던 많은 이들이 영어에서, 자신의 인생에서 일궈낸 변화를 다른 사람들과, 지구인들과 공유하고 싶은 것이다.

누군가 뭔가를 이루어냈다고 하면, 저 사람은 좋은 학교를 나왔으니까, 가정환경이 좋으니까, 타고난 재능이 있으니까, 이런 식으로 내가 안 되는 이유를 계속 만들어낸다. 좋다. 성공한 사람이 한두 명, 10명이면 그런 핑계를 찾을 수도 있겠다. 하지만 성공한 사람이 2000명이라면?

그건 누구나 마음만 먹으면, 노력만 하면, 방향만 제대로 잡으면 할 수 있다는 말이다.

공고에 전문대, IT 업계 경력 14년, 서른네 살에 겨우 시작한 영어강사. 이런 나도 그 2000명에 들어간다. 나보다 못한 사람이 도대체 몇이나 된단 말인가?

'비전 2000'을 통해서 2000명의 성공을 위한 씨앗을 뿌리고 있다. '비전 캠핑카 투어'를 통해 좋아하는 일을 하며 사는 사람들의 살아 있는 현장을 대한이 민국이와 함께 많은 이들과 공유할 것이다. '비전 강연, TED'를 통해서는 이러한 변화 사례가 세계에서 모인 저명한 사람들을 통해 전 세계에 확산되어 재생산되도록 할 것이다.

이것이 성공헬퍼 문성용의 최종 비전이다.

TED와 관련해서 사족을 달자면 소박한 비전이 두 가지 더 있다.

TED 컨퍼런스가 끝날 즈음 참석자들은 투표를 통해 같이 식사를 하며 좀 더 이야기를 듣고 싶은 강사를 뽑는다. 첫 번째 소원은 내가 그 1인에 선정되는 것이다.

두 번째는 참석자 명단에 최소 1명 이상 소리드리머 출신이 있었으면 하는 것이다. 그저 좋아하는 일을 하다 보니 TED 참석자로 초청받을 정도로 저명한 이가 나왔으면 좋겠다. 그래서 나의 이야기를 현장에서 증명해주면 좋겠다.

모두가 자신이 좋아하는 일을 하며, 하루하루 작지만 긍정적인 변화를 이루어가는 세상. 불가능할 것 같지만, 나는 이 비전을 위해 오늘도 내가 하고 싶은 일을 하며 살고 있다.

꿈을 좇으면 영어는 덤이다

영어책부터 던져버려라, 문제는 비전이야!

이제 시즌 1의 마지막 장이다. 앞에서 나는 어떻게 영어강사가 되었는지, 가장 강력한 동기가 무엇인지 설명했다. 다시 한 번 말하자면, 나에게 중요한 것은 영어가 아니라 비전이었다. 돈이 아니라, 하고 싶은 일을 하며 매일 즐겁게 사는 것이었다. 그것이 내가 생각하는 성공이다.

새벽 출근길 지하철에서, 학원으로 가는 강남거리에서 많은 학생들을 지나친다. 그들의 손에는 토익책과 오픽용 스크립트가 들려 있다. 이어폰으로는 토스(토익 스피킹) 강의를 듣고 있다. 카페는 문법에 독해에 단어 암기에 집중하는 이들로 만원이다. 바쁘고, 불안하다.

왜 해야 하는지 묻지 않는다. 아니, 물었지만 답은 이미 정해져 있다.

해야 한다고 하니까. 할 수밖에 없으니까. 그렇게 하루하루를 보내는 것을 최선을 다했노라고 자부한다. 정말 그런가? 그것이 정말 최선일까?

IT 일을 하던 시절 나의 유일한 낙은 돈을 모으는 것이었다. 야근과 철야를 반복하며 돈을 모았다. 7년 동안 아끼고 아껴서 집을 샀다. 스물아홉 살이었다. 작고 허름한 빌라였다. 그래도 행복했다. 아무리 둘러봐도 내게는 세상에서 가장 좋은 집이었다. 하지만 이 행복은 3개월을 넘기지 못했다.

집이 작다는 생각이 들었기 때문이다. 30평대 아파트는 얻어야지 하는 생각이 들었다. 더 열심히 모아야 했다. 다시 7년이 흘러 깨달은 사실은 돈이나 아파트는 결코 나를 행복하게 해줄 수 없다는 것이었다. 내가 하고 있는 일이 즐겁지 않았기 때문이다. 30대 중반에 영어강사가 되었고 다시 9년, 10년이 지났다.

이제 나는 하루의 대부분을 내가 가장 좋아하는 일을 하며 보내고 있다. 그렇다고 힘들지 않은 것은 아니다. 그 어느 때보다 힘들고 아프다. 하지만 비할 데 없이 즐겁고 행복하다. 강의실에 들어설 때마다, 웃으며 반겨주는 수강생들을 볼 때마다, 수업 준비를 위해 사무실로 향할 때마다, 지하철에 앉아 집으로 갈 때도 나는 행복하다.

2010년 전후로 자기계발서는 베스트셀러 목록에 꾸준히 이름을 올리고 있다. 성공하고 싶기 때문일 것이다. 이러저러한 좋은 얘기들, 조언들이 있다. 읽을 때는 가슴이 뛰지만, 하루만 지나도 현실과 부딪치다 보면 새로웠던 결심들은 모두 사라져버린다. 나도 다르지 않았다. 하지만 지금은 다르다. 답을 찾았기 때문이다. 그 답은 단순하지만 명료하다.

"좋아하는 일을 하세요."

많은 이들이 나에게 상담을 요청한다. 그러면 답은 한 가지다.

"좋아하는 일을 하세요."

그다음엔 비전을 세우라고 한다. 당연히 자신이 좋아하는 일을 기반으로 해야 한다. 행복으로 가는 지름길은 이 방법 외엔 없다.

이 길을 가는 것은 힘들다. 주변 사람들의 기대와 다른 길이기 때문이다. 나를 이해해주지 않을 것이다. 많이 기다려야 하고 많이 노력해야 한다. 좋아하는 일이기에 쉬울 것 같지만, 어렵고 불편하다. 나의 경우, IT 일을 할 때보다 지금이 훨씬 힘들다. 왜 그럴까? 더 즐기고 싶고, 더 잘하고 싶기 때문이다. 내가 좋아하는 일이니 누가 시키지 않아도 알아서 더 즐기고 잘할 수 있는 방법을 고민하게 된다. 잠을 줄이게 된다. 그래도 신난다.

그럼 어떻게 해야 하는가? 내가 원하는 전공이 아니라고 당장 학교를 그만두라는 말이 아니다. 내가 좋아하는 일이 아니라고 당장 회사를 때려치우라는 말도 아니다. 정말 내가 좋아하는 일을 하고 싶다면, 첫째

진지하게 고민해봐야 한다. 난 무슨 일을 할 때 가장 행복감을 느끼는가? 지금 하고 있는 일이 나에게 행복감을 주는가? 정보가 필요하다면, 인터넷에만 의존하지 말고 휴가를 내서라도 발품을 팔아야 한다. 관심 있는 분야의 사람들을 만나보고, 가고 싶은 회사도 방문해보라.

이때 주의할 점은, '좋아하는 일을 하면서 산다는 건 불가능해'라는 마음만 버리라는 것이다. 나도 해냈고, 나와 함께 한 많은 소리드리머들도 그렇게 하고 있기 때문이다.

내가 좋아하는 일을 찾았다면, 시간을 들여 준비해야 한다. 내가 하고 싶은 일을 하려면 충분한 준비가 필요하다. 대신 너무 오래 끌면 안 된다. 때로는 과감한 선택이 필요하다. 너무 미루고 재다 보면 스무 살이 서른 살, 서른 살이 마흔 살이 돼버리고 만다. 몰랐을 땐 어쩔 수 없지만, 이 책을 읽고 있는 분들은 이제 알았으니 더는 몰랐다고 핑계를 댈 수 없을 것이다.

비전을 찾아가는 이들에게 중요한 것은 팀이다. 혼자서는 할 수 없다. 비전이 다르고 방향이 달라도 좋아하는 일을 하기 위해 최선을 다하는 사람들과 함께 하는 것이 중요하다. 카페에서 토익책을 볼 것이 아니라, 시간 가는 줄 모르고 꿈 얘기를 나눌 수 있고, 꿈을 향해 함께 노력하는 동료가 있어야 한다. 소리드리머들은 이 일을 매일 하고 있다.

자, 이제 여러분의 손에 들린 것이 무엇인지 보라. 책장에 꽂힌 책들

꿈을 좇으면 영어는 덤이다

이 무엇인지 보라. 그 토익책, 그 토스책이 여러분의 꿈을 이루는 데 필요한가? 필요 없다면 과감하게 버려라. 그리고 그 자리를 자신이 좋아하는 분야의 책으로 채우면 된다.

바리스타가 꿈이라면 커피 원두로, IT 프로그래머라면 컴퓨터와 스마트폰으로, 여행가라면 시간적·금전적 부담이 적은 국내 여행으로 채우면 된다. 물론 내가 들어가고 싶은 회사에서 토익 점수를 원한다면 당당히 토익책을 들면 된다. 대신 시험용 영어 특성상 말하기, 듣기에는 도움이 되지 않으므로, 실력 있는 선생님을 찾아 최대한 짧은 기간 안에 원하는 점수를 내는 것이 좋다. 그리고 남은 시간에 자신이 정말 좋아하는 일에 시간을 쏟아야 한다.

다시 한 번 고민해보라. 나에게 정말 영어가 필요한지. 자신의 꿈을 위해 영어 필요한 분은 시즌 2로 넘어가시라. 여러분을 위한, 말이 되는 영어를 위한 학습방법이 여러분을 기다리고 있을 것이다.

영어가 필요 없다면? 여기서 멈추고 책을 덮으면 된다. 그것이 여러분을 위한 길이다.

NG cut

비전카드 정말 이루어지는가

인생은 불확실한 일들로 가득 차 있다. 당장 오늘 하루를 생각해보자. 학교 가는 길 또는 집에 가는 길에 오늘 무슨무슨 일을 해야 한다고 머릿속으로 그린다. 그리고 집으로 돌아가는 길에 오늘 있었던 일을 돌아본다. 모두 계획대로 실행했는가? 아니면 생각지 못한 일 때문에 변경되지는 않았는가? 아마 후자라고 답하는 사람이 더 많을 것이다. 정말 1치(3.03센티미터) 앞도 모르는 것이 인생이기 때문에, 계획한 대로 사는 건 힘들다. 우리 삶의 룰은 어긋나고 뒤틀리는 성질을 가지고 있어 더욱더 그렇다.

내가 비전 수업을 한다고 소개하면, 간혹 의심의 눈초리로 보는 사람

꿈을 좇으면 영어는 덤이다

이 있다. "꼭 비전카드를 만들어야 하나요?" "비전카드 없어도 잘된 사람이 많잖아요?" "오늘 하루도 어떻게 될지 모르는데 어떻게 미래를 예상해요?" 이런 질문들이 마구 쏟아진다. 나조차도 비전카드를 만들기 전이었다면 한 번쯤 고민했을 법한 질문들이다. 그렇다고 무조건 비전카드를 만들어야 한다고 우길 수도 없다.

그럼에도 불구하고 내가 비전카드를 만드는 이유는 내가 누구인지 알고, 어디로 가야 하는지 알기 위해서다. 그래야 안전하게 갈 수 있고, 길을 잃어도 재빨리 제자리를 찾을 수 있다. 모두가 한 번쯤 생각해봤을 것이다. 인생은 정말 단추 구멍 밀리듯 안 되는 일들만 가득하다고 말이다. 누구나 살다 보면 인생 전체가 흔들리는 일을 겪기도 한다고 말이다. 그렇다. 이때가 문제다. 평소에는 비전을 생각하지 않아도 잘 살 수 있지만, 한 번 흔들리고 나면 방향감각을 상실하고 만다. 그래서 하고 싶은 일이 무엇인지, 꿈이 무엇인지도 잊고 만다.

그러나 이때 비전카드가 있다면 어떨까? 아무것도 분간할 수 없는 칠흑 같은 어둠 속에서도 방향을 찾아나갈 수 있을까? 맞다. 그렇다. 나의 인생이 증명하고, 소리드림을 거쳐간 많은 수강생들이 말해주고 있다. 비전카드는 나침반 같은 존재이기 때문에 우리가 어디로 나아가야 하는지 알려준다. 깅물에서 잃어버린 칼을 찾기 위해 배 위에 표시해봤자 아무 소용이 없다. 하지만 비전카드는 길 잃은 인생에서 방향을 제시한다. 아직도 의심의 눈초리를 거두지 못하고 있는가? 이제부터 실제 사례를 통해 알아보자.

비전! 말하는대로~ 생각한 대로~

999.

구구콘도 아니고 구구구 숫자는 무엇일까? 자물쇠 비밀번호인가?

눈치 빠른 사람은 벌써 아는 눈치다. 그렇다. 바로 카카오톡 메시지 숫자다. 그러나 지워도 지워도 희한하게 숫자가 줄지 않는다. 아침 점심 저녁 할 것 없이 메시지가 들어오기 때문이다. 처음에는 몇 번 지워도 봤는데, 당최 줄지가 않는다. 그래서 진즉에 포기했다. 그리고 그나마 잠잠한 새벽에 확인해본다. 수업 준비를 하다가 잠시 쉴 때 딱 안성맞춤인 취미인 것이다.

하나씩 지워가다 보면 가끔 예전 수강생들이 보내준 메시지가 보인다. 이상하게도 한동안 연락이 뜸한 수강생들이 보내주는 메시지는 읽기 전부터 극도의 흥분감을 준다. 아니나 다를까, 메시지는 굉장히 기분 좋은 소식들로 가득 차 있다.

"코치님 잘 지내시져 >< 저는 소리드림 덕분에 그리구 비전카드 덕분에 하나씩 하나씩 이뤄가구 있습니다!!!! 이번에 원했던 회사에 인턴을

하면서, 30분 영어 피티를 할 기회가 생겼고, 자신 있게 '할 수 있습니다'라고 말했습니다."

메시지를 읽는 내내 수강생이 얼마나 흥분된 기분으로 글을 썼는지가 느껴졌다. 아니나 다를까, 성공적으로 PT를 마쳤고 많은 칭찬과 함께 쇠고기를 얻어먹었다는 이야기를 들으니, 방금 전까지 수업 준비를 하며 쌓였던 피로가 싹 사라졌다.

그 후에도 수업 준비로 몸이 힘들 때면 어떻게 알았는지 비전카드를 보내줬다. 그리고 그때마다 수정된 비전카드를 보면 얼마나 재미있게 노력하고 있는지 알 수 있었다. 계획 세우고 연습하고 실천하고 수정하고 다시 연습하는 일이 완전히 몸에 밴 것 같았다. 그럼 이 수강생은 현재 어떻게 되었을까? 몇 달 전 수강생에게 연락이 왔다. 의료기기 관련 외국계 회사에 취직을 했단다. 몇 해 전만 해도 뭘 해야 할지 몰라 시간만 보내던 청년이 비전을 세우고 실천하니 깜짝 놀랄 만한 결과를 낸 것이다. 그리고 지금은 회사에서 PT를 하고 있다.

정말 놀라운 일이 아닐 수 없다. 가끔은 짧은 시간 안에 이룬 것이라고는 도저히 믿기 어려울 만큼 대단한 결과들도 있다. 비전을 세우고 진

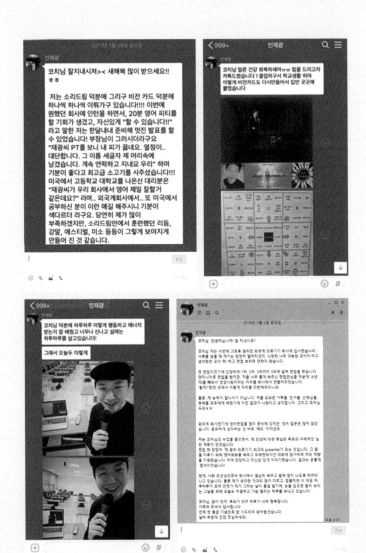

인재광 님의 카카오톡 메세지.

꿈을 좇으면 영어는 덤이다

정한 노력을 다하니 세상에 불가능한 일이 없다. 그 외에도 많은 수강생들이 좋은 일이 생길 때마다 이렇게 메시지를 보내준다.

소리드림 카페에 있는 훈련 성공담의 특징은 모두 비전을 기반으로 이루어낸 성공이라는 것이다. 맹목적으로 영어에만 집중하는 것이 아니라, 자신의 비전을 위해 영어를 배운 성공담 말이다. 그래서 영어는 덤인 것이다. 또한 그 수많은 학생들의 성공은 나의 성공이기도 하다. 왜? 나의 비전카드에 이미 소중하게 들어 있기에.

이 책을 읽고 있는 독자들도 할 수 있다. 나와 소리드리머들도 펜과 스케치북만 가지고 이루어낸 결과물이다. 그러니 여러분도 충분히 할 수 있다고 굳게 믿는다. 우리 모두는 다 될 수밖에 없는 존재다. 된다! 된다! 된다!

SEASON 2.

영어는 덤이다

EPISODE 1.

영어는 말이야!

우리는 영어가 목적이라도 되는 양 살고 있다. 아닌가? 그렇다면 영어를 뭣 하러 10년도 넘게 배우는가? 시간만 들이는 것이 아니다. 많은 돈과 에너지를 영어 배우는 데 소모하고 있다. 그리고 나서 남는 것은 영어 울렁증이다.

우리의 소중한 인생을 투자할 곳은 영어가 아니라, 나의 꿈이 되어야 한다. 내가 정말 하고 싶은 일을 잘하기 위해 필요할 때, 그때 영어를 하면 된다. 내가 하고 싶은 일을 하기 위해 노력하다 보면 어느새 영어는 내 것이 되어 있어야 하는 것이다. 영어는 즐겁게 내 길을 가다 덤으로 얻은 것이 되어야 한다. 실제로 그렇게 될 수 있다.

이 장은 영어를 덤으로 얻는 법과 실제로 그렇게 얻어간 사람들의 이야기다. 기대하셔도 좋다.

Scene #1.

대한민국 사회에서 영어의 의미

암기과목이 된 말, 영어 – 줄 세우기에 쓰이다

영어는 말이다. 언뜻 생각해보면 당연한 말 같지만, 그렇지 않다. 대한민국 사람 대부분에게 영어는 말이 아니라 기술에 가깝다.

재미있는 사실은 대학교 편입시험을 볼 때 많은 학교에서 영어 필기시험만 본다는 것이다. 전공과 상관없이 말이다. 게다가 편입 영어는 국내 어떤 영어시험보다 난이도가 높다.

왜 그럴까? 평생 한 번 쓸까 말까, 아니 어디서 한 번 읽을까 말까 할 정도의 어휘에 대해 물어보고, 말도 안 될 정도로 길고도 어려울 뿐 아니라, 중간에 단어가 숭숭 빠져 있는 지문을 짧은 시간 안에 독해하라

꿈을 좇으면 영어는 덤이다

고 하는 이유는 무엇일까?

물론 대학에서 학문을 하기 위해서는 전공에 관계없이 일정 수준 이상의 영어 실력이 필요하다. 하지만 편입시험처럼 그렇게 어려울 필요가 있느냐는 말이다. 사실 공무원 시험 영어도, 수능 영어도 마찬가지다.

미국인 대학생조차 어려워하는 수준의 영어시험을 보는 목적은 뭘까?

바로 줄을 세워야 하기 때문이다. 영어 수준을 알고 싶은 게 아니라, 수많은 지원자들 중에서 몇 명을 추리기 위해서 영어를 이용하는 것이다.

그러다 보니 영어는 어려운 것, 시험, 외우는 것, 암기과목으로 각인되어 있다. 결국 영어는 뽑는 사람 입장에서는 줄 세우기 위한 기술, 지원하는 사람들 입장에서는 합격하기 위해 수학공식처럼 암기해야 하는 기술에 지나지 않는 것이다.

신분 상승의 수단, 영어 – 상류층만 아는 영어 말하기의 비밀

그럼, 말로서의 영어는 대한민국에 존재하지 않는다는 것인가? 그렇지 않다. 영어 잘하는 사람들 많다. 이들은 마치 원어민처럼 자연스러운 영어를 구사한다. 학교에서 10년 넘게 영어를 배우는데도 외국인만 만나면 영어 울렁증에 시달릴 때 이들은 그런 사람들을 비웃듯이 그냥 잘한다.

어떻게 된 걸까? 비밀이다. 알아낼 수가 없다. 왜? 학교에서도, 영어 학원에 가도, 유명한 회화 인강을 들어도, 영어 말하기는 잡히지 않기 때문이다. 난 안 되나 봐, 영어 소질이 없나 봐 할 때, 또다시 내 옆에서 쏼라쏼라 하는 소리가 들린다. 절망이다. 짜증난다.

그럴 것 없다. 당신 탓이 아니다. 이렇게 말하면 오해할까 겁난다. 하지만 한 번 말해보자. 당신 부모님이 대한민국 상위 1퍼센트 안에 드는 상류층이나 재력가가 아니기 때문이다. 나를 초등학생 때부터 외국인 학교에 보내거나 미국 사립학교에 조기유학을 보내줄 만큼의 재력이 안 되기 때문이다.

부모님이 그런 분이라면 당신은 이 책을 읽고 있지도 않을 것이다. 그래서 여러분에게 영어 말하기는 비밀인 것이다. 적어도 대한민국에서는 그렇다. 그래서 아직도 서점에 가면 영어회화 비법이라며 다양한 종류의 책이 가득 진열돼 있는 것이다. 유튜브와 팟캐스트에도 영어 말하기

꿈을 좇으면 영어는 덤이다

관련 동영상이나 오디오 클립이 넘쳐난다.

왜 우리는 영어 말하기를 잘하고 싶어하는가? 처음에는 잘 모른다. 그냥 할 줄 알면 멋있어 보인다. 나도 자막 없이 미드나 영화를 보고 싶고, 유럽 여행 가서 영어로 말해보고 싶을 뿐이다. 그런 줄 알았다. 하지만 지나고 나면 알게 된다. 대한민국에서 영어 말하기는 신분 상승의 수단이라는 것을. 영어를 능숙하게 구사할 수 있다면, 더 많은 기회를 얻을 수 있다는 것을.

그래서 상류층은 자신들이 가진 것을 더욱더 견고하게 지켜내기 위해서 어릴 때부터 영어를 가르치는 것이다.

나도 어학연수 갈래! - 안 되면 워홀이라도ㅜㅜ

영어 울렁증인 상태로 고등학교를 졸업했다면 이제 남은 방법은 하나밖에 없다. 제대로 영어 말하기를 배우려면 미국으로 가야 한다. 외국인 학교도 조기유학도 가지 못했으니 어학연수라도 가는 거다. 요즘에는 토스니 오픽이니 말하기 시험 성적을 요구하는 곳이 많기 때문이다. 누구처럼 학원 가서 편법으로 점수 받지 말고, 내 실력으로 높은 등급 팍 받아서 제출하는 거다.

흠, 하지만 어학연수도 아무나 가는 게 아니다. 시간과 돈이 있어야 한다. 대학 재학 중에 어학연수를 가려면 학교를 휴학해야 한다. 미국은 비싸니 필리핀으로 갈까?

사실 영어권 국가를 가는 방법으로는 교환학생도 있다. 하지만 어차피 말도 안 되고, 대상자로 뽑힐 리도 없고, 뽑혀봐야 영어로 하는 수업을 어떻게 따라가나? 그림의 떡일 뿐이다. 그러니 어학연수다. 부모님에게 손을 벌려보지만, 대학교 등록금도 버거워하시는데, 이건 내 돈으로 가야 한다. 알바를 해보자. 한 6개월 열심히 일하면 이번 학기 마치고 갈 수 있겠지?

아니다. 이왕 알바 할 거 여기서 하지 말고 현지에 가서 하면 되잖아. 그래, 워킹홀리데이를 가는 거야. 낮에는 영어 쓰면서 돈도 벌고, 오후에는 영어학원 가고, 주말에는 여행도 다니고. 일석삼조다. 게다가 외국인 친구도 사귀고…… 혹시 알아? 외국인 남친, 외국인 여친도 ㅋㅋ

워홀이야 비행기 값이랑 일자리 구할 때까지 체재비만 있으면 된다고 하니, 어려울 게 하나도 없다. 어디로 갈지만 정하면 된다. 미국? 캐나다? 호주? 영국? 6개월 있으면 나도 '미쿡인'처럼 말할 수 있을 것이다. 렛츠기릿!!! 음, 아닌가? 렛츠고!

꿈을 좇으면 영어는 덤이다

환상 속에 영어 I – 해외편

내가 어학연수 갔다 온 것을 알리지 마라

자고로 "말은 제주도로 보내고, 사람은 서울로 보내라"라는 속담이 있다. 그만큼 환경이 중요하다는 말이다. 그럼 우리도 영어를 배우려면 미국 같은 영어 사용 국가에 가야 하는 걸까?

아직도 많은 학생들은 '그렇다'라고 생각하는 것 같다. 땅값 비싼 강남에 버젓이 자리 잡은 유학원(대부분의 유학원이 유학과 어학연수 업무를 함께 다룬다)들을 보라. 얼마나 많은 사람들이 어학연수를 위해 유학원을 찾는지 쉽게 짐작할 수 있다. 어학연수는 보통 6개월, 길면 1년 정도를 계획한다. 연수 기간 동안 학생들은 어학원에서 수준별 수업을 받고, 나머지 시간은 친구들과 어울린다. 다운타운에 가서 쇼핑도 하고, 금요일에는 현지인들과 파티도 할 수 있다. 물론 인근 도시로 여행을 갈 수도 있다. 이처럼 현지에서 영어를 사용하며 다양한 경험을 할 기회가 널려 있다.

그러나 불행하게도 소수의 학생들만이 어학연수의 목적에 걸맞은 생활을 한다. 대부분의 학생들은 어학연수가 아닌 장기 해외 체류를 하고 있다. 현지 교육기관 중 많은 곳이 수강료만 내면 다닐 수 있는 사설 어학원이다. 대체로 대학 부설 어학원보다 교육 과정이나 선생님의 수준이 떨어진다. 그뿐만이 아니다. 같은 반 학생들 중 상당수는 중국이나 일본 또는 유럽에서 온 학생들이다. 그들도 우리처럼 영어가 서툴다. 수업 방식은 어떠한가? 선생님들은 외국 학생들이 알아들을 수 있게 또박또박 발음해준다. 한국에 있는 어학원에서 원어민 회화 수업을 듣는 것과 다를 바 없다. 당연히 연수 학생들은 어학원에서 영어를 열심히 해야 할 필요를 느끼기 어렵다. 또한 도시마다 한국인 커뮤니티가 있어서 영어를 못해도 일상생활이 불편하지 않다.

상담을 하다 보면 어학연수 갔다 온 수강생들을 만나곤 한다. 안타깝게도 그들은 "영어가 늘지 않았어요" 또는 "연수 가서 집에서 미드 보면서 공부했어요"라고 말한다. 이렇듯 영어 환경이 갖춰졌다고 영어가 저절로 늘지는 않는다. 연수 목적이 확실해야 하고, 연수 전부터 영어를

꿈을 좇으면 영어는 덤이다

구준하게 준비할 필요도 있다.

이것만은 알아두자! 어학연수는 없던 영어 실력을 키워주지 않는다. 단지 영어를 사용할 많은 시간과 기회를 줄 뿐이다.

워킹홀리데이

어학연수는 워킹홀리데이(이하 워홀)에 비하면 그나마 사정이 낫다. 일을 하지 않아도 생활은 할 수 있기 때문이다. 남들 일할 시간에 외국인 친구들과 놀고, 주말에는 도시 주변 관광지로 여행 다니면서 사진 찍고, 즐거운 추억을 쌓으며 다양한 경험을 할 기회는 널려 있다.

하지만 워홀을 갔다 온 사람들, 이른바 워홀러들은 돈만 벌다 오거나 아니면 돈은 못 벌고 일만 하다 돌아온다. 영어로 의사소통이 안 되기 때문이다.

원래 워홀의 목적은 청년들이 다른 나라를 여행하면서 많은 것을 보고 듣고 배우는 것이다. 그래서 여행 중 돈이 부족하다면 일을 해서 여행 경비를 벌 수 있도록 만들어놓았다. 당연히 일을 하기 위해서는 해당 국가의 말을 할 줄 알아야 한다. 영국 청년들이 호주 워홀을 많이 가는 이유이기도 하다. 언어가 통하니, 돈이 필요할 때마다 일하면서 여행을 할 수 있다. 비단 영국만이 아니다. 다른 유럽 국가 청년들도 해당 국가의 언어를 열심히 공부해서 간다. 그들에게 워홀은 휴가vacation이기 때문이다.

그러나 언제부터인지 우리나라 청년들은 영어를 배우러 워홀을 간다. 영어는 배우고 싶은데 어학연수 갈 돈이 없으니 워홀이 대안으로 떠오른 것이다. 영어 배우면서 일도 할 수 있고, 나중에는 일하며 번 돈으로 여행까지 할 수 있다고 하니 망설일 이유가 없다. 생각만 해도 얼마나 좋은가? 무엇보다 부모님에게 손 벌리지 않아도 된다.

가장 많은 청년들이 찾는 호주를 예로 들어보자. 호주는 신청만 하면 비자가 나온다. 때문에 우리나라 워홀러들은 호주를 선호한다. 토익 점수 제출이나 자기소개서를 쓸 필요가 없으니 편하다. 호주 가서 일하려면 영어 공부를 해야 하는 건 알지만 비행기 값이 먼저다. 상황이 이러니 알바를 하느라 영어는 나중이다. 출국 전에는 한동안 보지 못할 친구들도 만나야 한다. 매일이 약속이고 술자리다. 술자리에서 친구가 추천해준 『그래마 인 유즈Grammar in Use』가 생각나서 일단 책은 사둔다. 캐리어도 사야 한다. 매일 준비하느라 바쁘다. 그러나 여전히 영어는 뒷전이다.

부푼 꿈을 안고 공항에 도착한다. 하지만 영어를 못하니 일자리 구하기가 힘들다. 미리 준비해둔 이력서 50장을 다 돌린다. 그러나 연락은 없다. 오지잡Aussie Job(호주인이 고용하는 일자리)은 꿈같은 이야기다. 한인잡(한국인이 고용하는 일자리)이라도 구하게 해달라고 기도해본다. 운

꿈을 좇으면 영어는 덤이다

좋게 일자리를 하나 구한다. 그런데 키친핸드, 즉 주로 하는 일이 접시 닦기와 음식물 쓰레기 치우기 같은 것이다(남자는 키친핸드, 여자는 초밥 만들기를 많이 한다). 그것도 모자라 2주는 수습 기간이라 주급이 없다. 도망가는 애들이 많아 주급 중 일부는 떼고 주는 곳도 있다. 영어를 못 하니 대놓고 최저임금보다 더 낮은 금액을 주기도 한다. 불법이지만 일 자리 잃을까 봐 따지지도 못한다.

그래도 영어는 늘지 않을까? 늘지 않는다. 대부분 단순노동이라 영어 를 쓸 기회가 거의 없다. 그릇만 잘 닦으면 되고, 초밥만 잘 만들면 된 다. 운 좋게 서빙을 하게 돼도 주문 한 번 잘못 받으면 끝이다. 일이 단 순하니 같은 상황만 반복된다. 자연히 쓰는 영어만 쓰게 된다. 그리고 매일 저녁 집에 돌아가며 생각한다.

'힘들어서 그만두고 싶지만, 이거라도 벌어야 이번 달 셰어비(숙박비) 라도 내지.'

'농장은 정말 힘들다고 하던데……. 그래도 농장 가서 돈 모은 다음에 영어 배우러 어학원이나 갈까?'

'엄마 아빠한테 영어 잘해서 가겠다고 큰소리치고 왔는데……. 한국 들어가기 전에 필리핀이라도 가서 영어를 배워야 하나?'

'친구들은 워홀 갔다 오면 영어 잘하는 줄 알 텐데 어떡하지?'

결국 고민만 하다가 워홀을 중단하고 귀국하거나 영어는 포기한 채 일만 하기도 한다.

그렇다면 영어를 준비한 사람들은 워홀을 어떻게 보낼까?

하루는 호주에 있던 소리드림 수강생이 사진 2장을 보내왔다. 외국인들과 찍은 사진이었다. 여행에 필요한 약간의 돈을 번 뒤, 얼마 전부터 호주 여행을 시작했다고 한다. 그러고는 여행길에 만나는 사람들과 이야기하고, 기념하기 위해 찍은 사진을 모아 보내준 것이다. 듣자 하니 세계 30여 개 나라에서 온 40~50명에 달하는 사람들을 인터뷰했단다. 나름대로 프로젝트 이름도 지었다. 자신의 영어 이름을 딴 'Colton's project!'다. 세계 각국의 사람들과 대화를 나눌 수 있어 무척이나 재미있었다고 했다. 만약 한국에서 영어를 준비해서 가지 않고, 알바만 하다 갔다면 절대 시도하지 못했을 것이라며 고맙다고도 했다.

워홀은 청년들만이 누릴 수 있는 즐거운 경험이다. 호주, 캐나다, 뉴질랜드, 영국, 아일랜드, 어디든 상관없다. 영어만 된다면 그 나라의 멋진 자연경관을 즐기고, 문화를 배우며 현지인들과 어울릴 수 있는 좋은 기회다. 그러나 영어 배우기가 목표가 되면, 어느 것 하나 즐기기 어렵다. 캐나다로 워홀 간 한 수강생은 이런 말을 했다. "요새는 인종차별보다 언어차별이 더 심해요. 그래서 우스갯소리로 우리들끼리 영어 못해서 고생한 사람은 많아도, 영어 잘해서 고생한 사람은 없다고 말해요."

　워홀러들이여! 기억하자. 워홀은 영어를 배우러 가는 것이 아니라, 영어를 배우고 가는 것이다.

호주에서 워홀 생활을 한 수강생이 보내준 사진.

　　　　　　　　Episode 1. 영어는 말이야!

환상 속에 영어 Ⅱ – 국내편

팟캐스트! 왕초보를 위한 강의?

앞에서 이야기한 것처럼 어학연수나 워홀의 효과는 사람마다 다르다. 만족하는 사람이 있는 반면, 그렇지 못한 사람도 있다. 경제 수준에 따라 고를 수 있는 교육 과정도 천차만별이고, 그에 따른 현지 생활도 달라진다. 무턱대고 떠나자니 '잘할 수 있을까?' 하는 걱정이 앞선다. 큰 돈이 드는 일이다 보니 본전 생각에 부담이 되기도 한다. 한편으로 돈 때문에 영어 못한다고 하니 억울한 생각도 든다. 그러나 아직 포기하기는 이르다. 팟캐스트가 있기 때문이다.

팟캐스트의 장점은 어디서나 쉽게 들을 수 있고 무료라는 것이다. 학교 가는 길이건 출퇴근길이건 문제없다. 요즘은 버스나 지하철에서 심심치 않게 팟캐스트로 영어 공부하는 사람을 볼 수 있다. 게다가 콘텐츠도 다양하다. 초보를 위한 강의부터 원어민이 하는 방송까지 다양해서 원하는 방송을 골라 들을 수 있다. 무엇보다 팟캐스트의 장점은 무료라는 것이다. 부담 없이 공부할 수 있다니 얼마나 좋은가.

그러나 이러한 장점에도 불구하고 이제 막 영어를 시작하는 사람에게는 권하고 싶지 않다. 노력에 비해 얻는 것이 적기 때문이다. 일단 나에게 맞는 팟캐스트를 찾기가 어렵다. 초보자는 어떤 강의가 자신에게 좋은지 알 수 없어 찾는 데 시간이 많이 걸린다. 혼자 찾기도 어렵거니와 주위 사람들에게 물어보다가 시간 다 보낸다.

딱 맞는 방송을 찾았다고 해도 꾸준한 학습이 힘들다. 무엇이든지 처음 시작할 때 중요한 건 동기부여다. 어떤 강의든 강사들이 계속 '할 수 있다!'고 강조하는 이유이기도 하다. 하지만 팟캐스트는 녹음된 강의다. 아무리 강의를 잘한다고 해도 보이지 않는 청취자의 기분까지 맞춰서 녹음을 할 수는 없다.

게다가 꾸준한 학습이 힘들다. 바쁘다 보면 미루는 일 중 하나가 공부다. 팟캐스트도 마찬가지다. 만약 없는 시간에 쪼개서 강의를 듣는다 하더라도 매일 연습하기가 쉽지 않다. 원하는 시간에 아무데서나 영어 공부를 할 수 있어 편하다는 이야기는 반대로 말하면 강한 의지가 없으면 그만두기 쉽다는 뜻이다. 실제로 많은 사람들이 팟캐스트 창에서 아래와 같은 문구를 보게 된다.

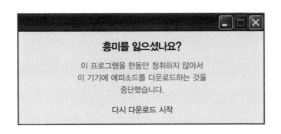

다시금, 혼자 영어 공부하는 것이 얼마나 어려운지 느끼게 된다. 따지고 보면 우리는 팟캐스트로 또다시 영어 공부를 했다. 훈련하지 않았다는 말이다. 헬스장 끊어놓고 몇 번 안 가는 것과 같다. 영어는 말이니 자꾸 큰 소리로 뱉어야 한다. 하지만 팟캐스트로 영어를 하는 것은 듣기에는 좋지만 훈련에는 적합하지 않다. 혼자 하기가 힘들다. 그래서 팟캐스트로 영어 실력이 많이 늘었다는 사람을 찾기가 어려운 것이다.

토익은 신新기술이야? 토스도 신神기술이야

이제 돌고 돌아 다시 토익이다. 영어는 해야겠고 혼자 공부하는 건 일단 작전상 후퇴다. 딱히 취직하고 싶은 회사도 없다 보니 보험 삼아 이번 방학에는 토익을 끝내기로 한다. 직장인도 별반 다르지 않다. 야근하

꿈 을 좇 으 면 영 어 는 덤 이 다

고 회식하다 보면 영어 공부는 매번 같은 곳만 맴돈다. '영어 그만해야 겠다'는 생각이 드는 순간 승진을 하건 이직을 하건 영어 점수가 필요하기 때문에 손해 볼 건 없다는 생각이 따라온다. 시험 영어가 우리가 원하는 진짜 영어가 아니라는 것을 알면서도 '어쨌든 이것도 영어니까 도움이 되겠지' 하고 되뇌기 시작한다.

이런 사람들의 심리를 가만히 지켜보기만 할 토익 학원들이 아니다. 단 두 달 만에 토익을 끝낼 수 있다고 장담한다. 그것도 모자라 이제는 점수도 보장해주고, 목표 점수 달성 시에는 수강료도 돌려준다고 한다. 물론 까다로운 환급 조건은 비밀이다. 그나마 불행인지 다행인지 이제는 자신들의 정체를 숨기지 않는다. 즉 더 이상 토익이 영어라고 이야기하지는 않는다. 대신 오히려 더 나은 정답 찍기 기술을 가지고 광고한다. 심지어 기술을 넘어선 새로운 기술이 있으니, 모두들 자기네 학원으로 오라 손짓한다. 여기까지는 아직 봐줄 만하다. 더 이상 자신의 정체를 속이고 있지 않으니 말이다.

그렇다고 취직을 위한 줄 세우기식 영어시험이 없어진 건 아니다. 이제 토익의 역할은 토익 스피킹(토스)과 OPIc(오픽) 같은 말하기 시험이 대신한다. 기업들이 영어 말하기 능력을 중시하겠다고 하자, 영어 말하기 시험이 등장한 것이다. 영어라고는 토익밖에 모르던 사람들이 호들갑을 떨기 시작한다. 그리고 순진하게 영어 말하기 시험이니, 실제로 영어 말하기를 잘해야 높은 점수를 받을 것이라고 생각한다.

그때 짠! 하고 다시 영어학원들이 나타난다. 두 달이면 원하는 점수가 가능하다고 광고한다. 그러자 학생들은 다시 학원으로 모이기 시작한다. 학원은 수강생들에게 모범 답안을 나눠준다. 달달 외우라고 한다. 마치 하늘에서 신神이 내려와 정답을 알려주는 느낌이다. ―스터디 시간에도 내 생각이나 느낌을 말할 필요는 없다. 수업시간에 나눠준 핸드아웃(일명 템플릿)을 잘 외우기만 하면 특별히 두려워할 것도 없는 스터디다. ― 이제는 한 달도 필요 없다. "2주면 된다." 조금 지나니 "1주면 된다"고 주장하고, 급기야 이제 3일만 수업을 들으면 된다고 한다. 그래도 점수는 나온다. 토스 Lv 6이고, 오픽 IM이다. 공부한 것에 비하면 만족할 만한 성적이다.

성적을 확인하다가 등급별 수준을 본다. IM 등급을 받은 사람의 수준은 "일상적인 소재, 익숙한 상황에 대해서 자연스럽게 말할 수 있음"이라고 나와 있다. 왠지 씁쓸하다. 아직도 외국인 앞에서 말도 못하는 내가 익숙한 상황에서 말할 수 있는 사람이라니. 난 여전히 영어 말하기 알지 못하는 사람, '말알못'인데 말이다.

이처럼 영어 말하기 시험을 봤다고 영어 말하기가 늘었다고 생각하면 착각이다. 다른 영어시험처럼 그저 열심히 외웠을 뿐이다. 학원들은 애당초 영어 말하기는 가르칠 생각이 없는 것이다.

아직 깨지지 않은 환상, 영어 말하기(feat. 영어가 안 되면, 우리 학원!)

이제 할 수 있는 건 다해봤다. 영문법 책도 사보고, 토익 학원에 영어 말하기 시험 그리고 워홀까지 갔다 왔다. 하지만 여전히 영어는 넘을 수 없는 벽이다. '할 만큼 했으니 그만할까?' 하는 생각이 들지만, 아직 집에 쌓여 있는 영어책들을 버릴 수가 없다. 도대체 다른 사람들은 어떻게 영어를 잘하는 걸까?

이때다! 솔깃한 광고 카피가 눈에 들어온다. "이 가격 마지막, 마감 임박, 한정판매." 언뜻 보기에도 굉장히 많은 양의 강의를 묶어놓았다. 일단 사두면 적어도 손해는 보지 않을 것 같다. 마감 임박 메시지도 계속 깜빡거린다. 주위에서 너도나도 샀다는 걸 보니, 일단 하나 사두기로 한다. 내가 안 보면 가족이나 친구에게 주면 될 테니까. 어쨌든 가성비는 훌륭해 보인다. 토익부터 토스 그리고 오픽까지 없는 강의가 없다. 백화점이 따로 없다. 강의 목록을 보고 나름대로 계획도 세워본다. 토익부터 시작해서 영어회화까지 하는 거다. 수강기한도 넉넉하니 충분히 다 할 수 있을 것 같다.

그런데 이상하다. 시간이 지나도 듣는 강의만 듣게 된다. 다시 생각하니 종류만 많았지, 꼭 필요한 강의는 많지 않다. 끊어놓고 하나밖에 못 들으면 뭔가 손해 보는 느낌이다. 그래도 도움 될 것 같은 강의 하나 억지로 찾아 듣는다. 꾸역꾸역 들으면서도 '이게 맞나?' 싶은 생각도 든다.

마치 종합과자 선물세트 속에 먹고 싶은 건 한두 개고, 나머지는 다 안 좋아하는 과자만 한가득 들어 있는 느낌이다. 담에는 그 돈으로 내가 좋아하는 과자만 사 먹어야겠다.

이제는 하나만 하기로 한다. 필요한 건 영어 말하기니까, 영어 말하기만 전문적으로 하는 업체들을 찾아본다. 안 그래도 TV에서 보았는지 엄마도 알아보라고 한다. 한 마당에 같이 들을 만한 강의를 찾기 시작한다.

진짜 세상이 많이 변했다. 이제는 할아버지 할머니도 카톡으로 안부를 묻고, 온라인 쇼핑몰에서 물건을 산다. 기회가 되면 해외여행도 몇 번씩 나간다. 자연스레 간단한 영어 정도는 하고 싶어한다.

이 틈새를 파고든 것이 현재 온라인을 기반으로 한 영어 말하기 업체다. 마치 왕초보를 위해 오랫동안 강의 준비를 해왔던 것처럼 광고한다. 그러나 자세히 들여다보면 강의 내용은 5년 전, 10년 전과 별반 다르지 않다. 바뀐 것이 있다면 유명 연예인을 앞세운 광고와 그럴듯한 홈페이지다. "물 들어올 때 노 젓는다"고 TV, 버스, 지하철 안 보이는 곳이 없다. 영어가 안 되면 어서 오라 하고, 다른 곳의 강의를 가져오면 보상도 해주겠다고 한다.

심지어 단 두 달 내에 미드를 볼 수 있다고 장담하는 곳도 있다. 참 기가 찰 노릇이다. 놀랄 일이 아닐 수 없다. 단기간 동안 이렇게나 성취도를 극대화할 수 있는 수업이 있다면, 교육부 장관 및 시도 교육감을 비롯하여 일선 공무원들은 공교육에 도입하지 않고 무엇을 하고 있는지 모르겠다.

딱 봐도 뻥카 같은데, 너도나도 결제를 한다. 그러자 이제는 아예 맞춤형 강의까지 쏟아져 나온다. 다 어디서 본 듯한 비슷한 내용을 사람만 바꾼 것 같다. 이제는 너무 많다 보니 뭐가 뭔지도 모르겠다. 대신 광고의 강도는 한층 세진 것 같다. 10시간이면 된다고 한다. 오픽은 3일이었는데, 영어 말하기가 10시간이라니…… 와우! 신세계다.

사람들도 알고 있다. 하루 10분만으로 영어가 늘지 않는다는 것을. 강의시간은 준비한 내용에 따라 달라질 뿐이다. 영어 수업이 길어서 집중을 못 한 것이 아니다. 강의가 재미없어서다. 또 머릿속에 억지로 지식을 넣어줄 수도 없다. 영상 시청 같은 단순반복으로는 말하기가 늘 수 없다. 시간만 시원하게 날려먹는 꼴이다.

지금까지 누구도 영어 학습법을 의심할 수 없었다. 유명 연예인에 눈이 멀어 앞을 볼 수 없기 때문이다. 이제 한 걸음 물러나 넓게 바라보자. 그동안 보이지 않던 것들이 보이기 시작할 것이다.

NG cut

그것이 알고 싶다. 기획강의

　친구들과 약속을 하게 되면, 만날 장소에 어떤 맛집이 있는지 검색하게 된다. 요즘은 너도나도 맛집이라고 광고하는 통에 고르기가 쉽지 않다. 적어도 믿을 만한 블로그 글 하나 정도는 확인해야 안심하고 가게 된다. TV에 방영된 맛집이라는 현수막이 있으면? 요즘은 이마저도 믿기 힘들다. 과장해서 말하자면 방송에 나오지 않은 맛집은 찾아보기 힘들 정도로 많아졌고, 돈을 받고 쓴 홍보 블로그도 많다. 오죽하면 네이버가 파워 블로거 제도를 없앴을까? 처음에는 음식점 정보가 많으면 좋을 줄 알았는데, 막상 늘어나니 고르기만 더 힘들어졌다.

　이는 맛집에만 국한되지 않는다. 잘되는 것이 있으면 유사한 것이 나

　　　　　　꿈을 좇으면 영어는 덤이다

오기 마련이다. 허니버터칩, 순하리, 벤치파카 등등 그런 예는 수없이 많다. 서점가도 영어학원도 마찬가지다. 영어회화 시장도 다르지 않다. 너도나도 다들 자기가 기초영어 전문가라고 내세우는 통에 진짜를 찾기가 어렵다. 기초영어 시장이 돈 좀 된다고 판단했는지 신규 업체들도 우후죽순 생겨났다. 그러고는 마치 오래전부터 있었던 것처럼 광고를 하고 강의들을 마구 찍어댄다. 기획상품의 탄생이다.

이름만 대면 쉽게 알 수 있는 업체부터 군소업체들까지 모두 기초영어 시장에 목숨을 걸고 있다. 심지어 비법(기술이나 공식)이 있다고 말할 정도다. 그도 그럴 것이 요즘은 누구나 간단한 영어회화 정도는 하고 싶어하기 때문이다. 여행을 가도 현지인과 간단한 대화 정도는 하고 싶고, 어릴 때부터 영어에 익숙한 자식들에게 '꿀리지' 않으려면 영어회화 정도는 배워야 하는 것이 우리네 현실이다.

상황이 이렇다 보니 업체들이 바빠졌다. 이러한 흐름을 놓칠 수 없기 때문이다. 그런데 문제는 준비할 시간이 충분하지 않다는 것이다. 그동안 돈 안 된다고 토익보다 항상 홀대하던 시장인데, 제대로 준비된 강사와 수업이 있을 리가 없다. 어쩔 수 없이 기존 강사 모셔다가 예전 강의 내용 중에 '회화스럽게' 생긴 것들만 뽑아 강의를 찍는다. 예전에 문법을 했건, 토익 토플을 했건, 오픽이었건 중요하지 않다. 그리고 있을 법한 변화 사례들을 한 건당 30만~50만 원씩 돈 주고 사서는 그럴싸한 광고 문구를 붙여서 판매한다.

만약 기획해서 만든 강의가 좋은 강의라면, 굳이 돈으로 후기를 살 필요가 있을까? 그리고 그 후기들을 광고할 필요가 있을까? 필요도 없거니와 그래서도 안 된다. 만약 강의를 듣고 변화된 사람들의 후기를 싣기 위해서는 적어도 1년이라는 시간이 필요하다. 왜냐하면 만들어진 강의가 하루아침에 후기를 낼 수는 없기 때문이다.

그럼에도 불구하고 소비자는 또 속고 만다. 생생한 사례들도 있고, 광고도 그럴 듯하니 일단 믿어보는 것이다. 결과는? 뻔하다. 오프라인 강의로 만든 제대로 된 성공 사례 하나 없는 강사가 온라인 강의를 한다고 갑자기 안 되던 영어를 되게 해줄 수 있을까? 똥인지 된장인지 먹어봐야 맛을 아는 게 아니다.

이렇게 말하면 오해하는 사람이 있을 수 있겠다. 그러나 기획강의가 무조건 나쁘다고 말하는 것이 아니다. 소비자의 필요에 맞춘 건 좋을 수밖에 없다. 전자제품을 예로 들어보자. 사물인터넷IoT 기술이 탑재된 가전제품은 굉장히 편리하다. 거실 등이나 보일러를 켜고 끄는 것부터 가전제품 작동까지 손쉽게 할 수 있다. 그래서 요즘 이런 기술을 탑재한 제품은 소비자들에게 인기가 많다.

그러면 얼리어답터들은 재빠르게 구입해 사용해보고 후기를 올린다. 사람들은 그들의 반응을 보고 구매를 결정한다. 스마트폰도 마찬

꿈을 좇으면 영어는 덤이다

가지다. 이렇게 후기를 통해 더 나은 선택을 할 확률이 높고, 만약 구매 후 후회하더라도 되팔 수 있다.

그러나 기획된 영어 강의는 효과가 있는지 없는지 파악하는 데 많은 시간이 걸린다. 일단 결제했으니, 일정 기간은 수강해야 호불호를 알 수 있기 때문이다. 하지만 강의를 다 듣고 나서 강의가 도움이 되지 않는다고 판단할 때는 이미 늦었다. 지나간 시간을 되돌릴 수가 없기 때문이다. 전자기기나 제품처럼 몇 번 써보고 알 수가 없다. 초중고 10년 동안 영어가 되지 않았음에도 아직도 이런 시간 낭비를 하는 건 영어에 대한 의지를 꺾는 일이다.

안타깝지만 현실이 이렇다. 영어는 길게 봐야 하는데, 다들 너무 조급해한다. 10년을 지켜봤지만 변한 건 하나도 없다. 안타까운 상황만 반복될 뿐이다. 그래서 알려주고 싶었다. 좋은 강의를 고르는 법, 좋은 강사를 고르는 법을 말이다.

오프라인 강의를 확인하라!

온라인 강의를 구매하기 전에 대개 맛보기 강의를 시청하기 마련이다. 모든 학원과 강사들은 이 맛보기 강의를 통해 구매자들을 유혹하기 위해 최선을 다한다. 재미있고, 될 것 같은 인상을 주어야 하기 때문이다. 강사나 학원이나 이 맛보기 강의에 사활을 건다. 재미없을 수가 없다. 다 그럴 듯하다. 마트 시식코너와 같다. 시식코너에서 주는 걸 먹을 때는 맛있었는데 막상 집에서 만들면 그 맛이 안 난다. 살짝 맛볼 때랑 다르다.

인강도 마찬가지다. 맛보기 강의는 재미있었는데 거금을 결제하고 2강, 3강을 들어보면 실망하기 일쑤다. 학원에서는 인강별로 완강률 통계를 내는데, 대부분 처참한 수준이다.

완강률이 저조하다는 건 수강생의 문제일 수도 있다. 게을러서 끝까지 못 듣는 거다. 하지만 정말 좋은 강의라면, 어떻게든 수강생이 끝까지 듣고 실력을 쌓을 수 있게 해야 한다. 그게 강사의 실력이고 좋은 영어학원의 능력이다.

그래서 오프라인 수업현장에 직접 가보길 권한다. 스마트폰 하나로 무엇이든 검색 가능한 세상이다. 그러나 우리가 필요한 정보는 없는 경우가 더 많다. "이 강의 좋아요", "이 선생님 잘해요" 같은 후기만 보고는 제대로 알 수 없다. 실제 수강생 수라든가 수업 분위기는 글만 봐서는 알기 어렵다. 직접 가보면 바로 알 수 있다. 강의실을 직접 보고, 수업을 듣고 나오는 학생들과 엘리베이터만 같이 타봐도 어떤 수업인지 쉽게 알 수 있다.

꿈을 좇으면 영어는 덤이다

강의의 태생을 확인해보라

사람들은 '오프라인에서 잘되니까 온라인으로도 만들었겠지'라고 생각한다. 그러나 큰 착각이다. 오프라인에서 유명한 강의가 온라인 강의로 만들어지기도 하고, 드물기는 하지만 실력 있는 분들 중에 오프라인 없이 온라인 강의만 하는 경우도 있다.

이 둘 중에 하나를 고른다면, 나라면 당연히 오프라인 강의를 통해 노하우를 쌓고 실력이 검증된 강의, 오프라인 경험을 바탕으로 만들어진 온라인 강의를 들을 것이다.

오프라인 강의를 한다는 것은 매일 수업 준비를 하고, 수강생들에게 평가를 받는다는 이야기다. 평가가 좋으면 수강생 수가 많고, 그렇지 않으면 폐강할 수밖에 없다. 그러니 이렇게 오프라인에서 오랫동안 자리를 지켜온 강의라면 믿고 들을 만한 것이다.

담당자에게 전화 걸어 실제 수업을 듣고 변화된 학생이 맞는지 물어보라!

돌이켜보면 1990년대는 우리나라의 영어교육은 춘추전국시대와 같았다. 토익 시험이 보편화되면서 너도나도 토익 공부를 했고, 유명 인기강사의 수업을 등록하기 위해 문 열리기 전 새벽부터 줄은 선 직장인들의 모습을 볼 수 있었나. 그리고 상황이 여의치 않은 사람들은 영어책을 보며 공부하기 바빴다.

나도 그중 하나였다. 당시 신박한 영어학습법 책을 읽고는 '이제 나도 영어를 할 수 있어!'라는 희망찬 마음으로 책에 나오는 대로 영어 공부를 시작했다. 무작정 따라 하는 것 하나만큼은 누구에게도 지지 않을 자신이 있어서인지 처음에는 열심히 했다. 그러나 몇 개월이 지나도 실력이 오를 기미가 보이지 않았다. 그래서 그때는 내가 언어에 소질이 없는 사람이라고 생각했다. 이렇게 지쳐 포기할 때쯤 나 같은 사람이 한둘이 아니라는 것을 알게 되었다. 그리고 언론을 통해 다 꾸며낸 이야기라는 사실을 알게 되었다. 그때, 참으로 허무했다. 사기를 당한 듯한 기분에 억울하기도 했다.

그나마 다행인 건 노력이 부족한 것이 아니라 방법이 잘못 되었다는 것이다. '나도 책에서 나오는 사람처럼 바뀔 수 있어'라는 막연한 희망에 눈이 멀어 무조건 학습법과 결과물을 믿었던 것이 잘못이었다. '실제 변화 사례인지?', '한두 사례를 가지고 일반화한 것인지?' 등을 직접 확인했어야 했다.

우리에게 필요한 건 가짜의 변화 사례도 아니고, 극소수의 사람에게만 해당하는 영어학습이 아니다. 그러니 후기나 광고가 의심이 간다면 많은 사람들에게 도움이 될 학습법인지 직접 전화해 확인해보자. 시간도 돈이다.

그럼 방법은 하나다. 직접 전화해서 물어보자. 그리고 자세한 사례를

꿈을 좇으면 영어는 덤이다

요청해보자. 전과 후가 어떻게 다른지 우리의 눈과 귀로 직접 확인하는 것이다. 설마 전화한 고객에게 거짓말을 하겠는가? 그러면 그들은 정말 영어로 돈이나 벌고 싶어하는 사기꾼에 불과하다.

Before & After를 확인하자!

제품을 구입하기 전에 우리는 후기를 살펴본다. 온라인으로 옷을 사든 전자제품을 사든, 먼저 구입한 사람의 후기는 지를지 말지를 결정하는 중요한 요소다. 후기는 영어 강의를 고를 때도 중요하다.

일단 홈페이지로 가보자! 맨 처음에 보이는 건 수강생들의 짧은 수강 소감이다. 좋은 말로 가득하지만, 왠지 믿음이 안 간다. 아는 사람도 아니고 만나본 적도 없는 사람이 하는 말이니 더욱더 그렇다. 홈페이지를 조금 내리니 인터뷰 영상이 있다. 이것도 크게 믿기지는 않는다. 이제 막 영어를 시작한 사람의 인터뷰라니……. 영상을 보고 나서도 여전히 반신반의한다.

그래서 다른 곳을 가보기로 한다. 이번에는 영어로 말하는 영상이 있다. 일단 이제까지 본 중에 제일 낫다. 그런데도 아직 의문이다. '원래 잘하던 사람은 아닐까?' 아니면 '질문과 답을 정해놓고 짜고 친 건 아닐까?'라는 생각도 든다.

이런 의심을 알았는지 요즘 학원들은 Before & After 형식으로 후기

영상을 올린다. 확실히 전과 후의 실력을 눈으로 확인하니 마음이 놓인다. 그중에는 유명 연예인이나 일반인 한두 명의 영상을 올리는 경우도 있다. 그러나 그것보다는 일반적인 수강생의 변화 영상이 많은 곳이 좋겠다. 한두 명이야 어떻게 꾸며낼 수 있겠지만, 그 많은 사람들은 다 어떻게 꾸며낸단 말인가? 그러므로 학원이나 업체가 제공하는 후기를 볼 때는 글보다는 영상, 우리말 인터뷰보다는 Before & After를 확인해야 한다.

참고로 소리드림은 Before & After보다 더 확실한 녹음파일과 영어일기 등을 매일 다음카페에 업로드하도록 안내한다. 녹음파일과 영어일기는 매일 하도록 권장하고 그 결과물을 카페에 업로드하도록 하는 것이다. 녹음파일과 영어일기에 대한 자세한 이야기는 뒤에서 하기로 하자!

내 권리는 내가 찾는 것이다!

내가 걱정하는 것이 있다. 모두가 유명 연예인을 앞세워 광고만 하고, 강의 개발은 뒷전이라면 몇 년 안 가 영어회화 시장이 망가질 것이라는 점이다. 영어학원이나 업체에 대한 불신만 커질 것이다. 시류에 따라 졸속으로 만들어낸 기획강의, 영어회화 인강들은 결국 소비자를 속이는 것이기 때문이다.

그러니 여러분이 명심해야 할 점이 있다. 어떤 회사도 고객이 외면하는 상품을 계속해서 만들 수는 없다는 것이다. 이를 이해하는 것이 정말 중요하다. 이를 통해 모두가 원하는 진짜 영어 강의를 찾을 수 있기 때문이다. 우리가 기획이나 편법 강의를 구매하지 않는다면 더 이상 영어 업체들도 기획강의를 만들지 않을 것이다. 즉 소비자의 현명한 선택만이 영어 장사꾼을 영어교육 업체로 탈바꿈시킬 수 있다. 그들이 내세우는 교육적 가치에 맞도록 말이다.

업체들의 마케팅에 가려져 있지만, 그래도 아직 학생들을 위해 좋은 강의를 제공하는 강사와 업체들이 있다. 조금만 발품을 팔면 여러분도 쉽게 찾아낼 수 있을 것이다. 조금 번거롭더라도 자신에게 정말 필요한 강의를 선택하길 바란다. 첫 단추를 잘못 끼우면 영어하고 다시 멀어질 것이다.

소리드림은 정도를 걷는 영어 수업 중 하나라고 자부한다. 지난 10년 동안 영어회화라는 한길을 걸어오며, 길게 내다보고 수만 명의 학생들을 안내해왔다. 이것만이 소리드림을 믿고 찾아오는 수강생을 위한 길이라고 믿기 때문이다. 앞으로도 한결 같은 모습으로 걸어 나가겠다. 그러니 여러분도 터무니없는 기획강의에 속지 말고 자신에게 맞는 강의를 찾길 바란다.

영어, 필요 없으면 환불하세요

오프라인에서 수업을 하고 있는 나는 매달 첫 번째 수업시간마다 떨리고 긴장이 된다. 10년 넘게 수만 명의 수강생들을 대상으로 수업을 해왔음에도 떨리는 건 마찬가지다. 소리드림 수업에는 레벨 구분이 없기에 수강 경험이 3년 넘은 사람부터 그달에 처음 온 사람까지 다양하다. 그래서 가르치는 입장에서는 쉽지 않다.

신규 수강생은 크게 두 가지 그룹으로 나눌 수 있다. 하나는 자신이 직접 알아보고 찾아오는 경우다. 외국계 회사 취업이나 영어를 사용하는 전문직에 종사하기 위해 영어 말하기가 필요한 사람들이다. 또 한 부류는 친구 따라 강남 간다고 진짜 친구 따라 강남까지 온 사람들이다. 지인이 추천하니 '그렇게 좋단 말이야?', '한 번 들어나 보자' 하고 오는 경우다. 이런 분들은 '영어야 해놓으면 좋으니까'라는 생각을 가지고 있다.

첫 수업시간은 신규 수강생들을 위한 강의 오리엔테이션을 하랴, 진도 나가랴, 두 달 이상 수강 중인 기존 수강생들이 지루하지 않도록 유머도 하랴 바쁘다. 그럼에도 수업 도중에 잊지 않고 하는 말이 있다.

"영어 필요 없으면 환불하세요."

그 순간 수강생들의 눈빛이 흔들리는 것이 보인다. 딱 봐도 학원에서 강사가 할 말은 아니라고 느끼나 보다. 도대체 왜 저렇게 말하는지 궁금한 눈치다.

이전 학원에서는 그런 말을 했다가 원장님에게 불려가 주의를 듣기도 했다. 그럼 나는 왜 그렇게 얘기하는 걸까. 간단하다. 영어는 영어가 필요한 사람들만 하면 되기 때문이다. 하고 싶은 일이 있고 그 일을 이루는 데 영어가 필요하다면, 그 사람은 영어를 해야 한다. 나한테 영어가 필요하지도 않은데 영어를 배우는 건 시간 낭비이고 돈 낭비다. 하지만 대한민국의 많은 사람들이 이런 고민 없이 그저 막연히 영어를 배우기 위해 그 많은 시간과 돈, 열정을 투지하고 있다.

마치 북극에 살면 에어컨이 필요 없고 사막에 살면 온풍기가 필요 없음에도, 남들 다 사니까 나도 사는 것과 같다. 내가 하고자 하는 일과 상관도 없는데, 영어를 배우라고 강요하고 영어를 배우려 하는 것은 국가적인 낭비이자 손해다.

내가 '환불하세요'라고 하면서 진짜 기대하는 것은 대량 환불사태다. 곰곰이 생각해보고, 영어가 필요 없는 사람은 환불했으면 좋겠다. 소리드림 수업뿐 아니라 토익, 토스, 오픽, 영어회화를 가르치는 모든 학원, 모든 영어 사이트에서 대량 환불사태가 일어났으면 좋겠다.

도대체 영어가 필요 없는데, 뭐 하러 영어 배우고, 영어 시험을 준비해야 하는가. 시험 영어 필요 없는 사람은 제발 집에 있는 토익책, 토플책을 내다버리길 바란다. 몇 푼 건지려고 괜히 중고사이트나 중고서점 가져가서 팔지 말고, 그래서 또 다른 누군가의 인생 꼬이게 하지 말고……. 책이 정 아까우면 차라리 제일 싫어하는 사람에게 줘버려라. 토익책 물려주기는 교묘하게 남의 인생 망치는 최고의 방법이다.

나에겐 홀어머니가 있다. 어머니 집에 갔을 때 오래된 전기밥솥으로 지은 밥이 금방 맛이 없어지기에, 새 밥솥을 하나 사드렸다. 이후 어머니는 내가 갈 때마다 갓 지은 밥을 내놓으시면서, 밥을 지을 때마다 내 생각이 난다며 즐거워하셨다. 그런 어머니의 모습에 나도 그렇게 기분이 좋을 수가 없었다.

필요도 없는 영어 수업을 듣느니, 차라리 고생하시는 부모님에게 정말 필요한 선물을 해드리는 것이 낫다. 그렇지 않은가?

영어가 두 달 만에, 10시간 만에 된다면 해도 좋다. 바짝 해서 영어 말하기를 할 수 있다면 여러모로 유익할 것이다. 하지만 안 된다! 절대 안.된.다!!!

말을 배우는 것은 운동과 같아서 매일 꾸준히 오랫동안 연습하지 않으면 절대 늘지 않는다. 그것도 영어 하나에만 집중해서 해야 빨리 는다. 좋은 강사를 찾아서 매일 몇 시간 이상씩, 가능하다면 영어만 꾸준히 해야 는다.

대한민국에는 훌륭한 영어강사가 많다. 좋은 선생님이 없어서 여러분이 영어를 못하는 것은 아니다. 꾸준히 하지 않기 때문에 못하는 것이다. 꾸준히 못하는 이유는 영어가 필요도 없는데 억지로 하기 때문이다. 영어 하나에만 집중해도 될까 말까 한데, 이것저것 같이 하기 때문이다. 그러니 정말 나한테 영어가 필요한지 찬찬히 고민해보고, 필요 없다면 제발 환불하시라. 그리고 환불한 돈으로 어머니에게 좋은 밥솥 하나 사드리자.

Scene #5.

소리드림에게 영어란?

이거 무슨 뜻이에요? (한글 뜻 + 문법 = 해석)

대한민국에서 공교육을 마친 사람은 영어 문장을 접하면 자연스럽게 '해석'이라는 것을 한다. 해석이라는 말에 빨갛게 칠을 하니 '해석'을 하는 게 잘못된 건가, 생각하는 사람도 있을 것이다. You got it! 그게 바로 내가 하고 싶은 말이다.

왜? 라고 물어보기 전에, 먼저 우리가 해석을 어떻게 하는지부터 살펴보자.

초등학교 6학년인 여동생이 와서 고등학교 1학년인 오빠에게 묻는다.

꿈을 좇으면 영어는 덤이다

여동생: 오빠, 'I am going to go'가 무슨 뜻이야?

오빠는 아마 이런 생각을 할 것이다. '그것도 모르나?' '초딩이라 그런 가?' 하지만 티를 내지 않으며 알려준다.

오빠: 아, 'be going to는 will'처럼 미래를 나타내는 말로서, '~할 것이다'라는 뜻이야. 그러니까, 이건 '나는 갈 것이다'라는 뜻이지.

그러자 여동생은 잠시 주춤하다 다시 묻는다.

여동생: 오빠, 근데 go는 '가다'인데, 왜 be going to는 '~할 것이다'라고 해석해?

응? 할 말이 없다. 한 번도 그런 생각을 해본 적이 없기 때문이다. 아니다. 전에는 그렇게 생각한 적이 한두 번 있었던 것 같긴 한데, 그런가 보다 하고 그냥 외워버렸다. 아무도 알려주는 사람이 없고, 영어는 그냥 암기과목이니까. 외우는 게 더 편하다.

이 고등학생이 'I am going to go'를 이해하는 방식이 우리가 영어를 대하는 전형적인 태도다. 우리는 어떤 영어 문장을 접하면, 먼저 그 문장 안에 사용된 단어나 숙어들의 뜻을 확인한다. 모르는 단어가 나오면 영한사전을 찾아서 한글 뜻을 확인한다. 그리고 나서 알고 있는 문법적 지식을 총동원해 그 문장을 해석한다.

I는 나, be going to는 ~할 것이다, go는 가다. 그러니까 'I am going to go.'는 나는 갈 것이다. 그뤠잇! 더 이상 어떻게 한단 말인가.

한국인은 이런 식으로 영어를 이해하는 데 길들여져 있다.

이 방식이 일단 옳다고 해보자. 그럴 경우 크게 두 가지 문제가 생긴다. 첫 번째는 소리에서 생기는 문제이고, 두 번째는 상황에서 생기는 문제다.

소리가 필요해!

먼저 소리에서 생기는 문제에 대해 알아보자. 여러분이 'I am going to go.'를 소리로 들었다고 해보자. 또박또박 한 글자씩 정확한 발음으로 읽어주는 것 말고, 일상 대화나 미드나 영화 같은 데서 이 문장을 들었다고 치자. 여러분 중 몇 명이 이 소리를 알아들을 것 같은가?

'I am going to go.'는 다음과 같이 여러 가지로 발음될 수 있다.

① I am going to go

② I'm goin' to go

③ I'm gonna go

④ I'm onna go

⑤ Onna go

'I am going to go.'가 이렇게 여러 가지로 발음된다는 것을 알고 있었는가. ①이 정확한 발음인 건 알겠고, ③처럼 'gonna(거너)'로 발음하는 건 들어본 적이 있는데, 나머지는 사투리이거나 잘 안 쓰이는 발음 아니냐고 물을지도 모르겠다. ③번 발음이 가장 많이 쓰이는 건 맞지만, 다른 예시들도 뉴요커들이 많이 쓰는 발음이다.

어떤가? 실전에서 이런 발음을 들으면 과연 알아들을 수 있을까? 아마 ①을 제외하고는 절대 알아듣지 못할 거라고 자신할 수 있다. 나도 그랬다. 주위에 원어민이 없으면, 미드나 유튜브에서 자막을 끄고 자막 없이 1~2분 성노 들어보라. 그리고 ㅣ서 영어 자막을 켠 후 여러분이 'I am going to go.' 수준의 문장을 몇 개 들었는지 확인해보라. 아마 거의 없을 것이다.

이유는? 소리를 모르기 때문이다. 이렇게 말하면 미국 사람들이 너무 빨리 말해서 그런 거 아니냐고 묻는 수강생들이 있다. 그럴지도 모른다. 하지만 그들에게는 그게 정상 속도다. 한국 사람들 못 알아듣게 하려고 일부러 빨리 말하는 게 아니라는 뜻이다.

그럼 빠르기 때문이 아니라면, 왜 저렇게 쉬운 문장조차 들리지 않는단 말인가. 간단하다. 우리가 아는 소리와 실제 소리가 다르기 때문이다. 우리가 아는 소리, 즉 영한사전에 나와 있는 영어 발음기호를 보고, 우리가 아는 한국어 소리에 끼워 맞춘 소리는 진짜 영어 사운드가 아니라는 것이다. 우리만의 착각인 것이다.

소리영어의 비밀

그래서 이런 문제, 즉 영어 사운드에 집중한 영어 학습 사이트들이 생겨나기 시작했다. 이들은 소리영어를 강조한다. 이들의 주장이 나름대로 일리가 있기에 연예인 마케팅 도움을 받아 적극적으로 회원 수를 늘려나가고 있다.

하지만 소리만 알아들을 수 있으면 영어회화가 완성되는 것인가? 그러면 좋겠지만, 그렇지 않다. 이는 우리말만 생각해봐도 금방 알 수 있는 사실이다.

한국말을 배우고 있는 뉴요커가 있다고 하자. 소리에 집중한다며, 우리말 '가자'라는 사운드를 반복적으로 듣고 익혀서 언제 어디서 이 소리가 나오든 알아들을 수 있는 수준이 되었다고 치자. 그럼 이 뉴요커는 '가자'라는 소리를 들으면 무슨 뜻인지 제대로 이해할 수 있을까? 그렇지 않다.

'가자'라는 말은 아주 쉬운 말 같지만, 어떤 상황에서 쓰이느냐에 따라 뉘앙스가 달라진다. 영화관에서 크레딧이 올라갈 때 여친에게 나가자는 뜻으로 '가자'고 할 수도 있고, 남친이랑 노래방 가고 싶은데 남친이 피곤하다며 안 가려고 할 때, 남친 팔을 잡고 흔들며 '가자~'라고 할 수도 있다. 앞의 '가자'는 영어로 하면, 'Let's get out.'이 될 것이고, 뒤의 '가자'는 'Please, come with me.' 정도가 될 것이다. 그런데 맥락 없이 소리로만 영어를 배우면, 어떤 뜻인지 알 수가 없을 것이다.

상황도 필요해!

이게 바로 영어를 '해석'할 때 실제 상황에서 생길 수 있는 문제다. 영어로도 예를 들어보자.

"What do you do?"

무슨 뜻인가? 해석을 하는 사람은, '너는 무엇을 하니?'라는 답을 내놓을 것이다. 실용회화 책을 보고 뜻을 외운 사람은, '당신 직업이 뭔가요?'라고 할 것이다. 뭐가 맞는가? 왜 해석이 2개나 되지?

문제가 뭔가? 바로 상황이 없다는 것이다. 모든 말은 그 말을 쓰는 상황이 있다. 같은 '가자'라는 소리가 상황에 따라, 'Let's go out.'이 될 수도 있고, 'Please, come with me.'가 될 수도 있듯이, 'What do you do?'가 무슨 뜻인지는 어떤 상황에서 쓰였는지를 알아야 파악할 수 있는 것이다.

미드 〈프렌즈Friends〉의 시즌 3, 에피소드 3에 보면 재미있는 장면이 나온다. 챈들러가 여친이 하는 말을 못 알아듣겠다며, 다른 친구들에게 조언을 구한다. 그러자 로스가 다음과 같은 상황을 제시한다.

로스: 네 여친이 여행 갔다 오면서 두 가지 제안을 해. 제안 ① 공항에서 택시를 타고 집에 가겠대. (즉 남친인 챈들러한테 공항까지 마중 나오지 말고 집으로 오라는 뜻.) 제안 ② 수화물 코너에서 기다려달래.

그리고는 이렇게 말한다.
"What do you do?"
무슨 뜻인가?
이 말을 '너는 무엇을 하니?'라고 해석하면 이해가 안 될 것이다. '당신

꿈을 좇으면 영어는 덤이다

챈들러(왼쪽)에게 조언을 해주는 친구 로스(가운데). "What do you do?"

은 직업이 뭔가요?'라고 외운 사람도 역시 이해가 안 될 것이다. What, do, you는 쉬운 단어들이지만, 영어를 상황 없이 해석하거나 한국어 뜻을 일대일로 대입해서 외워온 사람은, 이 쉬운 세 단어로 이루어진 'What do you do?'라는 말을 이해하지 못한다.

그럼, 무슨 뜻이냐고? 앞에 예를 든 상황과 비슷한 상황에서 'What do you do?'를 반복해서 접한 사람이라면 1초의 고민도 없이 '어떻게 할래?', '어쩔래?' 정도로 이해했을 것이다.

영어 학습의 3요소: 소리, 상황, 시냅스

자, 이제 정리해보자. 많은 사람들이 효율적이라며 자신만의 외국어 학습법을 제시한다. 이 방법 저 방법 제시하지만, 나에게도 나만의 방법이 있다.

나만의 방법이지만, 그렇다고 나만 아는 것도 아니다. 뭘까? 바로 아기처럼 말을 배우라는 것이다. '아기처럼 말을 배우라고 하면, 너무 오래 걸리지 않아요?'라고 물을지도 모르겠다. 그렇지 않다. 그게 제일 빠른 방법이다. 왜? 아기처럼 배운 한국어는 어느 누구보다 잘하지만, 아기처럼 배우지 않은 영어는 초등학교 이후 10년을 넘게 해도 못하기 때문이다.

그럼, 아기처럼 배운다는 것은 무슨 말일까?

이것이 아기가 말을 배우는 방식이다. 말을 배운다는 것은 어떤 소리를 특정한 상황에서 반복적으로 들으면서 그 소리가 어떤 의미인지 이해하는 과정이다.

사실 이해라는 말로는 조금 부족하다. 상대방의 말을 알아들었다는 것은 그 말의 느낌을 알고, 그에 따른 반응을 보이는 것까지 포함한다. 결국 단순 이해가 아닌,

꿈을 좇으면 영어는 덤이다

'말뜻 이해 + 느낌 + 반응'

이라는 세 가지를 충족해야 한다. 그래야 정말 알아들은 것이다. 이것을 나는 시냅스라 한다. 이에 대해서는 뒤에서 자세히 다룰 것이다.

또한 자신도 특정한 상황에서 그런 특정한 소리를 구사함으로써, 그 소리를 통해 자신의 의사를 표현하고, 그러한 의사표현이 상대방에게 받아들여지는 경험을 반복해서 하는 것이다.

즉 소리sound와 상황situation이 합쳐져서 어떤 뜻을 만들고 그 뜻을 이해, 즉 시냅스하는 과정이 듣기 과정인 것이다. 한국 아기들은 한국어를 이렇게 배우고, 미국 아기들은 영어를 이렇게 배우는 것이다.

그럼 어떻게 할 것인가? 다시 한 번 말하지만, 아기가 말을 배우듯이 영어를 배우면 누구나 영어 듣기와 말하기를 잘할 수 있게 된다. 이제 한 가지 문제가 남았다. 이런 식으로 말을 배우려면 시간이 너무 오래 걸린다는 것이다.

그래서 소리드림에서는 이를 단축할 수 있는 학습법 두 가지를 고안했다. 바로 이미지 학습법과 리듬패턴 학습법이다. 각 학습법에 대해서는 뒤에서 자세히 다루겠지만, 두 가지 학습법이 목표하는 바는 동일하다. 특징 소리기 특정 상황에서 들릴 때 한국어 뜻으로 바꾸거나 해석하는 과정 없이 영어 뜻과 느낌 그대로 받아들이는 훈련을 하는 것이다.

어려울 것 같지만, 그렇지 않다. 쉽고 재미있다. 내가 10여 년의 강의 경력을 통해 얻은 경험들이 고스란히 반영되어 있기 때문이다. 매일 오프라인에서 강의를 하며, 수강생들의 피드백을 받아 부족한 부분을 보완했고, 소리드림을 거쳐 간 많은 수강생들을 통해 입증된 방법이기 때문이다. 다음 Scene 6에서는 두 가지 학습법 중 이미지 학습법에 대해 알아볼 것이다.

save는 save지

영어는 영어로 이해하는 것이 가장 빠르다. '무슨 말이지?'라고 생각할 것이다. 말 그대로다. 영어를 한국어로 바꿔서 이해하지 말자는 것이다. go는 가다, come은 오다, 이런 식으로 이해하는 것은 좋지 않다는 것이다. 대부분의 영어와 한국어는 일대일 대입이 되지 않는다. 각자의 언어가 발달해온 과정이 다르기 때문이다. 해당 언어가 사용되는 문화가 다르기 때문이다.

go는 '가다'가 아니고, come은 '오다'가 아니다. go는 굳이 한국말로 설명하자면 '기준점에서 멀어지다'이다. come은 '기준점으로 가까워지다'이다. 이렇게 풀어서 설명하는 게 좀 더 낫다. 일대일 대입은 영어와 가까워지는 것을 막는다.

하지만 대부분의 영어 학습법이 이런 일대일 대입을 선호한다. 일대일 대입을 하는 이유는 영어를 이해하려면 한국어를 동원할 수밖에 없다고 생각하기 때문이다. 한국어가 필요하긴 하다. 한국 사람은 한국어로 생각하기 때문이다. 한국 사람이 영어로 생각하지는 않기 때문이다. 그러니 영어를 한국어로 바꿔주는 번역 작업이 필요하다. 그래야 비로소 이해한다고 착각하기 때문이다. 그래서 take는 '가지고 가다', get은 '받다, 얻다' 이런 식으로 바꿔준다. 하지만 take를 '가지고 가다', get을 '받다'로 번역하면, 이해가 안 되는 문장들이 생기기 마련이다. 한두 개가 아니다. 엄청 많다.

"I took a shower."

took은 take의 과거형이므로 '가져갔다'라고 해석해야 한다. 그럼 위 문장은 나는 샤워를 가져갔다? 샤워를 어떻게 가져가지? 샤워기를 가져갔다는 건가? 아니면, 걸어가면서 샤워를 했다는 건가? 온갖 추측을 하게 된다. 그래서 그냥 외운다. take a shower는 '샤워하다'라는 숙어라고. 그러다 보니 외울 게 너무 많다. 그래서 영어는 암기과목이라고 생각하는 것이다.

토익이든 수능이든 좋은 점수를 받으려면 해석을 해야 하고, 해석을 하려면 단어를 알아야 한다. 하지만 단어, 숙어를 합치면 수만 개에 이르니 하루에 수십 수백 개씩 몇 달 동안 달달 외워야 한다. 내가 무슨 아인슈타인도 아니고, 한 번 봐서는 절대 못 외우니, 여러 번 반복해서 외우는 수밖에 없다. 잘 외우면 공부 잘한다 하고, 못 외우면 머리도 나쁜 게 게으르기까지 해서 공부 못한다는 소리를 듣는다. 이러니 영어가 싫어질 수밖에 없다.

어쨌든 달달 외운다고 치자. 그럼 이런 단어들, 숙어들 다 외우면 정말 영어를 잘하게 되는 걸까? 아니다. 영어를 꾸역꾸역 한국어로 바꾸면 이해는 할 수 있을지 모르지만, 여기에는 엄청난 손실이 발생한다. 효율이 좋지 못한 것이다. 가성비가 떨어진다.

영어든 한국어든 말을 이해한다는 것은 크게 세 가지를 포함한다고 할 수 있다. 예를 들어 여친이 '라면 먹고 갈래?'라는 말을 했다고 치자. 여친이 한 말을 이해한다는 것은 첫째, 어떤 소리를 듣고 그 소리에 담긴 말뜻을 알아들었다는 것이다. '라면을 먹는 행위를 하고 나서 그다음에 집에 가'라는 뜻, 즉 문자 그대로, 소리 그대로의 뜻을 알아듣는 것이다. 이걸 '말뜻 이해'라고 하자.

둘째, 그 소리가 담고 있는 뉘앙스를 느끼는 것이다. 내가 배고프다고 하니, 집에서 라면 끓여서 먹고 가라는 건지, 아니면 라면을 핑계로 자기 집에 들어오란 뜻인지 다양한 상황을 통해 그 문장의 정확한 뜻을 알아듣는 것이다. 'I got fired'라는 소리를 들으면, '나 잘렸어'라고 말뜻만 이해하는 게 아니라, 안됐다는 느낌이 들어야 하고, 'I passed the exam'이란 말을 들으면 '아, 시험 붙었구나'라는 이해뿐 아니라, 난 떨어졌는데…… 하며 배가 아파야 하는 것이다. 이것을 '느낌'이라고 하자.

세 번째는 말뜻도 알아듣고, 느낌도 알아차렸다면, 거기에 맞는 반응을 보여야 한다는 것이다. 누군가 나한테 무슨 말을 한다는 것은 내가 그 말소리를 듣고 어떤 반응을 하길 기대하는 것이기 때문이다. 그러니 '라면 먹고 갈래?'가 무슨 뜻인지 알아들었다면, 진짜 라면만 먹고 갈 것처럼 무심한 듯 본심을 드러내지 않으며 여친 집에 들어가면 되는 것이다. 이것을 '반응'이라고 하자.

결국 어떤 말소리를 알아듣는다는 것은 단순한 이해가 아닌, '말뜻 이해＋느낌＋반응'의 집합체인 것이다. 이것을 나는 시냅스라고 한다. 시냅스라고 하니 어렵게 느껴질 수 있겠지만, 자꾸 쓰다 보면 금방 익숙해진다. 시냅스는 뇌세포, 즉 신경세포들 간의 연결을 뜻하는 말이다. 신경세포끼리 연결이 되어야 정보가 전달되기 때문이다.

이 책에서 말하는 시냅스는 말뜻 이해와 느낌, 반응을 모두 포함하는 개념이라는 점만 기억해두자. 반면에 우리가 흔히 하는 해석은 말뜻 외에는 아무것도 알려주지 않는다. 그것도 정확하지 않은 말뜻인 것이다.

꿈을 좇으면 영어는 덤이다

go를 '가다'라고 해석해버리면, 우리가 go에 대해 갖는 인상은 영어 go에 담겨 있는 말뜻과 느낌이 아닌, 한국말 '가다'에 담긴 인상이 되는 것이다. 'go'와 '가다'는 비슷하게 쓰이기도 하지만, 분명 다른 말이다. 그런데 go라는 소리를 듣고, '가다'로 이해해버리고, '가다'에 해당하는 느낌과 반응을 하면 의사소통에 오류가 생긴다. 다시 말해 go라는 소리를 들으면, go에 해당하는 느낌과 반응이 따라와야 한다는 것이다.

그래서 'go=가다'라고 알고 있는 사람이 'This milk has gone sour(이 우유 상했어)'라는 문장을 보면 이해가 안 되는 것이다. go는 '가다'인데, 어떻게 뒤에 'sour'라는 형용사가 오지? 하지만 기준점(즉 상하지 않은 상태)에서 멀어지다, 즉 '안 좋은 쪽(상한 상태)으로 향하다'라고 이해하고 있다면, 위 문장을 어렵지 않게 이해할 수 있다.

결국 우리가 늘 하고 있는 해석은 '영어 → 비슷한 뉘앙스의 한국어로의 번역 → 번역된 한국어에 실린 뜻과 느낌'이라는 프로세스를 거치기 때문에, 영어를 배우면 배울수록 복잡하고, 어렵고, 외울 것만 많고, 심지어 의사소통 오류까지 생기는 것이다.

그럼 어떻게 하란 말인가? 간단하다. 한국 사람이 한국어 배우듯이 하면 된다. 미국 사람이 영어 배우듯이 하면 된다. 무슨 말인가? 아기가 말 배우듯이 하라는 것이다. 앞에서 말했듯이, 특정 상황에서 특정 소리를 반복해서 듣고 경험하는 과정을 통해서 그 소리가 담고 있는 뜻을 자연스럽게 이해하자는 것이다. 물론 시간이 오래 걸린다. 우리는 아기가 아니다. 그래서 소리드림에서는 이미지 학습법이라는 것을 사용한다.

이미지 학습법에 대해 설명하기 전에, 기존 학습법 두 가지를 살펴보기로 하자.

여러분이 미국인 친구에게 한국말을 가르친다고 가정해보자. 가르칠 단어는 '쏘다'이다. 어떻게 할 것인가? '쏘다'는 '총을 쏘다', '활을 쏘다' 이렇게 쓰이니까, shoot이라고 가르쳐줄 것이다. 하지만 '쏘다'에는 shoot이라는 뜻만 있는 것이 아니다. (말을) 한 마디 쏘다(쏘아붙이다), 벌이 얼굴을 쏘다, 매운 고추가 톡 쏘다, 숫을 쏘다 등이 있다. 이런 뜻은 어떻게 설명할 것인가? Shoot 하나로 다 설명할 수 없다. 그럼 영한사전처럼, ①번 뜻인 '총을 쏘다'는 영어로 shoot, ②번 '한 마디 쏘다'는 snap, ③번 '벌이 쏘다'는 sting, ④번 '매운 고추가 톡 쏘다'는 bite, ⑤번 '숫을 쏘다'는 shoot이라고 일일이 설명해줘야 한다.

　　　　　　　　꿈을 좇으면 영어는 덤이다

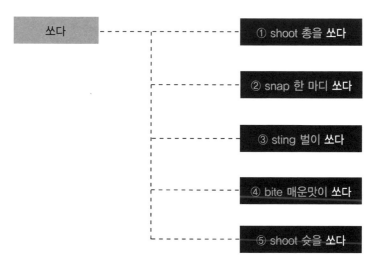

쏘다 ---- ① shoot 총을 쏘다
　　　---- ② snap 한 마디 쏘다
　　　---- ③ sting 벌이 쏘다
　　　---- ④ bite 매운맛이 쏘다
　　　---- ⑤ shoot 숯을 쏘다

한영사전에서 '쏘다'라는 단어를 설명하는 방식을 도표로 그린 것이다.

　　이런 식의 설명을 듣고 나면 그 미국인은 한국어를 배우고 싶어질까? 이게 우리가 영어를 배우는 방식이다.

　　그럼 어떻게 해야 하는가? 이보다 조금 더 발전한 방식이 기본 뜻 혹은 어원으로 설명하는 것이다.

　　'쏘다'에는 여러 가지 뜻이 있는 것 같지만, 사실 한 가지 기본 뜻에서 파생한 것이다. 바로 '화살촉처럼 뾰족한 무언가를 날려서 공격하다'라는 것이다. 뭔가를 날리는 것에서 ①번과 ⑤번 뜻인 활이나 총을 쏘다, 숯을 쏘다 같은 이미지가 나온다. 활 대신 날카로운 말로 상대방을 공격할 수도 있다. 그럼 ②번 뜻, '(말을) 한 마디 쏘다'가 되는 것이다.

벌도 침을 발사해서 상대를 공격하는 것이므로 벌침도 '쏘다'라고 할 수 있다. ③번 뜻이다. 매운 고추는 매운맛으로 혀를 공격할 수 있다. 그러니 매운 고추가 톡 '쏘다'라고도 쓸 수 있다. 이게 ④번이다.

이렇게 기본 이미지로 이해하고 나면 훨씬 쉽게 외울 수 있다.

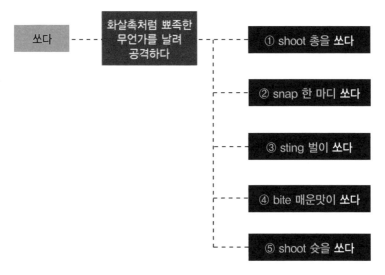

이게 바로 기본 뜻을 통해 파생된 뜻을 이해하는 방식이다.

하지만 이렇게 외워봐야 그 미국인 친구는 실전의 다양한 상황에서 '쏘다'라는 소리를 듣고 바로 이해하거나, 말로 뱉어내는 것을 여전히 어려워할 것이다.

그런데 한국인은 이 어려운 걸 하고 있다. 우리는 어떻게 이렇게 다양한 의미로 '쏘다'라는 말을 쓰고 이해할 수 있는 걸까? 사전을 보고 외운 것인가? 아니다. 그럼 '화살촉처럼 뾰족한 무언가를 날려 공격하다'라는 식의 기본 뜻으로부터 파생한 각각의 뜻을 이해한 다음 사용하는 건가? 그것도 아니다. 여러분 중에는 '쏘다'에 그런 기본 이미지가 있다는 것을 처음 안 사람도 있을 것이다.

그럼 어떻게 아는 거지? 우리는 그냥 아는 것이다. 어떻게? 아기 때부터 수없이 많은 상황을 통해 '쏘다'라는 말이 이렇게 저렇게 쓰인다는 것을 경험해왔기 때문이다. 그러니 '쏘다'라는 소리를 듣거나, 그런 글자를 보면 자동적으로 ①번 뜻부터 ⑤번 뜻에 해당하는 느낌을 떠올리게 된다. 다시 말해 즉각적으로 시냅스가 되는 것이다. 그래서 '내가 점심 쏠게'라는 말을 처음 들어도, '아 자기가 점심을 사겠다는 거구나' 하고 이해하게 된다. '점심을 쏘다'라는 용례는 심지어 국어사전에 나와 있지도 않지만, 그냥 시냅스할 수 있는 것이다.

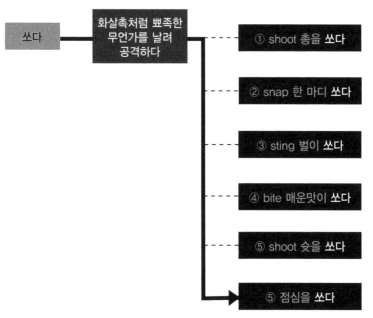

쏘다	화살촉처럼 뾰족한 무언가를 날려 공격하다	① shoot 총을 **쏘다**
		② snap 한 마디 **쏘다**
		③ sting 벌이 **쏘다**
		④ bite 매운맛이 **쏘다**
		⑤ shoot 슛을 **쏘다**
		⑤ 점심을 **쏘다**

우리는 굳이 기본 뜻이 뭔지 몰라도, '쏘다'라는 단어를 적절하게 사용하고 알아들을 수 있다. 심지어 사전에 없는 ⑥번 용례를 처음 접할 때조차도 그것이 가능하다.

영어도 이렇게 바로 '시냅스'할 수 있으면 얼마나 좋을까. 미국인 부러워하지 마시라. 우리도 할 수 있다. 한국 사람이 한국어 배우듯이 하면, 미국인이 영어 배우듯이 하면 우리도 영어를 영어 그대로 시냅스할 수 있다. 그게 바로 소리드림만의 학습법인 '이미지 학습법'이다.

꿈을 좇으면 영어는 덤이다

"You saved my life!"

무슨 뜻인가? 당신이 제 목숨을 구했군요! 대충 이런 식으로 해석할 것이다.

그럼 이건 어떤가?

"I saved you a seat."

save를 '구하다'라고 한국어 일대일 대입 방식으로 외우고 있다면 무슨 말인지 도무지 이해가 되지 않을 것이다. 목적어도 'you'와 'a seat', 2개나 된다.

이 문장은 '내가 네 자리 맡아놨어'라는 뜻이다.

소리드림에서는 수업시간에 save라는 단어가 나오면, 먼저 원어민 발음으로 save의 사운드를 들려준다. 그런 다음 save를 시냅스할 수 있는 이미지를 여러 장 보여준다. 실제 save가 사용되는 상황을 직접 경험할 수 있다면 더 좋겠지만 그럴 순 없으니, 최대한의 시냅스를 위해 동영상이나 움짤로 보여준다. 단 한국어 뜻은 설명해주지 않는다. 그냥 이미지를 보면서, 공통점을 느끼도록 하는 것이다.

여러분은 이 이미지들을 보고, save가 어떤 느낌을 가진 단어인지 이해할 수 있을 것이다.

시냅스하고자 하는 단어를 이미지로 보는 것만으로도 이해시킬 수 있을 경우, 한국말로 별도 설명을 곁들이지 않는다. 하지만 save처럼, 두 가지 이상의 뜻을 가진 단어들도 있다. 그런 경우에는 두 번째, 세 번째 뜻을 알 수 있도록 해주는 사진이나 움짤을 보여준다.

save에는 이런 이미지들로만 설명이 가능한 뜻들도 있다. save를 설명하기 위해 해당 이미지를 고른 이유를 노란색 동그라미로 표시해놨다.

그러면서 수강생이 save를 설명하는 여러 장의 이미지를 보면서 공통점을 찾을 수 있도록 유도한다. 여러분은 찾으셨는가? (지면으로 설명하는 것은 한계가 있다. 실제 수업시간에는 더 많은 이미지로 더 쉽게 설명한

꿈을 좇으면 영어는 덤이다

다. 그러니 이 글만 읽고 못 찾았다고 실망하진 마시라.)

힌트를 드리겠다.

각 이미지에서 노란색으로 동그라미 표시를 한 것들의 공통점을 찾아보라. ①~③번 이미지는 목숨, ④번은 돈, ⑤~⑥번은 남아 있는 배터리, ⑦번은 게임하면서 쌓아둔 스코어, ⑧~⑨번은 빈자리다. 모두 동사 save의 목적어로 쓰이는 것들이다. 우리말로 바꾸면, 목숨을 구하다, 저금하다, 배터리를 아끼다, 게임을 저장하다, 자리를 맡아두다 정도의 뜻이다. 이들의 공통점은 무엇인가?

원래 있던 것이 없어지지 않게 그대로 남겨두는 것이다. 원래 있던 목숨이 없어지지 않고 남아 있게 하면 목숨을 '구하다'이고, 원래 있던 돈을 쓰지 않고 남아 있게 하면 '저금하다', 원래 있던 배터리가 없어지지 않게 하는 것은 배터리를 '아끼다', 여태껏 달성해놓은 게임 스코어가 사라지지 않게 하는 건 게임을 '저장하다', 빈자리에 다른 사람이 앉아서 맡아놓은 자리가 없어지지 않게 하는 것은 자리를 '맡아두다'이다.

어떤가, 명쾌하지 않은가? save를 굳이 우리말 구하다, 저금하다 등으로 바꿔서 외우지 않아도 '원래 있던 것이 없어지지 않게 남겨두다'라는 기본 이미지만 알고 있으면, save의 어떤 용례와 맞닥뜨려도 당황하지 않고 이해할 수 있게 된다.

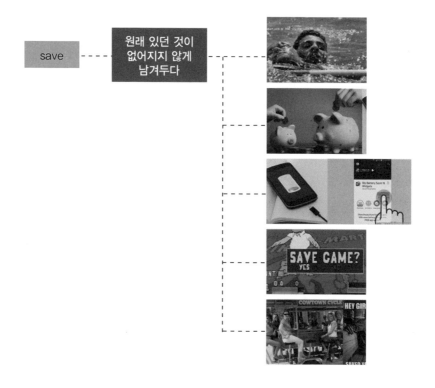

이미지 학습법의 1단계는 한국말의 개입이나 간섭을 최소화하는 것이다. 하지만 이게 다가 아니다.

여기까지 설명을 듣고 나면 이의를 제기하는 사람이 있을 것이다. 이미지를 사용해서 설명하는 게 더 좋긴 하지만, 기본 뜻을 동원해서 설명한다는 점에서는 기존 학습법과 다르지 않다고 할 것이다. 그렇다. 그

꿈을 좇으면 영어는 덤이다

래서 소리드림에서는 여기에 한 가지를 더 추가한다. 그리고 이게 핵심이다.

바로 save라는 단어가 나올 때마다 반복해서 위의 이미지를 계속 보여준다는 것이다. 물론 다른 이미지를 사용해서 보여준다. 이미 봤던 것을 다시 보여주면 집중도가 떨어지기 때문이다. 더 이상 뇌를 자극하지 않기 때문이다. 다른 이미지나 움짤을 통해서 새로운 상황에서 반복적으로 save를 경험할 수 있도록 유도하는 것이다.

그럼 언제까지 이렇게 한다는 것인가? 수강생들이 충분히 save라는 단어에 대해서 시냅스를 했다고 판단될 때까지 반복한다. 결국 외우는 게 아니고, 수많은 반복을 통해 자연스럽게 머릿속에 save를 각인시키는 것이다. save라는 사운드를 들으면 자동으로 save의 기본 이미지가 떠오르도록 하는 것이다. 이것이 바로 아기들이 말을 배우는 방법이다.

수업시간에 save라는 이미지가 나오면, 위의 방식대로 설명을 한다. 다른 날 다른 콘텐츠나 문장에서 save가 또 나오면, 다른 이미지들을 동원해서 동일한 방식으로 또 설명한다. 세 번 네 번, 나올 때마다 매번 다른 이미지나 움짤 등을 동원해서 같은 방식으로 반복 설명을 한다. 이를 통해 기대하는 바는 단 한 가지다. 수강생들이 save의 기본 뜻인 '원래 있던 것이 없어지지 않게 남겨두다'조차도 잊어버리고, save라는 소리를 들으면 그냥 save의 영어적 느낌이 자동으로 떠오를 수 있도록 하는 것이다.

결국 한국말로 설명한 기본 이미지도 다 잊어버리고, save라는 소리

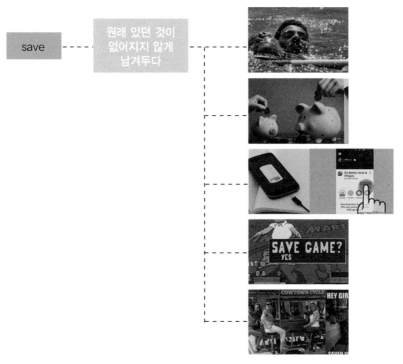

이미지 학습법은 기본 뜻조차 필요 없도록 만드는 것이다. 이게 이미지 학습법 2단계다. save를 이해할 때 한국말이 아예 필요 없어지도록 하는 것이다.

를 듣는 순간 save의 다양한 이미지들 중에서 그 상황에 맞는 save의 이미지가 순간적으로 떠올라야 한다.

좋은 학습법 같지 않은가? 하지만 단점도 있다. 이런 이미지 학습법은 학습자에게는 더할 나위 없이 좋은 방법이지만, 강사에게는 아주 많은 시간과 노동력을 요구한다. 나의 경우 수업시간에 나오는 단어들 대부분, 심지어 go, come 같은 기본 동사를 포함해서 to, in 같은 전치사까지도 이런 이미지 학습법으로 가르친다.

따라서 매 수업시간에 준비해야 하는 이미지가 200여 장을 넘는다. 그리고 앞 시간에 배운 단어들의 경우 이미지가 중복되지 않도록 새로운 이미지를 찾아야 한다. 이게 쉽지 않다. 강의 초반에는 나 혼자 이런 작업을 했지만, 몇 년 전부터는 소리드림 학습법으로 최소 1년 이상 훈련한 직원들과 이 작업을 같이 진행하고 있다.

이게 바로 소리드림만의 이미지 학습법이다. 이제 두 번째 학습법인 리듬패턴 학습법을 소개할 차례다. 이 리듬패턴 학습법은 이미지 학습법보다 더 강력한 학습법이다. 이미지 학습법이 단어 시냅스를 위한 것이라면, 리듬패턴 학습법은 단어들의 조합인 패턴을 시냅스하기 위한 학습법이다. Scene 7은 이 리듬패턴 학습법에 대해 살펴볼 것이다. 기대하셔도 좋다.

NG Cut
따라올 테면 따라와 봐! (feat. 이미지 학습법)

영어를 글로 배우던 시기는 끝났다. 예전에 영어는 암기과목이었고, 따라서 영단어의 우리말 뜻만 달달 외웠지만, 지금은 아니다. 듣고 말하기를 할 수 있어야 한다. 자연스레 우리가 접하는 영어책부터 교수법까지 과거와 비교하면 사뭇 달라졌다. 이제 낱말 카드의 그림을 보고 단어를 배우는 건 어린아이에게만 해당하지 않는다. 수능이나 토익 같은 시험 영어 단어장에도 이미지가 들어간다. 확실히 이미지가 들어가니 딱딱하기만 했던 단어책도 한결 가벼운 느낌이다.

단어의 이미지 학습법은 굉장히 반가운 일이다. 선생님에게 우리말 뜻을 백 번 듣는 것보다 이미지를 한 번 보는 것이 나을 수 있기 때문이

꿈을 좇으면 영어는 덤이다

다. 뇌과학을 들먹일 필요 없다. 이미지를 통한 학습의 효과는 두말하면 입만 아프다. 바로 소리드림이 이미지를 적극적으로 활용하는 이유다. 아는 단어나 쉬운 단어라 생각되는 것도 여지없이 나올 때마다 이미지를 보고 또 본다. 쉬운 단어라도 한 단어에 많게는 각기 다른 이미지 15장까지 본다. 가능한 한 빠른 시간 안에 듣고 말하기를 도와주는 데 이보다 탁월한 학습법이 없다.

　대신 이미지 학습을 할 때 주의할 점이 있다. 한 단어를 하나의 이미지나 움짤로 설명하는 것이 큰 효과가 없다는 것이다. 약 10년 전쯤 처음 이미지로 설명을 시작할 때다. 그동안 말로 하던 설명에 이미지를 곁들여 설명하면 수강생들이 더 잘 이해할 줄 알았다. 그러나 절반의 성공이었다. 강아지, 커피, 향수, 맥주, 아이폰 같은 단어는 이미지 한 장으로도 가능했다. 그러나 get, take, have, become, grow, see, tell, think, make 같은 단어들은 한 번에 되지 않았다. 이미지 한 장으로 설명이 안 되니, 수강생들이 더 혼란스러워했다. 위에서도 보았듯이 have 같은 단어는 이미지 한 장으론 불가능하다. 우리말 뜻으로 영단어를 외우는 것보다 낫겠지만 별반 차이는 없다. 문맥에 따라 다양하게 이해되기 때문이다.

　하나 더 주의할 점은 이미지 학습법은 절대적인 학습법이 아니라는 것이다. 이미지는 어디까지나 단어나 문장의 이해를 도울 뿐이다. 이렇게 이해된 단어나 문장을 우리는 소리 내어 읽을 줄 알아야 한다. 당연히 실제 상황에서 그 단어가 어떻게 쓰이는지도 확인해야 한다. 하지만 이미지 학습법을 다루는 업체 중 위의 두 가지 요소를 충족하는 업체는 없는 듯하다. 원어민의 소리로 익혀야 나중에 들을 수도 있고 말할 수 있는 능력도 생길 텐데, 이미지만 보고 이해하니 아직도 귀와 입은 제자리다.

　소리드림에는 장기 수강생이 많다. 그러다 보니 예전에 찾은 단어라도 매번 다른 이미지를 찾기 바쁘다. 그래도 수강생들이 이미지를 통해 단어를 정확히 이해하고 말하고 쓸 수 있다면, 수십 장이 되건 수백 장이 되건 이미지 찾기는 계속될 것이다.

'I am going to'는 몇 개? 하나야!

소리드림 학습법의 궁극적인 목표는 시냅스다. 한국어를 들을 때 생각 없이 순간적으로 그대로 이해하고 반응하듯이, 영어를 들었을 때도 한국어 듣는 것처럼 편하게 이해하고 반응할 수 있도록 하기 위해서다.

그런데 시냅스에도 단계가 있다. 바로 단어, 덩어리, 문장 순이다. 이것 역시 아기가 말을 배우는 방식이다. 아기는 엄마, 맘마, 까까, 응가 같은 단어부터 익힌다. 그러고 나서 맘마 줄까, 응가 할래 같은 단어+단어 형태의 짧은 덩어리나 문장을 익힌다. 수많은 상황과 경험을 통해, 더 많은 단어와 덩어리들을 익히게 되고, 이러한 단어와 덩어리들로 좀 더 긴 문장, 좀 더 복잡한 문장, 좀 더 다양한 조합의 문장을 듣고 말할 수 있게 된다.

결국 단어 → 덩어리 → 문장 순으로 말을 배워가는데, 출발은 단어다. 그리고 이 단어 시냅스를 위해 만든 것이 앞에서 살펴본 이미지 학습법이다. 이미지 학습법은 소리 + 상황 → 시냅스의 구조였다.

Sound, Situation, Synapse, 즉 3S다.

어떤 특정한 상황에서 특정한 단어 소리가 반복되면, 그 단어에 특정한 뜻이 연결, 즉 시냅스되는 것이다. 이미지 학습법은 그런 효과를 노린 것이다.

그럼 덩어리 시냅스는? 덩어리 시냅스가 가능하도록 해주는 것이 두 번째 학습법인 '리듬패턴 학습법'이다. 익숙하지 않은 용어가 나왔으니, 이것부터 먼저 시냅스를 하고 넘어가자.

우선, 리듬패턴에서 패턴pattern이 뭔지부터 알아보자.

공통점이 보이는지?

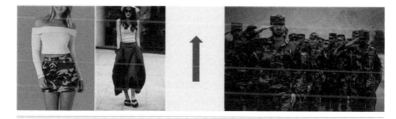

왼쪽 두 여성의 치마를 보고, 자연스럽게 군복을 떠올리게 되는 것은 군복 무늬의 패턴 때문이다.

그런데 이러한 패턴은 소리, 즉 말에도 존재한다. 반복되는 같은 형태의, 무늬 같은 소리가 있다는 것이다. '나는 ~하고 싶다.' '나는 ~할 것이다.' '너는 ~를 해야만 해.' 우리가 자주 쓰는 패턴이다. ~에 필요한 말만 끼워 넣어주면 된다. 나는 가고 싶다. 나는 먹고 싶다. 나는 자고 싶다.

영어에도 이런 패턴이 있다. I am going to ~, I want to ~, I have to ~, Why don't you ~, Let me ~ 등등. 서점에 가면 이런 패턴만을 다룬 책이 상당히 많다. 아주 두꺼운 패턴 사전도 있다. 패턴을 익히면 아무래도 영어 말하기에 많은 도움이 되기 때문이다.

하지만 이런 책은 치명적인 약점을 갖고 있다. 바로 소리와 실전 상황이 없다는 것이다. 여기서 소리라는 것은 두 가지를 뜻한다. 첫 번째는 발음이고, 두 번째는 리듬이다.

발음에 대해서는 다들 아실 것이다. 우리가 아는 영어 발음과 실제 영어 발음은 다르다. 우리는 일본인이 'McDonald'를 '마크도 나르도'라고 발음한다며 비웃지만, 우리식 발음인 '맥도날드'도 미국인들이 못 알아듣기는 마찬가지다.

그런데 이보다 더 심각한 것은 리듬이다. 대체로 딱딱 끊어서 말하는 우리말에는 리듬이 없지만, 영어에는 리듬이 있다. 강세와 연음 때문에 이 리듬이 만들어지는데, 영어에서는 이 리듬이 아주 중요하다. 영어를 영어답게 하는 게 이 리듬이다. 그래서 미국인이 한국말을 하면 자연스럽지 않은데, 발음이 부정확한 탓도 있지만 우리말에 없는 리듬을 넣어서 말하기 때문이기도 하다.

마찬가지로 우리가 영어를 할 때 리듬이 없으면 미국인들의 귀에 굉장히 어색하게 들린다. 이뿐이면 좋은데, 리듬을 익히거나 리듬에 익숙해지지 않으면 듣기에서 큰 어려움을 겪게 된다. 그런데 앞서 말한 패턴들을 책으로만 배우면 이런 리듬을 익힐 수가 없다. 그래서 나는 그냥 패턴이라 하지 않고 리듬패턴이라 하는 것이다.

이제 '리듬패턴'이라는 용어에 익숙해졌을 테니 지금부터는 이 '리듬 패턴'을 이용한 학습법, 리듬패턴 학습법에 대해 알아보자. 예를 들어 'I am going to'를 리듬패턴 학습법으로 배운다고 하자. 그럼 나는 〈프렌 즈〉를 비롯한 다양한 미드, 영화, 애니메이션 등에서 'I am going to'가 들어간 모든 문장을 찾는다(〈프렌즈〉에서만 700개가 넘는다). 미국인들 이 수시로 쓰는 말이므로 다 찾으면 엄청나게 많다. 이 모든 문장들 중 에서 영어 초보들이 이해하기에 쉽고 간단한 문장 위주로 15~20개 정 도만 추린다. 그러고 나서 발음이 쉬운 순으로 정렬한다.

I'm going to walk.

I'm going to do it.

I'm going to do this now.

I'm going to play with you all the time.

I'm going to look into your eyes now.

I'm going to kill you.

I'm going to forgive you.

I'm going to meet my dad.

I'm going to take a nap.

I'm going to order a pizza.

I'm going to finish this game.

I'm going to fire you tonight.

I'm going to say this for the last time.

I'm going to meet him at the coffeehouse later.

I'm going to tell him no.

〈프렌즈〉에서 영어 왕초보 수준에 맞춰서 15개 정도만 추린 것이다. 눈으로 보면 어렵지 않다. 하지만 자막 없이 귀로만 들으면? 실제 상황에서 듣게 되면? 과연 들을 수 있을까? 들으면서 바로 시냅스할 수 있을까?

소리드림 수업에서는 처음에는 자막을 보여주지 않고 영상과 함께 소리만 들려준다. 첫 번째 문장인 "I'm going to walk." 관련 영상을 보여주기 전에 이 문장이 쓰이는 전후 상황을 간단히 설명해준다. 언제 이 문장이 쓰이는지 이해시키는 것이다. 반복해서 말하지만, 소리드림 수업의 최종 목적은 소리 듣기도 아니고, 토익 점수 잘 받는 것도 아니다. 시냅스다. 정확한 시냅스를 위해서는 소리와, 그 소리가 들리는 상황 둘 다 필요하기 때문이다.

설명 후 영어 자막을 가린 채 해당 문장이 나오는 부분만 영상을 잘라서 보여준다. 그런 후 자막을 열어서, 같이 보며 큰 소리로 반복해서 따라 하도록 한다. 물론 나만의 한국식 발음과 리듬이 아니라, 원어민 발음과 리듬을 그대로 따라 하는 것이다.

이렇게 첫 문장부터 마지막 문장까지 같은 방식으로 반복한다. 전체 15개 문장이 있다면, 그중 13개 정도를 이렇게 한다. 중간 중간에 2개 정도의 문장은 일부러 보여주지 않는다. 이 2개 문장은 확인용이다. 해당 문장이 쓰인 상황을 이해할 수 있도록 〈프렌즈〉 같은 미드에서 1~2분 길이로 잘라서 보여준다. 이걸 클립이라고 한다. 이 클립 영상을 보면서, 방금 배운 'I am going to'가 들리는지 확인해보는 것이다. 또한 'I am going to'가 쓰이는 상황을 직접 확인해보는 것이다. 'I am going to'는 '이런 상황에서 쓰여', '이런 뜻이야' 하고, 말로만 듣고 이해하는 것이 아니라, 미드를 보면서 실제 원어민들이 어떤 상황에서 'I am going to'라는 리듬패턴을 사용하는지, 그때 어떤 몸동작이나 표정을 짓는지 직접 확인해보는 것이다. 확인한다는 것은 단순한 이해가 아닌 느낌까지를 포함하는 것이다.

이렇게 연습한 후, 다시 이 문장들을 들으면 소리가 들리기 시작한다. 처음 들을 때는 생소했던 소리가 마치 하나의 단어처럼 덩어리로 잡히는 것이다.

'I am going to'는 4개의 단어로 되어 있지만, 실제 이 리듬패턴을 사용하는 미국인은 이 말을 마치 한 단어인 양 하나의 덩어리로 사용한다는 뜻이다. I, am, going, to의 문법적 관계는 몰라도 된다. 'I am go-ing to' 리듬패턴을 시냅스한 후, 그냥 입으로 귀로 한 덩어리로 익히는 것이 리듬패턴 학습법이다.

그럼 과거일 때는? 그건 'I was going to'라는 리듬패턴을 이런 식으로 익히면 된다. 아, 과거니까 be 동사를 과거형으로 바꿔야지. 근데 주어가 I니까 was를 써야 해…… 이런 식으로 생각하면 들리지도 않고 말도 안 된다. 바로바로 입에서 튀어나오고, 듣는 순간 바로바로 느끼고 반응할 수 있어야 한다. 과거의 느낌을 전달하고 싶으면, 'I was going to'가 생각 없이 바로 튀어나와야 한다. 이렇게 되도록 해주는 것이 리듬패턴 학습법이다.

(물론 문법이 필요 없다는 얘기는 아니다. 영어 왕초보라면 이런 식으로 접근하는 것이 훨씬 효과적이라는 것이다. 소리드림에서는 어느 정도 영어에 익숙해지면 독립할 수 있도록 기초문장 구조라는 수업을 따로 제공한다. 기초문장 구조에 대해서는 뒤에서 설명할 것이다.)

소리드림의 리듬패턴 학습법으로 훈련을 하고 나면, 혼자 미드나 영화를 보다가 혹은 유튜브를 보거나 원어민 친구들과 대화를 하다, 전에는 들리지 않던 'I am going to', 'I was going to'가 귀에 팍팍 꽂히는 경험을 하게 된다. 이게 바로 리듬패턴 학습법의 위력이다.

NG cut

리듬패턴의 탄생

"선생님, 듣기가 잘 안 돼요. 스크립트 열어보면 다 아는 단어인데, 안 들려요. ㅠㅠ"

수강생들로부터 가장 많이 받았던 질문 중 하나다. 처음에는 말로 이렇게 저렇게 조언을 해주었다. 하지만 머리로는 이해하는 듯했지만, '혼자서 어떻게 하지?' 하는 눈치였다. 다들 그럴 것이다. 그래서 내가 고안한 것이 앞서 말한 리듬패턴 학습법이다.

안 들리는 이유는 간단하다. 그 소리에 익숙하지 않기 때문이다. 단어들이 뭉쳐서 새로운 소리, 새로운 리듬을 만들어내기 때문이다. 또한 그런 소리들을 알아듣는다 하더라도 무슨 뜻인지 바로바로 시냅스가 안 되기 때문이다. 그래서 리듬패턴을 만들기로 했다.

미드 같은 영어 콘텐츠에서 찾고자 하는 리듬패턴이 들어간 문장을 최대한 찾아서 보여주고 들려주기로 했다. 예제는 많을수록 좋다. 그래서 닥치는 대로 찾기 시작했다. 직접 소리를 들어가며 리듬을 확인했고, 앞뒤 장면을 돌려보며 상황과 문맥에서 같은 의미로 전달되는 것들만 따로 걸러냈다.

그렇게 걸러낸 다음 영어 왕초보도 쉽게 들을 수 있는 예문들과 누가 봐도 해당 리듬패턴이 쓰이는 상황과 문맥을 잘 이해할 수 있는 영상 클립들만 다시 추려냈다. 이게 쉬운 게 아니다. 원어민들이 정말 많이 쓰는 'I am going to', 'I want to'는 너무 많아서 일일이 확인하느라 힘들었고, 반대로 중요한 리듬패턴이지만 왕초보 수준에서 쓸 만한 예문을 어떻게든 찾아내야 했다. 이러다 보면 밤을 새우기 일쑤였다. 리듬패턴은 나만의 밤의 역사다.

이렇게 만들어진 리듬패턴이 현재 3000여 개에 달한다. 지금도 이 숫자는 계속 늘어나고 있다.

리듬패턴에도 종류가 있다. 굳이 나누자면 크게 세 가지다.

"I'm going to stay at her place for a while."

꿈을 좇으면 영어는 덤이다

이 문장에서 'I'm going to'는 영어 사용자들이 문장을 시작할 때 자주 쓰는 리듬패턴이다. I want to, I want you to, I'm supposed to, You have to, You should, Let me, That's what 등이 그런 것들이다. 하고 싶은 말이 있으면 문맥이나 상황에 맞게 그냥 이런 말들을 덩어리로 툭 던지면 된다.

'Stay at' 같은 동사구는 주로 문장 중간에서 많이 쓰인다. take off, put on, ask out, get ~ed 등이 있다.

문장 마지막에 오는 리듬패턴은 주로 시간, 장소, 이유 등을 나타내는 말이다. 위 문장에 나오는 for a while뿐 아니라, because of, like my, at the, worth ~ing 등등이 있다.

결국 "I'm going to stay at her place for a while."은 리듬패턴들의 조합인 것이다. "I'm going to stay at her place for a while."을 단어들의 연결로 접근하면 11개 단어의 조합이지만, 리듬패턴으로 접근하면 고작 4개의 덩어리로 만들 수 있는 것이다.

I'm going to + stay at + her place + for a while.

리듬패턴 방식으로 접근하면 많은 문장들, 특히 실생활에서 쓰이는 영어 문장 중 초급 수준은 어렵지 않게 이해하고 듣고 말할 수 있게 된

Episode 1. 영어는 말이야!

다. 중급도 이와 다르지 않다. 다만 사용하는 어휘들이 좀 더 어려워질 뿐이다.

이 외에도 리듬패턴 학습법의 장점이 몇 가지 더 있다. 패턴 책으로 공부해서는 절대로 할 수 없는 것들이다. 그중 하나는 목소리와 관련되어 있다.

여러분이 패턴 책으로 패턴을 익힌다고 하자. "I want you to do that."이라는 문장에서 'I want you to'라는 패턴을 단순히 책으로 익히거나, 원어민이 녹음한 사운드 혹은 한두 가지 영상을 통해 익힐 경우에는 이 패턴을 이해할 수 있을지는 모르지만, 실전에서는 전혀 알아듣지 못할 수 있다. 아니, 실제로 그렇다.

이유는 간단하다. 사람마다 목소리 톤이 다르기 때문이다. 남자가 말할 때, 여자가 'I want you to'를 말할 때, 목소리 굵은 사람이 말할 때, 화나서 말할 때, 웃으며 말할 때 등등 다양한 상황에서 'I want you to'를 알아들을 수 있어야 하는데, 그게 쉽지가 않다.

리듬패턴 학습법의 위력이 여기에 있다. 리듬패턴 학습법의 경우, 다양한 사람들이 다양한 상황에서 'I want you to'를 말하는 영상들로 구성되어 있어 실전 적용에 훨씬 효과적이기 때문이다.

리듬패턴 학습법의 또 한 가지 장점은 동작과 관련되어 있다. 미드나

꿈을 좇으면 영어는 덤이다

영화를 자세히 보면, 배우들이 '말을 하면서' 고개를 까딱하거나 손동작을 할 때, 혹은 발을 움직이거나 몸을 구부릴 때, 거의 대부분 강세가 들어가는 부분에서 그러한 동작을 한다는 것을 알 수 있다. 몸을 움직이지 않으면 얼굴 표정이라도 바꾼다. 〈프렌즈〉, 〈모던 패밀리〉, 〈왕좌의 게임〉 어떤 것을 봐도 마찬가지다. 심지어 애니메이션에서도 그렇다.

〈라푼젤〉에서도 라푼젤이 "I've got a person in my closet."라고 말할 때 'my'까지는 구부정하게 있다가 'clo' 부분에서 크게 강세를 주며 몸을 일으키는 것을 알 수 있다.
(https://youtu.be/D0HFaG-5DSE)

<u>아래 사진들을 보면 뭐가 떠오르는가?</u>

무지개는 항상 빨주노초파남보의 패턴을 가진다.

대부분 무지개가 떠오를 것이다. 무지개의 특징은 뭔가? 바다에서든 땅 위에서든, 심지어 쌍무지개도 늘 빨주노초파남보 일곱 가지 색을 띤다는 것이다. 그래서 이와 비슷한 무늬를 보면 사람들은 무지개를 떠올리게 된다. 이렇게 반복적인 무늬를 통해 특정 사물을 떠올리게 하는 것을 패턴이라고 한다.

즉 리듬패턴 학습법으로 훈련할 경우, 영어 사용자들의 리드미컬한 동작을 이해하게 될 뿐만 아니라 뒤에 설명할 '녹음파일 훈련법'을 통해 자연스럽게 자신의 몸에 배게 할 수 있다.

리듬패턴 학습법으로 강의하기 시작한 후 어떻게 됐을 것 같은가? 기대 이상이었다. 현장에서 수강생들을 지켜보면 그 효과를 바로바로 알 수 있다. 리듬패턴을 통해서 훈련하면 리듬이 좋아지고, 어순이나 구조도 자연스럽게 익히게 된다. 전보다 더 잘 들리고, 리듬패턴을 이용하다 보니 말하기나 글쓰기도 훨씬 쉬워진다. '내가 이렇게 쉬운 걸 그동안 못 들었던 거야? 영어 별거 아니네.' 이렇게 된다. 영어가 재미있어진다.

하지만 이 리듬패턴을 만들어내느라 나는 오늘도 자정을 넘긴다.

EPISODE 2.

영어, 틀려도 돼!

결국 중요한 건 효과적인 복습이다. 사람도 한 번 보고 다시 안 보면 잊기 쉽다. 보고 싶고 좋아하는 사람이라면 빠른 시일 안에 자주 봐야 한다. 처음에는 이렇게 자주 봐야 친해지는 법이다. 문장노트도 마찬가지다. 친해질 때까지는 자주 봐야 한다. 자주 봐서 손때가 묻을수록 영어와 친해진다.

4문장 스티브 잡스, 오바마, 오푸라

이젠 연습이다. 지금까지 영어 제대로 배우는 방법을 알아봤다. 배웠으니 이제 남은 건 익히는 것이다. 공자님도 배우고 익히라고 말씀하셨지, 배우라고만 하지는 않았다. 연애와 키스를 글로 배우면 무슨 소용인가. 학교에서 배우기만 하는 건 아무 의미 없다. 마찬가지로 영어를 글로만 배운다면 자기만족에 불과하다.

영어는 영어 그대로 받아들이는 것이 가장 쉽고 재미있다. 그러기 위해서는 아직 머릿속에 남아 있는 시냅스된 느낌이 지워지기 전에 연습을 해야 한다. 시냅스 연습이라고 하니 앉아서 영어 상황을 떠올리기만 하면 되겠지 하고 생각할지도 모른다. 하지만 영어는 말이므로 듣고 따라 읽고 시냅스된 느낌을 자꾸 떠올리려고 해야 한다. 서당에서 아이들이 천자문 외우는 모습을 떠올려보자. 큰 소리로 '하늘 천 따 지' 하고 외웠다. 그 옛날에도 속으로 읽는 것보다 소리 내어 읽는 것이 더 효과적이라는 사실을 알고 있었던 것이다.

연습의 목적

먼저 연습의 목적을 확실히 해야 한다. 목적지도 없이 길을 나설 수는 없다. 우리의 목표는 영어를 영어로 받아들이고 말하는 것이다. 그래서 시냅스를 통해 이해하고, 리듬패턴을 통해 리듬을 배워야 한다.

이전처럼 영어 겉핥기는 우리의 목적이 아니다. 그러려면 암기하던 습관부터 버려야 한다. 왜냐하면 문장을 암기하다 보면 자연히 영어 소리와 상황을 멀리하게 되기 때문이다.

죽는 날까지 하늘을 우러러
한 점 부끄럼이 없기를
잎새에 이는 바람에도
나는 괴로워했다.
별을 노래하는 마음으로
모든 죽어가는 것을 사랑해야지.

그리고 나한테 주어진 길을

걸어가야겠다.

오늘 밤에도 별이 바람에 스치운다.

윤동주 시인의 「서시」다. 학생들에게 다음 날까지 암송해오라고 하면, 대부분이 빠른 시간 안에 글자만 외우려고 할 것이다. 시 구절을 생각하거나 무슨 의미인지 알려고 하지 않는다. 좀체 암기하던 습관을 버리지 못한다. 그나마 우리말이니 보고 읽고 말하는 데 큰 어려움은 없어 암기가 빠른 것이다. 소리 낼 줄 모르는 영어는 발음까지 신경 써야한다. 외우느라 발음은 신경 쓸 새가 없다. 결과가 바로 나타나지 않기 때문이다. 대신 암기를 하면 10분 후 혹은 한 시간 안에 결과를 확인할수 있다. 성과가 있으니 공부한 기분도 난다. 하지만 한 시간 연습한다고 발음이 확 좋아지지도 않고, 내 몸이 상황을 얼마나 기억하고 있는지도 알 길이 없다. 연습을 하고도 성과가 눈에 안 보이니 자기도 모르게 소홀해진다. 우리가 연습할 때마다 목표를 되새겨야 하는 이유다.

잘 보이는 곳에 "하루 한 문장이라도 영어로 느끼자!" 또는 "온몸으로 영어를 느낄 때까지 연습" 같은 목표를 적어 붙여놓자. 그리고 연습을 하기 전에 매일 한 번씩 큰 소리로 읽어보자. 이 밖에도 목표를 잊지 않을 수 있는 방법이면 무엇이든 좋다. 무엇이든 속도보다는 방향이다. 방향이 맞다면, 오늘 하루 연습할 양이 많든 적든 상관없다. 자신이 소화할 수 있는 만큼 하는 것이 중요하다.

예를 들어보자. 수영 초보와 '수영 황제' 마이클 펠프스의 연습 방법이 같을 수 없다. 물에 뜨지도 못하는 사람이 영법부터 배우겠는가? 물 위에서 팔 젓는 법과 숨 쉬고 내뱉는 법부터 연습해야 한다. 그러고 나서도 물속에서 킥판의 도움을 받아 안정적인 자세를 만드는 연습을 한다. 정확한 자세도 모른 채 펠프스 흉내 내다가는 크게 다칠 수 있다. 연습량도 마찬가지다. 막 달리기를 시작하는 사람과 마라톤 선수의 연습량이 같을 수 없다. 하루 2~3킬로미터도 뛰기 힘든 초보자가 마라토너처럼 매주 200킬로미터(하루 약 28킬로미터)를 뛸 수는 없지 않은가. 이처럼 운동에는 각 단계에 맞는 연습량과 훈련법이 있다. 그리고 무리해서 연습하면 꼭 탈이 난다. 영어를 배우는 과정도 운동 훈련 과정과 다르지 않다.

우리의 목표는 명확하다. 우리 수준에 맞는 훈련 방법으로 적절한 양의 연습을 하는 것이다. 자신이 시냅스할 수 있고, 리듬을 알고 있는 문장으로 연습해야 한다. 그리고 한 문장 한 문장 최대한 느낌을 갖도록 연습해야 한다.

녹파가 뭐예요? 1

"너 어제 녹파 했어?"

"당연하지! 2개나 했는걸!"

'녹파? 엥? 대파 양파는 알고, 파바(파리바케트), 생파(생일파티)는 들어봤는데, 녹파는 뭐지? 먹는 건가?'

소리드림에 오면 배우게 되는 신조어들이 있다. 학생들이 많고 게다가 다들 몇 개월씩 듣다 보니, 자기들끼리 줄여 쓰는 말이 생기나 보다. 그중에서도 가장 많이 듣게 되는 말이 녹파다.

녹파는 녹음파일 만들기의 줄임말이다. 녹음파일 만들기는 소리드림 훈련법의 하나로 시냅스한 내용을 큰 소리로 연습하는 것이다. 즉 시냅스한 상황을 소리 내어 반복적으로 말하고, 마치 말하는 사람처럼 행동을 반복하는 과정이다. 그리고 나서 나서 스마트폰으로 녹음하는 것이다. 훈련의 마지막 과정이 녹음이라서 '녹음파일'이라고 부르던 것이 이제는 '녹파'가 되었다.

녹음파일은 소리드림의 가장 핵심적인 학습법이다. '그냥 각자 알아서 듣고 따라 하면 되지 않나?' 하고 생각하는 사람도 있을 것이다. 누구나 아는 방법이고, 특별할 것도 없어 보인다. 하지만 곰곰이 생각해 보자. 누구나 알고, 특별할 것 없는 이 방법을 어디에서도 소리드림처럼

꿈을 좇으면 영어는 덤이다

열심히 연습하지 않는다. 만에 하나 있다 한들 이렇게 꾸준히 하는 곳도 없다. 소리드림에서 녹음파일이 특별한 이유는 이곳에 오면 누구나 당연히 녹음파일을 만들기 때문이다. 곧 당신도 그중 하나가 될 것이다!

녹파가 뭐예요? 2 (feat. 녹파 방법)

혼자 무작정 운동하기는 힘들다. 좋다는 걸 알아도 귀찮고 힘든 일이면 좀처럼 하기가 싫다. 영어도 마찬가지다. 그래서 연습하기 전에 "이것만은 꼭 지키자!" 하는 나만의 규칙을 만들어야 한다. 그렇지 않으면 흐지부지되기 십상이다. 언제까지 헬스와 영어 공부를 3일만 하고 그만둘 수는 없다.

연습 목표를 정확히 알았다면 연습할 문장을 정해야 한다. 이때 중요한 조건이 두 가지 있다고 앞에서 말했다.

첫째, 시냅스가 되어 있는 문장이어야 한다.
둘째, 리듬을 아는 문장이어야 한다.

그리고 마지막으로 내게 필요한 문장인지를 생각해보면 된다. 다시 말해 내가 평소에 사용할 것 같은 말을 훈련하라는 것이다. 거꾸로 말해, 내가 평생 쓸 일이 없거나, 거의 안 쓸 것 같은 말은 과감하게 버리라는 것이다. 아쉬울 것 전혀 없다. 내가 쓸 것 같은 말을 훈련할 시간도 모자라다.

그런데 내가 평생 쓸 일이 없을 것 같은 문장이지만 훈련해야 할 때가 있다. 내가 안 쓸 것 같아서 한 번 버렸다. 그런데 같거나 유사한 문장이 또 나왔다(여러분이 듣는 영어 수업이나, 즐겨 보는 미드 혹은 유튜브 채널 같은 데서 또 나왔다는 것이다). 그래도 버리자. 그런데 이게 또, 세 번째 나왔다고 치자. 그때는 훈련하는 것이 좋다. 내가 말로 뱉을 일은 없을지 모르지만, 자주 듣게 될 말이기 때문이다. 이럴 때는 이런 소리가 영어로 들릴 때 바로 듣고 시냅스하기 위해서 해야 하는 것이다. 듣기 훈련용이다.

이제는 범위다. 조건을 만족한다고 100개 문장 1000개 문장을 하루에 연습할 수는 없는 노릇이다. 처음에는 네 문장으로 시작한다. 시냅스가 된 문장이 한 문장이라면 한 문장을 골라도 된다. 되도록 짧은 문장이나 복잡하지 않은 문장이 좋다. 길고 복잡하면 시냅스가 어려워 반쪽짜리 훈련이 될 수도 있다. 아무래도 실생활을 반영하는 미드가 유튜브 콘텐츠보다 단문이 많다. 유튜브 콘텐츠는 상대적으로 단어가 낯설거나 보기 힘든 구조가 나올 수 있다. 그래서 소리드림의 경우 유튜브의 많은 콘텐츠 중에서도 정보 전달이나 동기부여 등 이야기가 있는 콘텐츠 위주로 수업을 한다. 전문 유튜버들이 하는 대화 위주의 콘텐츠는

꿈을 좇으면 영어는 덤이다

다루지 않는다.

　하지만 녹파를 아직 안 해본 사람은 미드로 녹파를 하는 것이 어렵지 않을까 하고 겁부터 먹는다. 말이 빠르다고 느끼기 때문이다. 쉽게 말하면, 자신의 이야기를 들어줄 사람이 앞에 있는 상황을 상정하고 혼자서 방송처럼 말하는 것(유튜브 콘텐츠)과 원어민끼리의 대화(미드 콘텐츠)는 차이가 날 수밖에 없다. 당연히 듣는 사람을 의식한 말하기, 정보 전달을 위한 말하기가 듣기에는 편하다. 그러나 어디까지나 소리에 국한된 이야기다. 누군가 영어를 천천히 말해준다고 다 이해가 되는 것은 아니다. 실제로 자막을 보면 미드가 더 쉬운 표현인 경우가 많다. 아직 우리가 강세에 익숙하지 않아서 빠르게 들릴 뿐이다. 고로 시냅스가 되는 문장임에도 불구하고 말이 빠른 것 같다는 이유로 처음부터 미드를 제치고 훈련하는 실수를 하면 안 된다.

　다음으로 연습할 시간을 정한다. 연습할 시간은 4개 문장에 40분이다. 콘텐츠의 소리를 듣고 큰 소리로 연습하는 시간이다. 네 문장 연습하는 데 40분이나 쓰는 건 너무 길다고 생각할 수도 있다. 단언컨대 절대 긴 시간이 아니다. 왜냐하면 우리의 목표는 시냅스가 되도록(영어를 영어로 받아들이도록) 연습하는 것이기 때문이다. 몇 번 입으로 연습한다고 되는 게 아니다. 우리 몸이 그 느낌을 기억할 수 있도록 반복해야 한다.

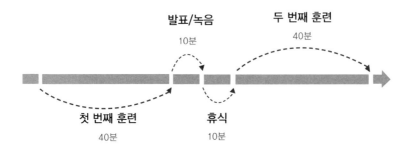

발표/녹음
10분

두 번째 훈련
40분

첫 번째 훈련
40분

휴식
10분

첫 번째 훈련 + 발표/녹음 + 휴식을 더하면 딱 1시간이다.

그러기 위해서는 먼저 리듬을 익혀야 한다. 훈련 2~3분 전에 반복해서 들으면서 전체적인 리듬을 파악해보도록 한다. 리듬을 익힐 때는 한 문장을 한 번에 따라 읽으려 하면 안 된다. 무리해서 쫓아가다 보면 리듬을 만들기가 어렵다. 강세에 따라 나눠진 소리 덩어리를 하나씩 연습해 붙여 나가야 한다.

"I am going to meet him at the coffeehouse later."(이따 커피하우스에서 만나기로 했어)

- 〈프렌즈〉 시즌5 에피소드 13

위의 문장을 연습한다고 하면, 듣고 따라 해보면서 몇 덩어리인지 확

꿈을 좇으면 영어는 덤이다

인해본다.

I am going to + meet him at the + coffeehouse later.

듣고 난 뒤 세 덩어리임을 확인하고, 앞의 덩어리부터 연습해 붙여 눈덩이 굴리듯 문장을 붙여 나간다.

[I am going to]가 입에 붙으면 다시 [meet him at the]를 연습하고
다시 붙여 [I am going to + meet him at the]를 연습한다.
또 [coffeehouse later]를 연습한 다음
이번에는 [I am going to + meet him at the + coffeehouse later]를 연습한다.

이때 아무리 들어도 들리지 않는 소리들이 있다. 10분 동안 들어도 도저히 무슨 말인지 모르는 단어들이 생긴다. 그때는 하는 수 없다. 자막을 확인해봐야 한다. 녹음파일 만들 때는 자막을 보지 않고 연습하는 것이 원칙이다. 자막을 보고 연습하면 소리에 집중하기 힘들기 때문이다. 그리고 이내 평소 알던 또는 눈에 보이는 대로 영어를 '읽게' 된다. 귀가 눈을 이길 수 없는 법이다. 그렇다고 들리지 않는 부분을 언제까지

고 듣고 있을 수는 없다. 이때 딱 한 번 '이번이 마지막이야!'라는 마음가짐으로 보는 것이다.

이제 남은 건 반복적인 시냅스 연습이다. 말에 상황을 붙여 연습하는 것이다. 40분에 네 문장이니 따져보면 한 문장에 10분이다. 듣고 따라 말할 수 있다고 시냅스가 된 건 아니다. 10분 동안에 주인공인 듯 직접 행동까지 곁들여 연습한다. 음식을 먹으면서 하는 말이라면, 실제 음식을 먹는 것처럼 한다. 취직을 해서 기쁜 상황이라면, 실제 내게 일어난 일처럼 기뻐하며 연기해야 한다. 실제 상황처럼 하는 것이 중요하다.

말이라는 것은 소리를 내서 의사표현을 하는 것이다. 그런데 소리로만 의사표현을 할 수 있는 것이 아니다. 소리로만 내 의사를 정확히 표현할 수도 없다. 표정과 동작까지 동원해야 내가 하고자 하는 말이 상대에게 정확하게 전달될 확률이 높다. 영어는 특히 그렇다.

하루는 강의를 마치고 나가는데 한 학생이 가방을 메고 나가더니 다시 돌아와 앉았다. 그러더니 갑자기 또 가방을 메고 문 앞으로 가는 행동을 몇 번이나 반복했다. 처음엔 왜 저러나 싶었는데 알고 보니 미드의 한 장면을 연습하고 있었다. 뿐만 아니라 다른 학생들도 치즈케이크 맛을 표현하는 장면을 배우고 나면, 다음 날은 어김없이 다들 치즈케이크를 앞에 놓고 연습했다. 이렇게 다들 열심히 복습하는데 실력이 늘지 않을 수가 없다.

녹파가 뭐예요? 3 (feat. 녹화를 하자!)

삐삐! 삐삐! 삐삐! 알람이 울린다. 벌써 40분이 다 흘러간 것이다. 그리고 마지막 관문이 남아 있다. 연습한 내용을 발표하는 것이다. 함께 모여 연습했다면, 연습한 사람들과 함께 발표하고, 집에 있다면 가족 앞에서 한다. 가족 앞이 부끄럽다면 반려동물이나 거울 앞에서라도 좋다. 연습한 분량이 한 줄이라면 한 줄을 발표하면 된다. 만약 한 줄도 못했다면, 하나의 덩어리라도 괜찮다. 그냥 하나의 덩어리만 발표하는 것이다. 잡스가 아닌 짭스 같아 보여도, 오바마가 아닌 오빠마 같아 보여도 괜찮다! 부끄러워하지 말자! 누구나 처음은 있다. 만족할 만한 수준이 아니어도 정말 괜찮다. 우리의 문제는 처음이 미약한 것이 아니라 언제나 끝을 보지 못하는 것이다.

발표를 했다면 이제 녹화를 할 시간이다. 주저 없이 스마트폰 영상을 켜고 40분 동안 연습한 내용을 녹화하는 것이다. 이때 녹화 기회는 딱 한 번이다. 발표 잘하는 영상을 남기는 것이 목적이 아니다. 40분 연습한 결과를 영상으로 남기는 것이다. 간혹 잘된 영상을 남기기 위해 수차례 다시 찍는 사람이 있다. 이렇게 하면 배보다 배꼽이 더 커질 수도 있다. 40분 연습하고 영상을 20분 찍을 바에야 정해진 시간에 집중해서 연습하는 것이 낫다. 또 잘된 영상만 남기면 나중에는 처음부터 잘했다고 착각할 수도 있는 법이다.

Episode 2. 영어, 틀려도 돼!

그다음, 녹화 영상은 유튜브에 올려보도록 하자. 블로그도 괜찮다. 꾸준히 하기 위해서는 기록하는 습관이 중요하다. 매년 스타벅스 다이어리 이벤트를 생각해보라. 한 번 갈 것도 두 번 가고, 가까운 카페 놔두고 굳이 스타벅스를 찾아가게 된다. 녹파 하기 싫은 날도 바쁜 날에도 어떻게든 꾸준히 연습하려면 이렇게 눈에 보이는 공든 탑을 만들어야 한다. 이때 소리드림 다음카페 게시판에 매일 올라오는 다른 사람들의 녹음파일을 들어보는 것도 도움이 된다. 열심히 하거나 잘하는 사람을 보면 자극을 받을 수 있기 때문이다.

혹시라도 3개월 후에 슬럼프가 찾아오면 첫 번째 파일을 들어보라. 다시 용기와 의욕이 생길 것이다. 내가 이렇게 못했었어? 별로 늘지 않은 줄 알았는데, 그 사이에 많이 늘었네! 이런 마음이 들 것이다.

녹음파일은 영어를 성공으로 이끄는 마일리지다. 카드 포인트, 빵집 포인트, 항공사 마일리지보다 더 빨리 쌓을 수 있고 보상도 확실하다. 자! 그러면 오늘부터 마일리지 하나씩 적립해보자. 머지않아 영어로 대화하는 자신을 보게 될 것이다.

꿈을 좇으면 영어는 덤이다

돌려주시면 사례하겠습니다

　대형서점 영어부문 베스트셀러 코너에는 어김없이 회화 관련 서적들이 놓여 있다. 대부분의 영어회화책은 회화에 유용한 표현들로 구성되어 있다. 예전에는 두 사람이 A-B-A-B 번갈아 가며 나눈 대화였다면, 요즘은 더 길어져 A-B-A-B-A-B-A-B 로 두 배 정도 길어졌다. 그런데 왠지 모르게 자꾸 들었다 놨다 하다가 결국 사지 않게 된다. 문장들을 보면 참 좋은데 뭔가 허전하다. 도대체 왜 그런 것일까?

　표현은 좋은 것 같은데 끌리지 않는 이유는 뭘까? 간단하다. 내가 평소에 사용하지 않을 것 같은 표현들이기 때문이다. 우리말도 그렇지 않은가? 이 책을 읽는 독자들은 우리말을 다 할 줄 알지만, 그렇다고 해서 다들 같은 표현을 쓰는 것은 아니다.

부모님한테 사랑한다는 말 한마디 안 하던 사람이 영어 배웠다고 "I love you, Mom."이라고 말하지는 않을 것이다.

평소 칭찬을 잘하지 않던 사람이 "You're all dressed up."(=옷 예쁘네. 멋있다! 평소와 다르게 옷을 차려입은 사람에게 하는 말)이라고 말할 일도 별로 없을 것이다.

친구한테 싫은 소리 안 하던 사람이 충고한답시고 "Let's face it."(=사실을 직시하자. 현실과 동떨어진 생각을 하는 사람에게 현실을 인정하자고 할 때 주로 쓰는 말)이라고 말할 리도 없을 것이다.

아무리 좋은 표현, 괜찮은 예문이라도, 내가 앞으로 쓸 일이 없으면 필요한 문장이 아니다. 어떤 문장들은 영화나 미드를 보다 보면 언젠가 나올 수도 있으니, 알아두면 나중에 '듣기'에 도움이 되긴 할 것이다. 하지만 영어를 배우는 목적이 내 의사를 영어로 전달하는 것이고, 우리한테 주어진 시간도 많지 않으므로 좀 더 효과적으로 영어에 접근할 필요가 있다. 다시 말해서 나한테 필요 없을 것 같은 문장은 버려야 한다.

'배워두면 언젠가 쓰겠지'라는 생각은 이제 버리자. 그놈의 언젠가를 위해 혹시나 하고 사들인 책이 몇 권인가? 인간은 기억하는 속도보다 잊어버리는 속도가 더 빠르다. 더구나 남이 외우라고 던져준 표현은 더 잊어버리기 쉬운 법이다.

나만의 회화책!

무엇이든지 직접 해봐야 한다. 그래야 기억이 오래간다. 요리 못하는 사람도 레시피대로 따라 해보면 두 번째부터는 한결 쉬워진다. 모르던 길도 한 번 헤매고 나서 다시 가보면 처음과 달라진다. 하지만 남이 해 주는 음식만 먹고, 다른 사람 뒤나 따라다니면, 늘 얻어먹어야 하고, 늘 누군가를 의지해야 할 것이다.

영어도 마찬가지다. 남들이 다 중요하다고 외워대는 문장만 외워봐야 나아질 리가 없다. 그런 건 하기 싫어도 토익 공부, 공무원 영어 할 때 지겹도록 하게 되어 있다. 실제 생활에서 내가 쓸 말은 내가 직접 골라야 한다. 그래야 보고 또 보게 된다. 그래서 소리드림에서는 수강생들에게 문장노트를 만들도록 안내한다.

문장노트는 내가 사용하는 말만 골라 적어놓고 수시로 보는 나만의 회화책이다. 유튜브나 미드를 보다, 내가 평소에 사용할 것 같은 표현이 나오면 적어놓고 연습하기 위한 용도다. 이때 가장 중요한 것이 사용할 것 같은 말만 골라 짓는다는 것이다. 이렇게 힘을 줘 말해도 많은 사람들이 여전히 쓸데없는 문장들로 문장노트를 채우려 할 것이다.

집에 있는 책장을 떠올려보라. 읽지도 않고 장식용으로 꽂아둔 책이 몇 권이나 있는지. 여성분들은 옷장을 열어보자. 수년 동안 입지도 않으면서 버리지도 못하는 옷이 얼마나 많은지. 학생이건 직장인이건 나중에 볼 거라며 자료들을 잔뜩 쌓아놓지 않는가? 다들 그러고 산다.

그럼 어떻게 하라는 건가? 간단하다. 한 손에 들고 다닐 만한 노트를 한 권 산다. 들고 다니면서 보려면 너무 크거나 무거운 것은 피하는 것이 좋다. 노트를 샀으면, 각 페이지를 반으로 접은 후, 왼편에 연습하고 싶은 나만의 영어 문장을 볼펜으로 적는다. 그럼 오른쪽에는? 해당 문장을 사용할 것 같은 상황을 한글로 적되 이때는 연필을 사용한다. 다시 말해 왼쪽에는 영어 문장을 적고, 오른쪽에는 그 문장을 사용할 만한 상황을 적는 것이다. 시냅스용이다.

왼쪽에 적을 문장을 처음부터 미드나 영화에서 찾는 것은 좋지 않다. 자신이 충분히 시냅스하고, 발음과 리듬을 아는 문장으로 하는 것이 좋다. 따라서 가능하면 소리드림 수업에서 배운 리듬패턴에 나오는 예문 위주로 시작하는 것이 좋다. 수많은 상황을 통해 학습한 리듬패턴이야말로 가장 쉽고 정확하게 시냅스할 수 있는 문장이기 때문이다. 이렇게 꾸준히 적다 보면 각자 자신에게 필요한 문장을 찾는 능력이 길러진다. 그때 가서 미드나 유튜브로 범위를 확장해가면 된다.

　　　　　　꿈을 좇으면 영어는 덤이다

예를 들어 설명해보자. 리듬패턴 'Do I ~?'를 배웠다고 해보자. 'Do I ~?'라는 리듬패턴을 사용한 예문 중에 "Do I look fat?"(=나 뚱뚱해 보여?)이라는 문장이 내가 평소 친구나 남친한테 사용하는 말이라고 하자. 안 그래도 시험기간에 앉아서 공부만 하느라 체중이 좀 나가는 느낌이다. 문장노트 한 페이지를 반으로 접어 왼편에 'Do I ~?'라고 리듬패턴 제목을 적은 후 그 밑에 "Do I look fat?"이라고 적는다. 그리고 오른편에는 연필로 "시험기간에 공부하느라 살찐 것 같은 나, 어때 보이는지 친구들에게 물어볼 때"라고 적으면 된다.

문장 하나에 여러 개의 상황을 적어도 된다. "I want to go home."을 왼쪽에 적었다면, ①회사에서 야근할 때 속으로 하는 말, ②친구들과 노는 데 재미가 없을 때, ③명절에 집에 돌아가는 길이 막혀 답답할 때 등 여러 개의 상황을 적어도 된다. 다른 상황이 또 떠오르면, 쭉 적어도 좋다.

문장노트를 채울 예문은 하루에 한 문장이어도 좋고, 더 많아도 상관없다. 내가 평소 사용하는 말이나 쓰고 싶었던 표현이라는 조건에 맞으면 된다. 대신 매일 반복해서 보고, 생생히 시냅스하고 말해봐야 한다. 다시 말해 문장노트에 적힌 문장들을 단순히 외워서는 안 된다는 것이다. 해당 상황이 되면, 자동으로 필요한 말이 튀어나오도록 구체적인 상황을 생생히 시냅스하며 자신 있게 말하는 연습을 해야 한다. 자

Episode 2. 영어, 틀려도 돼!

신이 늘 영어 사용자들과 함께 있다면야, 굳이 이런 연습을 하지 않아도 다양한 영어 문장을 구사할 기회가 있겠지만, 대부분의 한국인들이 그렇지 않다. 때문에 이런 방법으로라도 말하기 연습을 꾸준히 하는 수밖에 없다. 결국 시냅스 연습인 것이다.

다시 한 번 말하지만, 그냥 외우는 것이 아니다. 머릿속으로 그런 상황이 실제 일어난 것처럼 꾸며내야 한다. 연구에 따르면, 사람은 머릿속으로 생생하게 시냅스한 상황도 실제로 일어난 것처럼 받아들이는 능력이 있다고 한다.

여기까지 얘기하면, '문장노트도 녹음파일처럼 시간 정해놓고 봐야 하나요?' 하고 물어보는 이들이 있다. 물론 좋은 방법이다. 그러나 문장노트는 따로 시간 내서 오래 보는 것보다는 자투리 시간을 이용하는 것이 좋다. 학교 가는 길, 출근길, 공강시간, 점심 먹으려고 친구 기다릴 때, 집에 돌아가는 버스나 지하철 등 어디서든 잠깐씩 꺼내놓고 보기를 권한다.

또 한 가지는 문장이 늘어날수록 누적해서 보는 것이 좋다. 오늘이 3일이라고 하면, 문장노트에 오늘의 문장을 기록해놓는다. 그다음 1일과 2일에 적은 문장부터 보면서 복습하는 것이다. 지난달에 적은 것이 있으면 지난달 것부터 복습한다. 10일이든 20일이든 기간을 정해 꾸준하게 돌려보는 것이 효과적이다. 만일 오늘이 10월 3일이라고 한다

꿈을 좇으면 영어는 덤이다

면 오늘부터 지난 10일치 분량의 문장노트를 복습하는 것이다. 즉 9월 24일부터 10월 3일까지 작성된 문장노트를 보면 된다. 하루가 지나 10월 4일이 되면 다시 10일치인 9월 25일 것부터 복습하면 된다. 10일이든 20일이든, 무리하지 않을 만큼의 기간을 정해서 꾸준히 하는 것이 좋다. 너무 길게 잡으면 양이 점점 많아서 포기하기 쉬워지고, 복습기간을 너무 짧게 잡으면 효과가 떨어진다.

결국 중요한 건 효과적인 복습이다. 사람도 한 번 보고 다시 안 보면 잊기 쉽다. 보고 싶고 좋아하는 사람이라면 빠른 시일 안에 자주 봐야 한다. 처음에는 이렇게 자주 봐야 친해지는 법이다. 문장노트도 마찬가지다. 친해질 때까지는 자주 봐야 한다. 자주 봐서 손때가 묻을수록 영어와 친해진다.

하루는 한 학생이 주위 친구들을 잡고 울상을 짓고 있었다.

"무슨 일 있어요?"

"선생님, 문장노트를 잃어버렸어요."

"저런, 어쩌다가요?"

"지하철에 앉아서 보다가 졸았는데, 정차 역에서 급하게 내리다 보니, 두고 내린 것 같아요. 속지에 이름, 전화번호랑 돌려주면 사례하겠다고 적어놨는데, 아직까지 연락이 없네요."

수강생 염분홍 님의 문장노트 속지.

속으로 그 학생이 참 대견하다는 생각을 했다. 문장노트를 얼마나 열심히 만들고 보았으면 사례하겠다는 글까지 적어놓았을까 싶었다. 다행히 그 여학생은 얼마 뒤 문장노트를 찾았다고 한다.

Easy come Easy go

문장노트 만드는 데 특별한 기술은 필요 없다. 노트와 펜만 있으면 된다. 이 2개만 있으면 세상에서 가장 멋진 나만의 영어회화책을 만들 수 있다. 비싸다고 다 좋은 것이 아니다. 공부를 꼭 책으로 해야 하는 것도 아니다. 그러니 더 이상 영어 배우겠다고 영어회화책 사는 일은 제발 좀 하지 않았으면 좋겠다. 내가 당장 쓸 일도 없는 문장 몇 개 더 배운다고 영어 실력이 느는 것이 아니기 때문이다. 책 디자인은 더 좋아졌을지도

꿈을 좇으면 영어는 덤이다

모르겠다. 하지만 내용은 예전 생활영어책과 그다지 다르지 않거나, 오히려 못한 책도 많다. 이미 있는 책들 두고 또 살 필요가 없다. 갖고 있는 책에 없는 예문이 새로 나온 책에 있을지는 모르지만, 아무 의미도 없다. 이미 나온 책에 있는 문장들도 내 걸로 만들지 못했는데, 더 좋은 책을 산들 무슨 소용이 있겠는가? 게다가 듣지도 못하는데 한 문장 더 알아서 무슨 도움이 되겠는가?

수강생 염분홍 님의 문장노트. 하도 많이 봐서 다 해질 정도다.

쉽게 얻은 것은 쉽게 잃는다고 한다. 회화책 한 권으로 영어 표현을 배우려는 시노는 이제 그만 포기하자. 대신 이제부터는 직접 만들어보자. 내가 직접 고민해서 고른 문장들이다. 내 손으로 손수 적어놓은 표현들이다. 시냅스를 하기 위해, 열 번 스무 번 생생하게 상황을 그려가며 넘겨본 손때 묻은 노트다. 이렇게 입으로 몸으로 익힌 문장이라면 쉽게 잊히지 않을 것이다. 이런 문장노트를 잃어버린다면 얼마나 속상하겠는가? 여러분도 이런 노트, 나만의 회화책 하나 갖고 싶지 않은가?

면접관님, 제가 직접 쓴 원서입니다.

책장 한켠에 특별한 영어 원서들이 30여 권 정도 있다. 책 크기도 표지도 다 제각각이고 다들 한 두께 한다. 얼핏 보면 전공서적 같기도 하다. 모두 수강생들이 기념으로 준 책들이다. 1년 동안 쓴 영어일기를 묶어 감사의 의미라며 선물해줬다. 매번 받을 때마다 감사하게 생각한다. 책을 선물해준 것도 고맙고, 가르침을 잘 따라준 건 더 고맙다.

여기에는 군데군데 자신이 직접 찍은 사진도 있고, 내용과 관련 있는 이미지들도 있다. 매일 매일이 다른 내용이고, 다양한 리듬패턴과 단어를 사용해서 쓰고 있다. 이렇게 자신만의 일기를 만드는 학생들은 대부분 자신의 블로그나 내가 운영하는 소리드림 다음카페에 이 일기를 매일매일 올린다. 1년 넘게 그렇게 한다. 그러니 누가 써줬다거나, 며칠 사이에 급조할 수가 없다. 순전히 자신의 생각을 자신만의 언어로 직접 쓴 것이다.

수강생들이 직접 만들어서 준 자신만의 영어 원서들(왼쪽). 영어 일기를 쓰며 영어의 재미를 알게 됐다는 소리드림 수강생 김나영 님의 손편지(오른쪽).

나에게 선물하진 않았지만, 1년간의 영어일기를 제본해서 책으로 만드는 수강생은 더 많다. 책으로 만들지는 않았지만, 상당히 오랜 기간 영어일기를 써왔고, 또 쓰고 있는 수강생은 훨씬 더 많다. 이쯤에서 '아니 다이어리도 사놓고 제대로 쓰지 않는데, 영어일기를 책으로 묶을 정도까지 쓴다고?'라고 의아해할 수 있다. 믿기 힘들겠지만 사실이다. 못 믿겠으면 다음카페 '날 위한 영어일기' 게시판을 검색해보라. 혼자만 쓴다면 하루 이틀 쓰다 말겠지만, 많은 사람들이 꾸준히 올리니 포기하지

꿈을 좇으면 영어는 덤이다

않고 흐름에 자연스레 따라가는 것이다.

영어 말하기는 말만 잘해서 되는 건 아니다. 듣기도 잘해야 하고 읽기와 쓰기도 잘해야 한다. 어느 하나만 특출 나게 잘할 수는 없는 법이다. 워낙 영어교육이 돈벌이 수단이 되다 보니 다 따로 가르치는 것뿐이다. 이 수업만 들으면 말하기는 해결된다고 장담하는 수업들을 보자. 실제 이러한 강의들은 말하기 강의라기보다 문법 강의에 가깝다. 어순 연습하고 문장 표현만 배우고 있기 때문이다. 하지만 듣지 못하는 사람에게 말하기는 별반 쓸모가 없다. 대답할 말을 알아도 뭘 물어보는지 알아듣지 못하면 아무 소용이 없기 때문이다.

소리드림은 영어회화 강의다. 실제로 듣기와 말하기 위주로 수업을 진행한다. 그럼에도 불구하고 영어일기 쓰기를 강력히 권장한다. 말하기와 쓰기가 분리될 수 없기 때문이다. 넓은 의미에서 말하는 내용을 글로 적으면 쓰기가 되는 것이다. 반대로 글로 써놓은 것을 자연스레 말로 뱉을 수 있으면 그게 바로 말하기가 된다. 말한 내용을 적어보면 말의 의미를 더 폭넓게 이해할 수 있어 말하기에 큰 도움이 된다.

무엇을 적을 것인가? 자유롭게 적자!

영어일기라고 해서 겁낼 것 없다. 무엇을 적을지 고민할 필요도 없다.

굳이 영작을 걱정할 것도 없다. 자유롭게 쓰면 된다. 일기는 '원래 이렇게 써야 돼!' 하는 형식이 따로 정해져 있지 않은 자유로운 글쓰기다. 오늘 있었던 일, 기억하고 싶은 생각이나 말, 어릴 적 행복했던 시간이나 좋아하는 드라마나 음악 등 쓸 수 있는 소재는 무궁무진하다. 그러니 꼭 오늘 있었던 일을 쓰려고 고집할 필요가 없다.

문법을 잘 몰라 걱정인가. 문법은 내가 말하는 것, 쓰는 것, 읽는 것이 규칙에 맞는지 확인하는 도구이지 문장 생성기는 아니다. 영어일기는 문법에 맞춰서 작문하는 것이 아니라는 말이다. 공식적인 틀에 단어를 끼워넣는 것은 콩글리시(한국어식 영어, 올바른 표현은 Broken English)가 될 수 있다.

나는 가는 중이야!

나=I / 가다=go / ~하는 중이다= be V-ing

I'm going! (x)이라 하지 않는다. 이때는 "I'm coming!"이라 한다.

이런 고민은 하지 말자. 이미 알고 있는 것을 활용하면 된다. 앞에서 얘기한 녹음파일과 병행하면 좋다. 녹음파일을 만들면서 활용했던 콘텐츠에 있는 리듬패턴이나 단어 혹은 문장 전체를 사용해서 일기를 써보는 것이다. 소리로만 듣고 말로만 연습하던 패턴, 단어, 문장을 직접

꿈을 좇으면 영어는 덤이다

글로 써보는 것이다. 종합적인 훈련을 하는 것이다. 처음에는 그대로 베껴 써도 좋다. 뭐 어떤가. 여러분은 영어에 있어서는 이제 갓 말을 배우기 시작한 아기라는 점을 잊으면 안 된다. 아기들이 가장 잘하는 것이 그대로 따라 하는 것이다. 자꾸 따라 하다 보면 조금씩 응용하게 된다. 같은 문장이라도 주어도 바꾸고 단어도 바꾸고 다른 리듬패턴도 써보고 하면서 반복 연습하는 것이다. 말을 배우듯이 글도 따라 하며 배우는 것이다.

그러다가 조금씩 익숙해지면 서서히 유튜브나 미드, 영어 원서 등으로 자신이 베끼거나 참고할 문장 영역을 확장하면 된다.

일기가 꼭 글로만 이루어질 필요는 없다. 내용과 관련된 사진이나 이미지를 넣어도 된다. 다 쓰고 나면 개인 블로그나 소리드림 카페에 올린다. 사진을 넣으면 그날 그날의 일들이 더 생생하게 기억난다. 바꿔 말하면, 더 빠른 시냅스가 된다.

소리드림 수강생 김동현 님의 사진 일기.

　이렇게 설명해도 의아해하는 사람들이 있을 수 있다. 물론 알고 있는 문장만으로 쓰고 싶은 모든 내용을 표현할 수는 없다. 문장을 만들어서 써야 할 때도 있다. 때로는 쓰고 싶은 주제 대신 다른 주제를 골라 써야 하거나, 매번 쓰던 이야기를 되풀이해서 쓰는 듯한 느낌도 받을 수 있다. 그래서 가끔은 일기쓰기가 싫어질 수도 있다.

　하지만 꼭 기억해야 한다. 영어일기의 목적 중 하나는 배운 것을 활용하는 것이다. 멋들어진 글을 쓰는 것은 그 후의 일이다. 그러니 걱정하지 말고 자유롭게 쓰자. 대신 잘못된 표현은 바로잡아야 한다. 그러나 지금은 아니다. 영어 공부를 시작한 지 최소 6개월 지난 시점이어야 한다. 그때 하루에 하나씩 예전에 쓴 일기를 고쳐 나가는 것이다. 어릴 적 쓴 일기나 학급문집을 보면 얼마나 웃긴가. 맞춤법이 틀린 것도 있고, 읽어도 무슨 말인지 이해가 안 되는 것도 있다. 손이 오그라드는 내용도 많다. 이렇듯 미처 알지 못했던 것들이 보이기 시작할 것이다. 그때가 일기 첨삭을 해야 할 적절한 시기다. 영어일기 쓰기는 재미를 느끼는 것이 먼저다. 처음부터 문장을 틀리지 않게 쓰려면 한 줄도 나아가기 힘들 것이다. 뭐든지 재미가 먼저다. 사람은 재미있어야 반복하게 되고, 지속하게 된다. 그리고 영어일기를 습관으로 만들어야 한다. 그러니 이것저것 고민하지 말고 신나게 쉽게 쓰자.

어떻게 적을 것인가? 하루에 한 단어씩

일기는 어디에 적어도 좋다. 예쁜 노트나 다이어리에 직접 손으로 적어도 좋고, 워드로 작성해도 좋다. 대신 어디에 기록하든 블로그나 카페에 매일 올려야 한다. "빨리 가려면 혼자 가고, 멀리 가려면 함께 가라"는 말이 있듯이, 함께 하는 사람들이 있어야 오래 할 수 있다. 손으로 썼다면, 사진으로도 찍어서 올리면 된다.

| 168535 | 20150831_이예슬_(370) 🖼 | | 📄이예슬•• | 15.08.31 | 35 |

하루일기 (오늘 배운 표현을 꼭 이용하세요^^) If the Titanic sunk today, about the tragedyhap pened last Saturday August 29th, last Saturday night. wewere so excited after we finished o ur acting contest...

게시판: [2] 날 위한 영어일기

| 168452 | 20150830_이예슬_(369) 🖼 | | 📄이예슬•• | 15.08.30 | 10 |

하루일기 (오늘 배운 표현을 꼭 이용하세요^^) Great acting contest with so nice people We nailed i t!!!!! Moyeobori made it!!!!!!!! Ihave an itch for showing off our first prize for acting contest. Fina lly...

게시판: [2] 날 위한 영어일기

| 168253 | 20150829_이예슬_(368) 🖼 | | 📄이예슬•• | 15.08.29 | 15 |

하루일기 (오늘 배운 표현을 꼭 이용하세요^^) The reason that I don't want to go swimming pool Summer is almost gone. It turned chilly in the morningand evening day by day. Now, it seems like not so good...

게시판: [2] 날 위한 영어일기

| 168168 | 20150828_이예슬_(367) 🖼 | | 📄이예슬•• | 15.08.28 | 4 |

하루일기 (오늘 배운 표현을 꼭 이용하세요^^) Acting Contest D-1 Tomorrow, our last acting contest will be held. And it's my first time as a leader acting team. If I don't work or groupactivity related...

게시판: [2] 날 위한 영어일기

| 167947 | 20150827_이예슬_(366) 🖼 | | 📄이예슬•• | 15.08.27 | 4 |

하루일기 (오늘 배운 표현을 꼭 이용하세요^^) My people without Lizzy I got a phone call yesterday, on the way to golounge for doing my Skype call. It was unknown number. I wondered a few secondsand...

게시판: [2] 날 위한 영어일기

| 167757 | 20150826_이예슬_(365) 🖼 | | 📄이예슬•• | 15.08.26 | 4 |

하루일기 (오늘 배운 표현을 꼭 이용하세요^^) SID, my favorite band Who is your favorite mu sician? Or what is your favorite music genre? This is one of the most common themes whe n we start to talk with...

소리드림 카페에 올라온 수강생 이예슬 님의 영어일기 목록.

그런데 일기 쓸 때 지켜야 할 조건이 하나 있다.

하루에 한 단어씩만 늘려 쓴다

얼핏 보고는 그리 어려울 것 같지 않다고 말하는 사람들이 있다. 보통 소리드림 수업을 처음 듣는 분들에게 "오늘부터 영어일기 한 단어부터 시작해보세요. 그리고 매일 한 단어씩만 늘려 써보세요!"라고 말하기 때문이다. 생각해보자. 오늘이 한 단어이면, 내일은 두 단어, 그다음 날은 세 단어다. 이렇게 한 달 해봐야 31개 단어를 넘지 않는다. 이러면 몇몇은 속으로 '에이~ 우리를 뭘로 보고! 그 정도는 하죠!'라고 생각할 수도 있다. 하지만 조금만 더 생각해보면 금세 생각이 바뀌게 된다. 6개월이면 최소 180개 단어다. 그리고 그때는 매일 180개 단어 분량의 일기를 써야 한다. 단어 10개 정도야 1분이면 뚝딱 해치워버릴 수도 있겠지만, 180개는 다르다. 그것도 하나의 이야기로 쓰려면 꽤나 골치 아프다. 그러니 처음에 목표 단어 수가 적다고 우습게 볼 일이 아니다.

이렇게 하루에 한 단어씩 늘려가는 데에는 이유가 있다. 하루 한 단어씩 늘려 쓰는 실천을 통해 영어일기 쓰는 습관을 만들려고 하는 것이다. 하루 한 단어씩 써야 영어 쓰기에 대한 두려움을 없앨 수 있기 때문이다. 처음부터 목표 단어 수가 많으면? 얼마 가지 않아 포기하기 마련이다.

하루에 한 단어씩 1년 정도 하면 영어 글쓰기가 편해진다. 편해진 만큼 당연히 책 두께와 자신감도 늘어난다. 종종 면접 갈 때 영어일기를 가져가는 수강생이 있다. 당연히 면접관에게 보여주려는 것이다. 여러분이 면접관이라면 그 지원자에게 몇 점을 주겠는가? 영어뿐 아니라 성실성에서 후한 점수를 주지 않을 수 없을 것이다.

무조건 외운다고 답이 아니듯이, 외워 쓴다고 나의 글쓰기 실력은 아니다. 아직도 많은 학생들이 토플이나 아이엘츠 시험을 보기 위해 남이 써준 글을 달달 외운다. 오죽하면 '토플 라이팅' 연관 검색어가 '토플 라이팅 템플릿'일까. 글을 쓸 줄 모르는 사람에게 글을 외우라니 어이없는 일이다. 이렇게 백날 써봤자 아무 소용 없다. 채점관 말고 또 누가 그 글을 열심히 읽어준단 말인가.

외우지 말고 영어일기의 재미를 느껴보자. 좀 틀려도 괜찮다. 관심도 없는 질문에 답하려고 끙끙대는 것보다 나만의 이야기가 훨씬 재미있지 않을까?

EPISODE 3.

영어, 어제보다 조금 더
익숙해지는 거야!

영어를 영어로 받아들이고, 나만의 문장으로 훈련하다 보면 어느새 영어는 나의 것이 되어 있을 것이다. 억지로 외워서 하는 것이 아닌, 즐기는 영어를 할 수 있는 것이다. 그런데 이걸로는 부족하다. 여러분이 스스로 찾아나서야 한다. 내가 쓰고 싶은 말, 내가 꼭 알아야 하는 표현, 문장을 직접 찾아내야 한다.

미드로 생활영어를

하고 싶은 말이 있다. 영어도 즐기면서 할 수 있다는 것이다. 정말?

영어를 즐기고 있는가? 영어로 즐기고 있는가? 누군가는 미드나 유튜브, 또는 팝송으로 영어를 즐기고 있는데, 나는 여전히 어떻게 하면 영어회화 잘하지? 하며 이 학원 저 학원, 이 팟캐스트, 저 팟캐스트 기웃거리고 있다. 5년 전이나 10년 전이나 똑같다.

이 학원에서 두 달이면 된다고 하면, 아 그런가? 저 학원에서 하루 10분씩이면 된다고 하면, 아 그런가? 계속 이러고 있다. 학원들은 생존을 위해 어제도 오늘도 트렌드에 맞는 기획강의를 찍어낸다. 마치 홈쇼

핑처럼 마감시간을 정해놓고 프리패스로, 12개월 무이자 할부로 유혹한다. 홈쇼핑에서도 이제는 영어강의로 대박을 치고 있다.

프리패스든 기획강의든 상관없다. 내 영어 실력을 향상시켜준다면. 하지만 과연? 무이자 할부에 혹하지 말고, 결제하기 전에 신중히 생각해보자. 이 강의 들으면 말문이 트인다고 하는데, 그럼 귀는? 귀도 트이게 해줄까? 이 강의 들으면 쉽다고 하는데, 그냥 한국말로 해석해주는 건 아닌가?

듣기가 안 되는데 말하기가 무슨 소용인가? 여전히 영어를 한국어로 번역하고 있는데, 자연스러운 스피킹이 되겠는가? 원주민과 한 번이라도 말해본 사람이라면 무슨 말인지 알 것이다. 그럼, 소리드림은?

앞에서 두 가지 학습법을 제시했다. 이미지 학습법과 리듬패턴 학습법이다. 듣기와 말하기를 동시에 잡는 방법이다. 영어를 영어로 받아들이도록 하는 시냅스 학습법이다. 배우는 사람은 쉽고 재미있지만, 강사는 잠을 줄여야 양질의 강의 준비를 할 수 있다. 그래도 좋다. 여러분이 영어를 즐길 수만 있다면.

세 가지 훈련법은 어떤가? 녹음파일 만들기, 문장노트, 영어일기 쓰기. 모두 남이 만들어준 것이 아닌, 내가 쓸 것 같은 말만 골라서 듣기, 말하기, 쓰기 연습을 하는 것이 핵심이다.

영어를 영어로 받아들이고, 나만의 문장으로 훈련하다 보면 어느새 영어는 나의 것이 되어 있을 것이다. 억지로 외워서 하는 것이 아닌, 즐기는 영어를 할 수 있는 것이다.

그런데 이걸로는 부족하다. 여러분이 스스로 찾아나서야 한다. 내가 쓰고 싶은 말, 내가 꼭 알아야 하는 표현, 문장을 직접 찾아내야 한다.

영어를 배우는 첫 번째 목표는 실생활에서 사용할 수 있는 말을 익히는 것이다. 〈프렌즈〉, 〈모던 패밀리〉, 〈빅뱅이론〉 같은 미드를 활용하면 된다. 이차 목표는 전공 또는 관심 있는 분야와 관련된 것들도 영어로 의사소통을 할 수 있도록 하는 것이다. 유튜브를 활용하면 된다. 더불어 영어로 감동을 느끼고 싶다면? 팝송이 가장 좋다.

자, 먼저 미드를 활용해서 '혼자서' 나만의 생활영어를 익히는 방법을 알아보자.

생활영어 하면 미드!

미드! 미국 드라마를 줄여 부르는 말이지만 이제 미드는 우리 생활 속에서 하나의 단어로 자리 잡았다고 할 만큼 친숙하다.

미드로 공부할 때의 가장 큰 장점은 재미있다는 것이다. 아무리 좋다는 인강을 들어도 지루하다. 책은 말할 필요도 없다. 그러나 미드만큼은 지루함을 느낄 새가 없다. 오히려 까딱 하면 밤을 새울 정도다. 게다

꿈을 좇으면 영어는 덤이다

가 생활영어를 배울 수 있다. 가끔 사전을 넘기다 보면 '이런 예문들이 생활에서 쓰일까?'라는 생각을 하게 된다. 사전에 나와 있으면 맞는 문장일 텐데, 그래도 내 눈으로 직접 확인한 것은 아니니 미심쩍을 때가 있다. 하지만 미드는 다르다. 배우가 직접 사용하는 것을 확인할 수 있다. 그리고 어떤 상황에서 어떤 의도나 뜻으로 말했는지도 알 수 있다. 어떤 영어 자료도 이보다 더 좋을 순 없다.

그러나 안타깝게도 모든 영어 학습자에게 해당하는 이야기는 아니다. 평소 영어 말하기와 듣기 연습을 해왔던 사람이나 미드 학습에 적합하다. 아이가 음식을 먹게 되는 과정을 생각해보면 이해하기 쉽다. 아이는 태어나면 젖을 먹고, 젖을 떼면서 이유식을 먹는다. 이후 차차 어른과 같은 음식을 먹기 시작한다. 부드러운 이유식부터 시작해서 딱딱한 것도 잘게 씹어 소화하는 과정을 거쳐야 한다.

영어도 마찬가지다. 우리도 영어를 어느 정도 소화할 수 있을 때 미드로 학습해야 한다. 이렇게 말하면 다시 문법책 보고, 기본 회화책 사서 공부하라는 이야기로 알아듣는 분들이 있다. 그런 이야기가 절대 아니다. 그런 거 해봤자 영어 안 는다고 앞에서 수없이 말했다. 영어 소리에 익숙하고, 어느 정도 따라 읽을 수 있고, 상황과 문맥으로 이야기를 유추할 수 있는 사람에게 미드 학습을 추천한다는 말이다. 소리드림으로 치자면 리듬패턴으로 충분하게 훈련된 사람이다. 소리드림 기준으로 최소한 소리드림 온라인 6개월 과정 정도는 다 듣고 매일 녹음파일 만들고, 영어일기 쓰고, 문장노트 만들어본 사람들 말이다. 다른 강의를 들어도 좋다. 내가 하고자 하는 말은 젖먹이 아기가 단번에 딱딱한 음식을 먹을 수 없다는 것이다. 그러니 처음부터 미드로 공부할 생각은 하지 마시라. 하지만 준비가 되었다면 미드로 영어를 계속 이어가는 것을 적극 추천한다.

나에게 딱 맞는 미드 고르기

미드를 활용하기로 했다면, 먼저 어떤 미드를 택할지를 정해야 한다. 워낙 많다 보니 영어 공부에 적절한 미드 고르는 것도 일이다. 그러나 지금부터 알려드리는 기준만 잘 적용하면, 몇 개로 후보를 확 줄일 수 있다.

첫째, 재미있어야 한다. 그래야 반복하는 데 유리하기 때문이다. 영어는 말이고, 말은 반복훈련을 통해 익히는 것이다. 재미없으면 반복하지 않게 되고, 결국 미드를 통한 영어 학습은 실패로 끝날 것이다. 다른 사람들이 재미있다고 해봐야 소용없다. 내가 재미있어야 한다. 그 소재가 뭐건 남의 눈 의식하지 말고, 오랫동안 질리지 않고, 자신의 흥미를 끌 수 있는 것, 영어로 도대체 뭐라 하는지 알고 싶은 것, 그런 미드를 고르자.

꿈을 좇으면 영어는 덤이다

둘째, 가능하면 일상생활을 소재로 하는 드라마를 고르는 것이 좋다. 영어 초보자에게 필요한 것은 전문지식이나 사투리가 아니다. 기본적인 의사소통에 필요한 말하기, 듣기 실력을 향상시키는 것이 목적이기 때문이다. 그런데 생각보다 여기에 맞는 미드를 찾기가 어렵다. 미드는 의학 드라마, 법정 드라마부터 범죄 수사물, 판타지, SF, 좀비물까지 그 소재가 다양하다. 전문적인 소재를 다루는 드라마는 배경지식 없이는 이해하기 어려운 경우가 있다. 그러므로 고를 때에는 최대한 일상생활을 소재로 하는 미드를 고르길 바란다.

끝으로, 장수한 드라마가 좋다. 미국 드라마는 시즌제다. 시즌이 많다는 이야기는 공부할 만한 콘텐츠가 많다는 뜻이 된다. 에피소드가 많으니, 좋아하는 것만 골라 공부할 수도 있다. 또한 오랫동안 대중의 사랑을 받았던 드라마라는 뜻도 된다.

위의 세 가지 조건을 충족하는 드라마라면 일단 영어 학습을 위해 적합하다. 예를 들면, 〈프렌즈〉, 〈하우 아이 멧 유어 마더〉, 〈모던 패밀리〉, 〈오피스〉 등이다.

그중에서 소리드림에서는 〈프렌즈〉를 강력 추천한다. 〈프렌즈〉는 우선 재미있는 시트콤이다. 우리나라에서도 유사한 형태의 시트콤을 만들었을 정도다. 재미로는 낭할 미드가 몇 없을 것이다. 또 뉴욕을 배경으로 6명의 사랑과 우정을 다룬 내용이다 보니, 법률이나 의학 용어도 별로 없고 슬랭 표현도 많지 않다. 대부분 일상적인 대화이기에 버릴 표현이 거의 없다. 그리고 10년이나 방송하다 보니, 에피소드가 많아 기본적인 생활 표현이 계속 반복되는 것을 알 수 있다. 게다가 방송시간도 20여 분이라 부담 없이 영어 공부를 하기에 안성맞춤이다.

재미있는 미드로 공부하기

마음에 드는 미드를 골랐으면 이제 본격적인 연습이다. 여기서는 편의상 〈프렌즈〉를 예로 들겠다. 그런데 잠깐! 어떻게 봐야 할지 고민이다. 어떤 친구는 '영자막 켜고 봐라.' 다른 친구는 '우리말 자막으로 봐라' 하고 말한다. 만나는 사람마다 다르게 말하니 헷갈린다. 이건 마치 탕수육 먹을 때 부먹인지 찍먹인지 하는 논쟁과 마찬가지다. 하지만 여기서 중요한 건 '무슨 자막을 켜고 볼 것이냐'보다 '얼마나 반복해서 연습할 것이냐'이다.

소리드림은 효과적인 영어 학습을 위해 자막 없이 보는 것을 권한다. 이유는 간단하다. 처방을 하기 전에 정확한 진단을 하기 위해서다.

자막 없는 〈프렌즈〉를 보라고 하면, 여러 가지 반응이 나온다. 첫 번째는 '대본을 보면 다 아는 단어이고, 무슨 말인지도 알겠는데 들리지 않는다'는 것이다. 이건 소리를 모르는 경우다. 소리가 잘 들리지 않는다는 말은 내가 아는 이 영어 단어, 저 영어 문장의 사운드와 실제로 원어민이 구사하는 소리가 다르다는 것이다.

두 번째 반응은, (사실 이런 경우는 거의 없지만) '소리가 들리기는 하는데 무슨 말인지 얼른 이해가 되지 않는다'는 것이다. 이건 시냅스 연습이 부족한 경우다. 이 밖에도 다양한 이유로 미드를 이해하지 못할 수 있다. 미드로 자신만의 영어 학습을 하기 전에, 내 수준이 어느 정도인지, 내 문제가 뭔지 진단하려면 일단 자막 없이 보는 것이 좋다.

자막 없이 시청할 때는 이미 학습한 리듬패턴에 유의하면서 대사를 듣도록 한다. 이때 중간 중간 들리지 않는 부분이 있을 것이다. 그런 부분은 대화가 이뤄지는 상황을 주의 깊게 살펴보도록 한다. 즉 이야기의 전체적인 흐름을 느끼는 것이 좋다. 스스로 영어 듣기가 안 된다고 생각하는 사람일수록 들리지 않는 부분에만 집중하는 바람에 대화가 이뤄지는 상황을 놓치기 쉽다. 이렇듯 자막 없이 시청하면 대화가 이뤄지는 상황에 집중하게 하는 효과가 있다.

위와 같이 무자막 시청을 통해 일차적인 진단이 끝나면, 녹음파일 훈련을 할지 영자막을 이용해서 한 번 더 볼지를 결정해야 한다. 만약 자막 없이 시청하는 것만으로도 시냅스가 된다면, 바로 훈련을 진행해도 좋다. 훈련을 할 때는 굳이 많은 문장을 고를 필요가 없다. 평소에 사용할 만한 문상 3~4개면 충분하다. 우리의 목적은 한 문장 한 문장 정확히 시냅스를 한 후 필요한 상황에서 영어가 바로 튀어나오도록 하는 것이지, 많은 영어 문장을 외우는 것이 아니기 때문이다. '많이 외우기'를 하면 금방 지치게 될 뿐이다. 혹 외우기를 꾸준히 했더라도 정작 필요한 상황에서 알맞은 문장을 뱉는 연습이 되지 않아 여전히 버벅거리고 있을 것이다.

그런데 혹시 무자막으로 봤는데 이해하지 못했다면, 영자막으로 다시 봐야 한다. 영자막의 도움을 받아 이해가 된다면 바로 훈련으로 돌입하고, 그렇지 않다면 다시 한글 자막으로 이해하도록 해야 한다. 아마 대부분이 한글 자막을 봐야 이해가 될 것이다. 그러니 이해가 되지도 않는데, 난 한글 자막 안 보고 해내겠어 이러지 마시라. 그러면 금방 포기하게 될 것이다. 여하튼 어떤 자막을 볼지를 결정하는 요인은 시냅스다. 훈련하기 전에 반드시 시냅스를 해야 한다는 것이다.

끝으로, 훈련을 했다면 반드시 자막 없이 재시청하여 시냅스 강도를 확인해야 한다. 처음 들었을 때와 훈련 후의 변화를 알아야 얼마나 더 훈련해야 할지 판단할 수 있기 때문이다.

자막 이용의 순서:

무자막 – 훈련 – 무자막

or 무자막 – 영자막 – 훈련 – 무자막

or 무자막 – 영자막 – 한글 자막 – 훈련 – 무자막 이렇게 차근차근 훈련하다 보면 문장노트에 기록하는 문장도 늘어나고, 영어일기에 쓸 수 있는 표현도 늘어날 것이다. 특히 〈프렌즈〉 같은 미드는 짧은 회화체가 많아 실제 대화에서 바로 사용할 수 있는 표현을 빠르게 배우는 효과도 있다. 전화영어를 하고 있거나 외국인 친구나 동료가 있다면 그 효과를 바로 확인할 수 있다.

끝으로, 미드를 몇 번 돌려봐야 하는지 정해진 것은 없다. 하루에 한 문장 또는 두 문장 문장노트에 적을 수 있는 수준에서 미드를 활용하면 된다. 이렇게 차근차근 쌓아가다 보면 시나브로 에피소드 하나를 다 보게 되는 날이 온다. 이때는 스마트폰에 넣어놓고 버스나 지하철에서 무자막으로 틈틈이 보면 된다. 그때는 미드가 들리는 신기한 경험을 하게 될 것이다. 벌써 느껴지지 않는가? 옆에 앉은 사람들이 부러운 눈빛으로 스마트폰과 여러분을 번갈아 쳐다보는 모습이. 그렇다! 영어는 바로 이렇게 하는 것이다.

Q&A

Q 언제부터 미드로 학습할 수 있는가?

A 충분히 실력이 쌓았을 때 하는 것이 좋다. 좀 더 구체적으로 말하자면, 리듬패턴 학습법으로 최소 6개월 정도 매일 영어를 꾸준히 해온 경우다. 리듬패턴에 익숙지 않은 상태에서 시작하면, 그냥 미드 재있게

보고 흐지부지 끝날 가능성이 크다.

또한 리듬패턴으로 훈련이 된 경우라야만 미드를 보며 자신에게 필요한 리듬패턴이나 문장을 잡아내고, 해당 문장이 쓰이는 상황을 시냅스할 수 있다.

Q 해당 에피소드 전체를 다 봐야 하는가?

A 그럴 필요 없다. 하나의 에피소드 중 일부만 해도 괜찮다. 아직 잘 모르겠다면 장면 전환이 일어나는 단위로 한 신scene 정도라고 생각하면 된다. 보통 하나의 신은 하나의 주제에 대해서 이야기하기 마련이다. 그리고 이 정도면 보통 3분이고, 길어봤자 5분이다. 딱 이 정도가 영어 학습자에게 알맞다. 그럼에도 전체 에피소드를 다 학습해야 직성이 풀리는 사람이라면, 차례대로 신 훈련을 한 후 나중에 무자막으로 복습하길 권한다.

당연히 〈프렌즈〉 에피소드 중에서 연습할 신을 뽑을 것을 권한다. 그리고 그중에서도 재미있는 부분으로 연습하는 것이 좋다. 같은 분량의 신이라도 〈빅뱅이론〉의 경우 전문 과학지식을 빗대어 하는 대사가 많다. 그래서 심지어 유머조차 이해하기 힘들 때가 있다. 〈모던 패밀리〉에는 대사량이 엄청 많다. 그러므로 어느 에피소드를 봐도 재미있고 연습할 분량도 적당한 〈프렌즈〉 에피소드를 고르면, 쉽고 재미있게 학습할 수 있다.

Q 훈련 범위는 어떻게 정하는가?

A 시청한 부분, 즉 3~5분 분량의 신 안에서 나한테 필요한 표현을 찾아서 그 부분을 훈련하면 된다. 3~5분은 상당히 긴 시간이다. 당장 아무 미드나 유튜브 영상을 자막 없이 1분 정도 들어보라. 내가 알아듣지 못하는 말을 1분 이상 듣는다는 것이 굉장히 어렵고 길게 느껴질 것이다.

여하튼 3~5분 길이의 신에는, 리듬패턴 학습법을 통해 익혔던 리듬패턴이 들어간 문장이 여럿 있을 것이다. 이 중에서 나한테 필요할 것 같은 표현(=문장)이 있으면, 그 문장이 들어간 앞뒤 4개 문장 정도를 가지고 녹음파일 만들기를 하면 된다. 또는 그동안 배운 적이 없는 새로운 표현이나 리듬패턴이라도 앞으로 써먹을 일이 있을 것 같은 표현이나 문장이 들어간 앞뒤 4개 문장 정도를 가지고 훈련하면 된다.

해당 문장만이 아니라, 앞뒤 문장을 포함하는 이유는 간단하다. 실전에서 해당 문장만 쓱 말하거나, 알아듣는다고 대화가 되는 것이 아니기 때문이다. 해당 문장이 쓰이는 문맥을 익히기 위해서 같이 훈련해야 한다.

훈련하는 방법은 앞에서 설명한 녹음파일 만들기 훈련법으로 하면 된다.

　이런 식으로 하루에 2~3개 정도, 최소 1개 정도의 녹음파일을 매일 꾸준히 만들면 좋다. 선별한 4개 문장으로 40분 훈련하고, 훈련 후 발표 및 녹음을 하고, 마지막으로 녹음파일을 업로드한다.

　자막 없이 3~5분 정도 미드를 시청한 후 1개 정도의 녹음파일을 만드는 데 약 1시간이 소요될 것이다. 이걸 매일 한다고 생각해보라. 한 달이면 30시간, 30개의 표현을, 1년이면 300시간 이상, 300개 이상의 표현을 익힐 수 있다. 더구나 이 300여 개의 표현은 모두 내가 사용하게 될 표현들이다. 누가 골라준 것이 아닌 내가 직접 선별한 나만의 표현인 것이다.

　아무리 좋은 방법도 사용하지 않으면 의미가 없다. 욕심 부리지 말고, 매일 1개씩이라도 꾸준히 해보자!

유튜브로 지식을

유튜브 세상

이제 영어회화는 미드로 해결이다. 생활에 필요한 표현을 쏙쏙 골라 배우니 영어가 재미있다. 영어정복은 시간문제인 것처럼 보인다. 하지만 아직 뭔가 허전하다. 영어가 재미있어지니 더 보고 싶고, 더 알고 싶어진다. 이제는 유튜브를 봐야 하나?

이미 많은 사람들이 하루에도 몇 번씩 유튜브를 검색한다. 좋아하는 아이돌의 공연부터 프로 게이머의 게임, 또는 뷰티나 다이어트에 이르기까지 없는 영상이 없다. 심심할 때 시간 보내기에 좋다. 웬만한 TV 개그 프로그램보다도 웃긴 영상이 넘쳐나다 보니, 요즘 누가 TV 앞에서 본방사수하냐는 말이 나온다.

유튜브의 인기는 다 스마트폰 덕이다. 아침에 눈을 뜨면 가장 먼저 집는 것이 스마트폰이고, 버스나 지하철에서도 할 일 없으면 스마트폰이다. 잠들기 전까지, 아니 잠이 든 이후에도 내 손에 쥐어진 스마트폰에서는 영상이 재생되고 있다. 사정이 이렇다 보니 TV보다 스마트폰이고, TV 예능보다 유튜버들의 방송이나 직캠을 더 좋아하기도 한다.

이는 학생 및 청년층의 유튜브 사용시간만 봐도 확연히 알 수 있다. 한국인들이 스마트폰 앱 중 가장 많이 사용하는 것 중 하나가 유튜브다. 세대별로 봐도 어느 연령대 하나 빠지지 않고 상위권이다. 10~20대는 말할 것도 없다.

하지만 자세히 들여다보면 안타까운 점이 있다. 사람들이 소비하는 콘텐츠를 보면, 대부분 오락이나 재미에 치우쳐 있다. 오로지 재미만을 위해 유튜브를 시청한다. 너무 한쪽에만 치우친 콘텐츠 소비 성향 때문에 유튜브의 더 큰 장점을 놓치는 것 같다.

있어야 할 건 다 있는 유튜브

내가 보기에 유튜브의 장점 중 하나는 지식 습득에 있다. 알다시피 유튜브에는 재미난 영상만큼이나 정보나 지식을 담고 있는 콘텐츠가 많다. 한글 콘텐츠도 많지만, 영어 콘텐츠는 훨씬 더 많다. 세계 지식의

꿈을 좇으면 영어는 덤이다

몇 퍼센트가 영어다, 라는 식상한 문장을 들이대지 않아도 유튜브에서 이리저리 클릭클릭하다 보면 자연스럽게 알게 된다. 그런데 이상하게도 유튜브에만 가면 매일 웃긴 영상만 보게 된다. 가끔은 좋지만, 이 좋은 지식의 플랫폼을 시간 죽이기용으로만 쓴다는 것은 낭비요, 기회의 손실이다. 이제는 습관을 바꿀 때가 됐다. 왜냐? 영어 콘텐츠에 도전할 준비가 되었기 때문이다.

못 믿겠으면 다 같이 한 번 해보자. 일단 각자가 써놓은 스케치북을 펼쳐보자. 아직 비전카드를 만들기 위한 스케치북을 쓰기 전이라면 빈 종이에 한 번 써보자. 10분 정도 좋아하는 것, 하고 싶은 것을 쭉 써보자. 그러고 나서 스케치북 위에 있는 것들을 유튜브 검색창에 입력해보면 좋겠다. 우리말로도 입력해보고, 영어로도 해보자. 평소 알고 싶었던 것, 궁금했던 것이 있다면 생각 없이 입력해보자. 관련 영상이 저 밑까지 쭉 나오는 것이 보이는가? 그렇다. 있어야 할 건 다 있다.

바티칸 여행을 계획하고 있다면, 이제 '바티칸 투어' 대신 'Vatican tour'라고 치는 것이다. 바티칸에 대한 설명부터 교황에 대한 흥미진진한 이야기들이 여러분을 기다리고 있을 것이다. 그것도 화려한 영상들과 함께 말이다. 아직 우리나라에 출시되지 않은 전자기기가 궁금하다면, 역시 유튜브 검색 고고다. 아직 출시되지 않은 아이폰도, 마음에 두고 있던 뷰티 제품에 대한 궁금증도 검색 한 번이면 해결할 수 있다.

물론 영어가 되니 가능한 일이다. 영어가 안 돼 그동안 미뤄두었던 것이, 이제야 보이고 들리기 시작하는 것뿐이다. 그래도 아직 놀라기는 이르다. 전문 분야를 다루는 강의들도 유튜브에서 찾아볼 수 있기 때문이다. 말 그대로 언제 어디서나 우리가 원하면 전문지식도 습득이 가능하다.

유튜브 어떻게 공부할까?

이제 조금 더 들어가 유튜브 콘텐츠를 어떻게 공부하면 될지 들여다보자. 현재 대학생이라면 자신의 전공이나 앞으로 하고자 하는 일과 관련된 채널을, 직장인이라면 자신의 업무와 관련된 채널을 찾아보면 좋다. 이렇게 말하면 너무 어렵지 않을까요? 라고 걱정하는 사람이 있을 수 있다. 그렇지 않다.

영어든 한국어든 모든 언어에는 반복적으로 자주 쓰이는 덩어리 말들, 즉 패턴이 있다. 영어에 있는 덩어리 말이 소리드림이 말하는 리듬 패턴이다. I want to, You have to, I'm not supposed to, Why don't you 등등.

이런 패턴을 사용하는 이유는 뭘까? 이런 말을 할 때마다 매번 만들어서 써야 한다면? 귀찮고 힘들 것이다. 즉 에너지 소모가 많다. 우리 뇌는 한정된 에너지를 사용해서 최대한의 효과를 낼 수 있는 방향으로 의사결정을 한다. 그러니 매번 말을 만들어내는 것보다는 패턴을 만들어서 필요할 때 생각 없이 툭툭 뱉는 걸 더 좋아한다. 그게 훨씬 더 효율적이다. 에너지 소모를 줄일 수 있기 때문이다.

이런 패턴은 생활영어에서만 사용되는 것이 아니다. 강의나 강연, 토론 등에서도 당연히 사용된다. 전문지식을 설명하는 채널들도 많은 부분이 이런 패턴들로 문장을 구성한다. 그러니 소리드림을 통해서 꾸준히 리듬패턴을 학습해왔다면, 많은 부분을 알아들을 수 있다.

또한 내가 공부하거나 하고 있는 업무 분야의 채널이라면 당연히 해당 분야의 전문용어가 사용될 것이다. 남들은 몰라도 나에게는 익숙한 용어들이다. 전문용어는 자신한테 이미 익숙할 뿐 아니라 소리도 어렵지 않고, 뜻도 하나밖에 없어서 금방 듣고 시냅스할 수 있다. 결국 문제는 리듬패턴도 아니고, 전문용어도 아닌 소리들이다. 이 부분은 잘 안 들리고 이해도 되지 않을 것이다.

결국 스크립트를 분석해보면, 리듬패턴 + 전문용어 + 못 알아듣는 부분, 이렇게 세 가지로 구분해볼 수 있다. 이걸 이미지로 만들어보면 아래 그림과 같다.

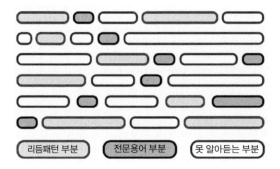

리듬패턴 부분 　전문용어 부분 　못 알아듣는 부분

　못 알아듣는 부분도 있지만, 알아들을 수 있는 리듬패턴과 전문용어 부분도 상당히 많다. 전부를 다 이해하진 못하더라도, 실제로 들어보면 알아들을 수 있는 부분이 많을 것이다. 이를 통해 내용을 시냅스해나가면 된다.

　다시 한 번 말하지만, 유튜브 학습은 소리드림 학습법으로 꾸준히 훈련하고 미드를 통해 영어 독립을 시작한 사람에게 적합하다. 그래야만 알아듣지 못하는 부분도 사전이나 이미지 검색을 통해서 스스로 시냅스할 수 있기 때문이다.

유튜브만이 내 세상?! NO

　이렇게 말하면 유튜브에서만 정보를 찾으라는 말로 이해하는 분이 있을지도 모르겠다. 그런 이야기가 아니다. 전문지식의 경우, 주제별로 따로 모아놓은 곳이 있을 수도 있다. 소리드림이 하고 싶은 말은 영어를 했으니, 유튜브 같은 곳에서 직접 부딪혀보자는 것이다. 정보와 지식을 주고받을 수 있는 곳이면 어디든 좋다. 이제는 누군가가 만든 번역본이나 한글 자막만 혹은 한국어 영상만 기다리지 말자. 모든 것이 빠르게 변하고 있는데, 영어를 못하면 그만큼 손해다. 내가 한국어로 이해하고 있을 때 이미 다른 기술, 더 나은 버전이 나올 수 있다.

　사실 이 부분을 쓰면서 유튜브에 이러저러한 영상들이 좋으니 한 번 보라고 소개할까도 생각해봤다. 그만큼 유튜브는 재미와 동시에 지식을 습득할 수 있는 곳임을 알려드리고 싶었기 때문이다. 하지만 우리 생활에 친숙한 매체이니만큼 여러분 스스로 찾아보는 것이 더 좋겠다는 생각에 이르렀다. 다른 책이나 블로그에서 유익하다는 계정을 스크랩하고도 결국에는 거의 들여다보지 않던 예전 내 모습이 생각나서다. 남이 좋다는 거 기다리지 말고, 이제는 나한테 맞는 걸 직접 찾아보자. 그래야 스스로 찾는 법도 배울 수 있다. 사실 유튜브는 몇 개만 찾아봐도 그 다음부터는 관련 영상을 알아서 추천해주니 그만큼 수월하기도 하다.

　우리가 영어를 시작한 이유를 다시 한 번 떠올려보자. 해외 발령이든 교환학생이든 유학이든 또는 업무 때문이든 다 나름의 이유가 있다. 이렇듯 대부분의 영어 학습자들에게 영어는 우리가 원하는 것을 얻기 위한 수단이다. 어느 정도 영어를 익혔다면, 이제는 유튜브에서 여러분의 지식을 강화할 차례다. 그래야 영어 공부하느라 들인 노력과 시간에 대한 본전도 뽑고, 남들보다 앞서 나갈 수 있다.

팝송으로 감동을

    강의실에 도착하면 가장 먼저 하는 일이 있다. 바로 팝송을 트는 일이다. 이때가 보통 6시 20분쯤이다. 팝송을 트는 건 일종의 의식 같은 것이다. 오늘 하루를 어떻게 보낼지 스스로 마음을 다잡는 의식 말이다. 의식에는 당연히 아무 노래나 틀 수 없다. 그래서 자주 듣는 노래들이 있다. 그중 하나가 마일리 사이러스Miley Cyrus가 부른 '더 클라임The Climb'이다.

    멜로디가 좋을 뿐 아니라 노래를 아주 잘한다. 하지만 이게 전부는 아니다. 이 노래를 좋아하는 또 다른 이유기 있다. 바로 가사다. 노래를 듣고 있으면, 가사 한 줄 한 줄이 가슴에 와 닿는다. 이 노래를 모르는 분들을 위해 가사를 짧게 요약해보면, 꿈을 향해 앞으로 나아가다 보면 힘든 일도 있지만, 그래도 지치지 않고 앞으로 나아가겠다는 이야기다. 밤새 리듬패턴을 만들다 보면 지쳐 힘이 하나도 없다가도 수업 전에 이 노래만 들으면 힘이 불끈 솟는다. 레드불 100개 마신 것보다 낫다.

Ain't about how fast I get there(얼마나 빨리 오르는지는 중요치 않아)
Ain't about what's waiting on the other side(산 너머에 뭐가 있을지도 중요하지 않아)
It's the climb(이건 '오르는 것'에 대한 거야)

다들 한 번쯤 이런 경험을 해봤을 것이다. 노래 가사가 귓가를 떠나지 않는 경험 말이다. 누군가를 좋아할 때 우리는 어떠한가? 하룻밤이 천 년 만 년 같은 마음에 나도 모르게 사랑 노래를 흥얼거린다. 반대로 이별하게 되면? '어디로 가야 하죠? 아~저씨~ ♬' 세상 모든 이별 노래가 내 이야기인 양 들을 때마다 눈물이 뚝뚝 떨어진다. 나도 짝사랑에 빠져, 임창정의 '이미 나에게로'를 무한 반복해 들으며 눈물 꽤나 흘린 적이 있다. 하지만 요즘은 가요보다는 팝송을 들으며 힘을 얻기도 하고, 위로를 받는다.

여기까지 읽어온 독자라면 잘 알 것이다. 영어를 배우는 일도 꿈을 이루는 일도 어느 것 하나 쉽지 않다는 것을. 나도 여러분과 똑같았고, 지금도 그렇다. 영어 배운다고 주위 사람들한테 말했을 때도 그랬고, 영어 강사를 시작한다고 했을 때도 그랬다. 그 밖에도 말 못할 위기가 셀 수 없을 만큼 많았다. 그때마다 힘을 주는 팝송들이 있었다. 마치 어둠을 밝혀주는 빛이나 사람들의 차가운 시선을 막아주는 방패 같았다. 여러분도 크게 다르지 않을 것이라 생각한다. 글을 읽다 나와 같은 생각이라면, 팝송으로 든든한 방패 한 번 만들어보는 건 어떤가?

팝송으로 도랑 치기

팝송으로 영어도 배우고 자신감도 키우려면, 먼저 팝송 하나를 제대로 이해하는 것이 중요하다. 팝송 노랫말 중에는 시적인 것도 있고, 때로는 문법에 어긋난 문장도 있다. 때로는 배경 지식이 있어야 이해하게 되는 가사도 있다. 때문에 혼자서 시냅스하기 힘든 경우에는 주위 영어 고수나 강사(강의)의 도움을 받는 것이 좋다.

그럼, 어떤 팝송을 배울 것인가? 소리드림에서는 팝송 중에 동기부여를 해줄 만한 노래들을 추천한다. 이유는 간단하다. 우리 모두가 잘되길 바라는 마음에서다. 영어에 있어서는 우리 모두 갓 말을 배우기 시작한 아기와 같다. 부모는 아기에게 예쁘고 좋은 말만 해준다. 좋은 것만 주고 싶기 때문이다. 그래서 소리드림도 힘든 세상에서 꼭 꿈을 이루길 바라는 마음을 담아 힘이 되는 팝송을 가르친다. 그러니 이제 막 팝송을 배우기 시작했다면, 꼭 힘이 되는 팝송으로 시작하길 바란다. 간혹 멜로디에 혹해 의미도 모르고 팝송을 부르는 일이 있는데, 더는 그런 경우가 있으면 안 되겠다. 기분 좋은 일요일 아침이라며, 마룬파이브의 'Sunday Morning'을 신청곡으로 할 수는 없지 않은가? 하지만 의외로 이런 경우가 수두룩하다.

예를 들어보자. 2015년과 2016년에 걸쳐 저스틴 비버의 5집 앨범 〈Purpose〉에 수록된 세 곡이 미국 빌보드 차트에서 연속으로 1위를 차지했다. 그중 한 곡이 'Love yourself'로 전 세계적으로 인기를 끌었다. 제목만 보면 자신을 사랑하라는 내용일 것 같다. 긍정적이다. 멜로디 또한 감미롭다.

하지만 가사를 들어보면 그렇지 않다는 것을 알게 된다. 긍정적이기보단 찌질하다. 헤어진 연인에게, '다른 사람들 싫다는 말 한 적 없는 우리 엄마조차 니가 싫대'라고 한다. '원래 이런 걸로는 노래 안 만들려고 했다'는 말도 덧붙인다. 네가 얼마나 나한테 못되게 굴고 상처를 줬으면 내가 이런 가사까지 썼겠느냐는 거다. 우리가 헤어진 건 내 탓이 아니고, 네 탓이라는 거다. 얼마나 힘들었으면 이렇게 말할까 이해해줄지도 모르겠다. 그런가 하면 '아 남자 xx가 찌질하게 자기 엄마까지 들먹이냐'고 비난할 수도 있다.

이 노래가 정말 찌질한 내용인지, 4년 동안 만남과 이별을 반복하던 전 여친 셀레나 고메즈를 저격한 건지를 논하려면 가사를 알아야 한다. 가사를 모르고 멜로디만 들으면, 왜 이런 얘기가 오가는지 알 수 없다.

확실한 건 'Love yourself'는 '너 자신을 사랑하라'라는 뜻이 아니다. 자꾸 너만 잘났다고 하는데, 나한테 와서 그러지 말고, 저리 가서 너 혼자 그러라고 비꼬는 것이다. 그러니 이 노래는 동기부여가 필요할 때 듣는 노래가 아니라, 여자친구 혹은 남자친구에게 상처받은 청춘들이 부르고 공감할 수 있는 노래다.

그러므로 팝송의 정확한 시냅스를 위해서 꼭 고수나 강의의 도움을 받아 배우길 바란다.

팝송으로 가재 잡기

혼자서든 도움을 받아서든 이렇게 팝송 한 곡 시냅스하고 나면 남는 건 복습이다. '그러면 이제부터 녹음파일 만들면 되는 건가?' 생각하는 사람이 있을 수도 있다. 당연히 만들면 좋다. 그러나 오랫동안 수강생들을 지켜본 결과, 꼭 그럴 필요는 없겠다는 생각이다. 팝송은 녹음파일 만들라고 하지 않아도 곧잘 혼자서 부르고 다닌다. '알아서 척척 스스로 어린이'마냥 말이다.

언젠가 식당에 갔는데 그 집 딸로 보이는 조그마한 아이가 노래를 부르고 있었다. 아마도 어린 송아지를 배운 듯한데, 내가 밥 먹는 내내 "엄마아~ 엄마아~"를 계속 불러댔다. 그걸 보면서 수강생들이 생각났다. 다들 저 여자아이처럼 하루 종일 영어를 노래처럼 부르고 있으면 좋겠다는 생각이 들었다. 팝송에는 그런 힘이 있다. 충분히 시냅스를 했다면, 하지 말라고 해도 알아서들 그렇게 할 것이다. 녹음파일을 만들어야 하는 미드나 지식을 습득하는 유튜브와 달리 팝송으로 하는 영어는 시키지 않아도 하게 되는 즐거운 학습인 것이다.

이 얼마나 좋은가. 팝송을 통해 3~5분이라는 짧은 시간 안에 하나의 완결된 이야기를 배우다 보니 이야기를 구성하는 힘이 생긴다. 덩달아 좋은 표현도 많이 배운다. 멜로디를 따라 부르다 보면, 녹음파일을 만들 때는 잘 안 되던 리듬도 눈에 띄게 좋아진다. 희망찬 노랫말을 시냅스하니, 기분이 업되는 것은 말할 것도 없다. 돈 주고 동기부여 강연 찾아다닐 필요가 없으니, 돈도 번 셈이다.

혹자는 팝송으로 영어를 배우는 건 좋지 않다고 말한다. 그러나 거꾸로 생각해보면 말이 안 되는 이야기란 걸 알 수 있다. K-팝의 열풍으로 우리말을 배우는 수많은 외국 청소년들을 생각해보라. 아시아를 넘어 유럽 그리고 이제는 미국 청소년들까지 K-팝을 통해 우리말을 잘만 배우고 있다.

누군가 인생은 문제의 연속이고, 가끔 조금 더 큰 문제가 온다고 말했다. 그렇다. 인생 자체는 문제이고, 어려움과 고난투성이다. 세상 모든 일이 그렇다. 영어를 배우는 일도 마찬가지다. 오래 한 것 같은데 실력은 제자리인 것만 같다. 언제 듣고 말할 수 있을지 열심히 하다가도 의욕이 꺾일 때가 있다. 그럴 때마다 큰 소리로 힘나게 해주는 팝송을 불러보자. 감동을 받으면 사람은 더 잘 기억한다고 한다. 큰 소리로 팝송을 부르다 보면, 감동받았던 그 순간이 생각나고 위로가 될 것이다. 덩달아 잡생각도 날아가고, 기분도 한결 가벼워질 것이다. 다시 앞으로 나아갈 힘도 생긴다.

미드로 생활영어를, 유튜브로 지식을 얻었다면, 이제 팝송으로 감동을 느껴보자. 팝송은 멜로디가 아니다. 팝송은 감동이다.

EPISODE 4.

영어는 덤이다!

강의를 하면서 가장 고마운 순간이 있다. 영어를 원어민처럼 유창하게 하는 수 강생을 봤을 때? 아니다. 고맙게도 소리드림, 문성용을 만나 자신의 꿈을 찾았 다고 말하는 친구들이다. 이들이 자신의 꿈을 위해 한 걸음씩 나아가는 것을 보 는 것이 내가 강의를 하는 원동력이다.

또 다른 이충원, 손영은, 장누리, 윤혜아가 있는 강의실로 힘차게 걸음을 옮겨 본다.

소리드림 성공 사례 1 : 이충원

"Hi, my name is Chungwon."

지금 내 소개를 하려는 것이 아니다. 소리드림을 만나기 전까지 이게 내가 영어로 말할 수 있던 전부였다. 지금은? 지금은 국내에 13명밖에 없는 Certified Cicerone(국제공인 맥주 전문가)이자, 인터내셔널 비어 컵(International Beer Cup) 심사위원이다. 영어로 치르는 시험이고, 영어로 소통하는 대회다. 역시 영어로 치러지는 The General Certificate in Brewing(영국 맥주 양조사) 시험을 앞두고 있다.

국제 공인 맥주 전문가 인증서와 인터내셔널 비어 컵에 심사위원으로 참여한 나.

원래 나의 꿈은 양조사가 아니었다. 꿈이란 게 없었다. 그냥 성적에 맞춰서 지방대 사학과에 들어갔고, 사학과 특성상 교수님 및 과 선후배들과 전국 이곳저곳 유적지 등을 다니며 갖는 술자리를 좋아하던 평범한 대학생이었다. 공부도, 꿈도, 취업도, 당연히 영어에도 관심이 없었다.

술과 함께 대학을 다니다 군대를 다녀왔다. 제대 후에도 역시 술과 함께였다. 그러다 술자리에서 억울하게 시비가 붙어 코뼈가 부러졌다. 입원한 병실에서야 정신이 들었다. 취업을 해야 한다. 토익을 할까?

학원을 찾아다녔다. 이 강의 저 강의 들어봤지만, 다 마음에 들지 않았다. 분명히 우리말로 하는 강의인데 하나도 알아들을 수가 없었다. 게다가 나는 손에 펜을 쥔 채로는 한 시간 이상 앉아 있어본 적이 없었다. 하……

　토익은 포기했다. 그럼 뭘 하지? 영어회화? 그게 더 쉽고 재미있지 않을까? 그렇게 몇 군데 뒤지다 소리드림을 알게 됐다. 이왕 정신을 차리기로 했으니 새벽반을 다니자. 강의 도중 문성용 선생님은 3개월 동안 아무것도 하지 말고 그냥 재미로 다니라고 했다. 영어는 공부가 아니라고 했다. 그러기로 했다. 손에 펜을 쥐고 강의 내내 뭔가를 받아 적지 않아도 되는 영어 수업은 소리드림이 처음이었다.

　아, 수업시간에 유일하게 손에 펜을 쥐어야 하는 시간이 있었다. 딕테이션 시간이다. 선생님이 한 문장씩 4~5문장을 각각 열 번 정도씩 들려주면 들리는 대로 그냥 받아쓰는 시간이다. 정답을 알아맞히는 게 아니고, 그냥 들리는 대로 받아 적는 시간이다. 이걸 다 하고 나면 스크립트를 열어서 보여주신다. 그러면 틀린 부분이나 받아 적지 못한 단어에 빨간색으로 일일이 네모 칸을 치면 된다. 이렇게 하는 이유는 내가 어떤 부분을 알아듣지 못하는지 확인하기 위해서다. 시험이 아니다.

　그런데 이 딕테이션을 하면 내 노트에는 모든 곳이 네모 칸으로 채워졌다. 과장이 아니다. 정말 노트 한 페이지가 전부 네모 칸들로 채워져 있었다. 무슨 소린지 하나도 들리지 않았기 때문이다.

왼쪽은 소리드림 첫 번째 달에, 오른쪽은 소리드림 12개월째에 딕테이션을 한 것이다.

그렇게 15개월을 다녔다. 수업을 들은 후 녹음파일, 문장노트, 일기, 스터디에 집중했다. 하루 종일 이것들만 했다. 그래도 하루가 부족했기 때문이다.

2014년 4월, 워킹홀리데이를 위해 뉴질랜드로 향했다. 15개월 동안 24시간이 부족하다 싶을 정도로 영어에 미쳤던 결과가 어떨지 궁금했다. 낯선 곳에서 아는 이 없이 1년을 보내야 했다. 궁금증도, 막연한 걱정도 며칠 만에 곧 사라졌다. 나는 뉴질랜드에서 일자리를 얻고, 영어로 영업을 하고, 호주로 여행을, 키위(뉴질랜드 현지인)들로만 구성된 축

Episode 4. 영어는 덤이다!

구팀 멤버로 축구를 함께 했다. 축구가 끝나면 다 같이 펍으로 가서 다양한 맥주의 세계에 빠져들었다. 우리나라에선 맛볼 수 없던 맛이었다.

영어가 나를 뉴질랜드로 이끌고, 뉴질랜드가 나를 새로운 맥주의 세계로 이끌었다. 그들은 펍에서, 집에서 맥주를 직접 만들어 마시고 있었다. 홈브루잉Home Brewing이라고 했다. 맥주가 나의 꿈이 되었다.

귀국 후 양조사가 되기 위한 준비를 시작했다. 얼마 안 가 맥주를 좋아하는 분이라면 누구나 알 만한 브루펍Brew pub에서 양조사brewer를 모집한다는 채용공고가 떴다. 벌써 지원해도 될까? 좋아하는 일을 하라던 문성용 선생님의 말이 내게 용기를 줬다. 운 좋게 합격했다. 그곳에서 근무한 지 다시 13개월이 지났다. 새로운 기회가 찾아왔다. 전부터 가고 싶던 회사에서 영어를 할 줄 아는 양조사를 찾는다는 모집공고였다.

소리드림 15개월, 워킹홀리데이 12개월의 실력으로 과연 합격할 수 있을까? 합격이었다.

이곳에서는 다른 회사 외국인들과 영어로 이메일을 주고받거나 미팅을 한다. 내가 품질을 담당한 맥주가 유럽 맥주대회 두 곳에서 입상을 했다. 고객들을 위한 양조장 투어brewer tour도 직접 진행하고, 맥주 관련 교육기관에서 강사로도 활동하고 있다. 심지어 인터내셔널 비어 컵 심사위원 자격으로 해외출장을 다녀왔다.

양조사 동료들과 함께 한 미국 여행에서 만난 미국인 홈브루어들.

이게 다 영어 덕분이다. 소리드림 덕분이다. 소리드림 덕분에 영어랑 친구가 되었다. 영어랑 친구가 되니 새로운 꿈을 꾸게 되었다. 내가 하고 싶은 일을 할 수 있게 되었다. 앞으로도 하고 싶은 일들이 줄지어 나를 기다리고 있다. 나는 영어와 함께 계속 새로운 꿈을 꿀 것이다.

소리드림 성공 사례 2 : 손영은

"영은아, 요즘 뭐해?"

별 말 아닌데도 굉장히 듣기 싫던 때가 있었다. 그냥 왠지 모르게 마음이 아프다고나 할까? 아무도 뭐라고 하지는 않았지만, 괜히 찔려서 사람들을 만나는 것이 그다지 즐겁지만은 않았다. 다니던 회사가 잘 안되고, 뭐 할지도 모르겠는데 그런 질문은 가급적 피하고 싶었다.

당시 나는 싱가포르에서 하던 의류 멀티숍을 접고 한국에 들어와 있었다. 우리나라에서 옷을 떼다가 싱가포르 매장에서 파는 일인데, 하나부터 열까지 모두 혼자 해야만 했다. 영어는 서툴고 경험도 없다 보니 쉬운 일이 하나도 없었다. 그래도 그때는 '한 살이라도 어릴 때 이런 일 해보지, 언제 해보겠어? 이것도 경험이야' 하는 생각으로 버텼다. 하지만 한계가 찾아왔다.

　가게를 접고 국내에 들어오니 아무것도 하기 싫고 속상하기만 했다. 너무 열심히 해서 그랬던 걸까? 한참을 그렇게 지냈다. 머릿속엔 온통 '이제 뭐 하지?' 하는 생각뿐이었다. 그러던 중 소리드림이 생각났다. 싱가포르로 떠나기 전에 몇 개월 다녔는데 정말 재미있게 수업을 들었던 기억이 나서 바로 수강 신청을 했다.

　1~2년 만에 찾아갔는데 큰 강의실로 옮긴 것 말고는 그대로였다. 수강생들이 큰 소리로 영어를 따라 하는 모습이나 활기찬 수업 분위기를 다시 보니 '잘 찾아왔구나!' 하는 안도감이 들었다. 그리고 여기서 '영어 실력부터 쌓자!'라고 다짐했다.

　지금 이 글을 읽고 있는 취준생이라면 다들 쉽지 않은 결정이라는 걸 알 것이다. 그렇다. 내게도 어려운 결정이었다. 그래서 남들보다 재미있게 그리고 더 열심히 해야겠다고 매일 다짐했다. 일단 선생님이 좋다고 말한 건 다 했다. 녹음파일 만들기, 영어일기 쓰기, 전화영어 등 수업시간에 선생님이 알려주신 것은 최대한 열심히 했나. 진짜로 열심히 했다.

　뭣도 모르고 열심히 하다 보니 목소리가 아예 안 나오는 날이 있을 정도였다. 며칠 쉬면 돌아올 텐데 그새를 못 참았다. 그런 날에는 입 모양이라도 따라 하려고 애썼다. 버스에서 꾸벅꾸벅 졸면서도 영어일기 쓰던 핸드폰은 놓지 않았다. 수업도 매일 강의실 뒤에 서서 들었다. 서 있으면 선생님이 하는 동작 따라 하기도 쉽고, 전날 늦게 자서 잠이 부족한 날도 졸리지 않았다. 심지어 장이 아파도 벽에 기대기만 할 뿐 서서 들었다. 나중에는 아는 사람들이 '영은이 자리'라고 불러주었다. 지금 생각해보면 소리드림 다닐 때 미련하다는 말을 가장 많이 들었던 것 같다. 그런가? 난 아직도 내가 미련했다고 생각하지 않는다. 다 내가 재미있고 좋아서 한 일이다. 영어가 좋고, 사람들이 좋고, 이렇게 한 가지에만 집중할 수 있다는 사실이 좋았다.

그러던 중 우연한 기회에 영어 말하기 대회에 참가했다. 예전 같았으면 엄두도 못 낼 일이었지만, 아무래도 소리드림 덕분에 자신감이 넘쳤던 모양이다. 그냥 무조건 해야겠다는 생각밖에는 없었다. 더구나 순수 국내파 영어 실력자들을 위한 대회라니까 더 끌렸다. 예선을 위한 영상을 만들 때도, 예선 통과 후 결선 무대에서도 잘 못할 거라는 생각은 들지 않았다. 결과야 어찌 되었든 준비한 만큼 잘하고 오겠다는 생각뿐이었다. 연습의 효과인 듯했다. 결국 일반부 3등을 했다. 꺄아!!! 한 심사위원은 내게 영어강사냐고 묻기도 했다. 예의상 하신 말이었겠지만, 그

꿈을 좇으면 영어는 덤이다

래도 기분은 좋았다. 정말 아자아자! 였다.

내가 EF스피치 콘테스트에서 3등씩이나 하다니~.

그 후에도 영어에 대한 도전을 멈추지 않았다. 아르바이트를 찾아도 영어 관련 아르바이트 위주로 했다. 그러다 운 좋게 통역 아르바이트를 하게 되었다. 전문지식이 부족하다 싶은 건 공부했고, 실수한 건 메모했다. 자신감을 잃지 않기 위해 '아자아자!'를 외치며 힘을 냈다. 아르바이트 하나를 하고 나면, 그것을 경력 삼아 다른 통역 아르바이트에 도전했다.

지금은 InKAS(국제한국입양인봉사회)라는 NGO에서 간사로 일을 하고 있다. 이곳은 다른 나라로 입양 간 분들을 돕는 곳이다. 이분들 중에는 낳아준 부모님을 찾기 위해 한국을 찾아오는 이들도 있고, 단지 태어난 곳이라는 이유로 방문하고 싶어하는 분들도 있다. 그래서 주로 하는 일이 친부모와의 만남을 도와주거나 국내를 같이 여행하는 것이다. 이외에도 입양인을 지원하는 여러 가지 일을 하고 있다.

이들 중 상당수는 미국 국적자이며, 유럽 국가로 입양된 이들도 다들 영어를 잘한다. 결국 이들과의 의사소통에는 영어가 필수다. 소리드림 수강 이후, 줄곧 영어를 사용하는 일을 원했던 내가 바라던 곳이다. 영어를 쓰는 재미뿐 아니라 보람까지 느낄 수 있는 일이었다.

하루는 미국에서 위탁모를 찾기 위해 한 남자아이가 엄마(입양된 집의 엄마)와 함께 왔다. 위탁모란, 입양을 기다리는 아기를 짧으면 몇 주, 길면 몇 개월 동안 잠시 맡아서 길러주는 분을 말한다. 자기가 낳은 아기, 자신이 기를 아기는 아니지만, 아기가 입양 가기 전까지 엄마 역할을 해준다.

중학생쯤 되어 보이는 아이와 엄마와 함께 위탁모가 살고 있는 수원의 한 식당으로 찾아갔다. 위탁모는 우리 일행을 반갑게 맞아주셨다. 입양될 때까지 맡아 기른 기간이 그다지 길지 않았음에도, 그분은 여

InKAS에서는 취약계층 아동들을 대상으로 영어 캠프를 연다. 영어 원어민인 입양인 분들이 영어 선생님을 맡아주신다.

전히 지갑에 아이의 사진을 넣고 다니셨다. 얼마나 아이들을 사랑으로 대했는지 느낄 수 있었다. 감동이었다. 이날 손수 준비해주신 삼계탕은 내 인생 삼계탕이 되었다. 그리고 나오면서 이런 일을 할 수 있음에 고맙고 감사하다는 마음이 들었다.

어릴 때부터 영어를 좋아했지만 어떻게 해야 잘할 수 있는지 몰랐다. 하고 싶은 일은 많았지만 어떻게 해야 하나 고민만 했다. 때마침 소리드림을 만났다. 그 뒤로 모든 것이 바뀌었다. 영어 실력도 실력이지만, 모든 것을 대하는 자세가 달라졌다. 제대로 노력하는 법을 배우고, 나를 더 사랑하는 법을 배웠다. 지금은 직업으로 생각지도 못했던 일을 하고 있다.

소리드림 할 때 쓰던 감사일기에 빠지지 않고 등장하는 말이 있다. "수고했어! 오늘도."

지금까지 그랬던 것처럼 앞으로도 "수고했어! 오늘도"가 부끄럽지 않게 살 것이다. 아자아자!

소리드림 성공 사례 3 : 장누리

미국 간호사를 향한 첫걸음, IELTS 7.0, 소리드림으로 이루어내다!

2014년 9월, 나는 참 무모했다.

2012년 신입 간호사로 입사해서 2년 6개월여 동안 병원을 잘 다니다가 영어 공부 한답시고, 아니 소리드림을 한답시고, 소위 말하는 괜찮은(?!) 직장을 그만뒀기 때문이다. 한 치의 망설임도 없이.

주변에서 말이 많았다. 아니 취미를 위해 직장을 그만둔다고? 사이비 그런 거 아니야? 거기 무슨 학원이라고? 다들 만류했지만 나는 정말 하고 싶어서 눈물이 날 정도였다.

하고 싶은 영어 공부를 만 3년 정도 실컷 하다 보니 어느새 쌓인 서른 권이 넘는 월간 소리드림 교재들과 수많은 문장노트들.

사실 처음에는 회사일과 학원을 병행했다. 매일 아침마다 소리드림 수업을 듣고 녹음파일을 만들고 전화영어를 하고, 오후에 출근해서 밤 12시나 1시에 퇴근하면, 집에 와서 다시 문장노트 보기를 반복했다. 누가 시킨 것도 아니었다. 너무 재미있었다. 내 인생에서 처음으로 '하고 싶은 일이 생긴 순간'이었다.

하고 싶은 일이 생기다

결국 내가 좋아하는 일에 집중하고 싶어서, 잠도 줄이고 술도 줄이고 먹는 시간도 줄였다. 더 이상 줄일 수 없어서 직장을 그만두기로 했다. "하고 싶은 일을 하기 위해, 잠시 하기 싫은 병원 일 좀 그만두면 안 돼?"라는 나만의 당위성을 가지고 1년 동안 진짜 죽어라 영어만 했다.

매일 문장노트를 복습하고, 녹음파일도 하루 8개에서 최대 10개까지 목이 터져라 만들고, 365일 동안 매일 영어일기 쓰기, 필리핀 선생님들과 1시간씩 전화영어 하기 등등.

중요한 것은 '매일 매일 죽어라' 했다는 것이다. 즐기지 않으면 할 수 없었다. 그래서 나는 '죽어라 즐기면서 했다.'

그러다 보니 소리드림과 함께 한 1년 동안 컨디션이 좋았던 적이 단 하루도 없었다. 정상이 아닌 목소리에 정상이 아닌 컨디션으로 정상이 아닌 듯 영어를 했으니까. 열정 하나로 시작했지만 모든 것은 쉽지 않았고, 영어 제자리걸음을 수만 번 반복했지만, 선생님과 함께 했던 스터디 팀원들의 격려와 도움으로 성장할 수 있었다. 나 또한 다른 팀원들에게 그런 존재였을 것이라 믿는다.

비전카드를 만들다

1년 동안 수업을 들으면서 "하고 싶은 일을 하세요"라는 선생님의 말씀을 따라 하고 싶은 일을 찾기 위해 스케치북을 쓰기 시작했다. 문성용 선생님은 수강생들에게 나만의 비전카드를 만들어보라고 하시는데, 스케치북에 좋아하는 것 쓰기가 비전카드 만들기의 첫 번째 단계다. 스케치북에 10포인트 정도의 자필로 빼곡하게 좋아하는 것을 적어보면서

하고 싶은 일을 이루게 해주는 동기유발의 비전카드. 지금도 내 방 천장, 책상, 그리고 벽에 붙어 있다. 매일 자다가도 놀다가도 정신을 번뜩 차리게 하는 마법의 비전카드.

고민하고 또 고민했다. 스케치북을 다 쓰고 나니, 나는 ①사람을 좋아하고, ②영어도 익혔으니, ③더 큰 곳에서 더 많은 사람을 만나, ④봉사활동도 하며 친절을 베푸는 일을 하고 싶어졌다. 바로 '미국 간호사'였다.

한국에서 간호사로 일한다는 것

나는 '소명의식을 가진 간호사'로 참된 간호를 제공하며 즐겁고 보람되게 일하고 싶었다. 하지만 한국에서는 거의 불가능한 일이었다. 아무리 좋은 마음으로, 마음 다잡고 일하려고 해도 부족한 인력, 낙후된 의료시스템, 간호사에 대한 사회적 인식(이전보다는 향상되었다지만) 때문에 결코 쉽다고 할 수 없다. 고로, 간호사가 안전하게 일을 할 수 없고, 환자의 안전 또한 보장할 수 없다.

환자의 안전이 보장되지 않을 수 있다고 하니 무슨 말인가 할 것이다. 미국의 경우는 근로시간 보장, 원하는 근무시간 조절 가능(원하지 않으면 야간 근무를 안 해도 된다), 2주 이상의 장기휴가, 높은 임금, 사회적 대우와 인식, 의료 인력의 세분화 등으로 인해 질 높은 간호 제공이 가능하고, 간호사들의 만족도 또한 높다. 미국은 간호사 1명당 환자 4명, 중환자실의 경우 1명 정도를 담당하는 데 비해, 한국은 간호사 1명이 15~20명을 동시에 책임져야 하기 때문에 의료 서비스의 질이 떨어질뿐더러, 환자 파악도 잘 안 된다. 이 때문에 응급 상황이 발생해도 신속한 치료가 이루어질 수 없고, 투약 오류가 발생할 가능성도 높다.

이러저러한 이유로, '영어를 할 수 있고, 자격 기준도 갖춘 나'는 가슴 속 꿈을 미국에서 펼치고, 간호사로서의 이름을 세상에 알리자고 다짐했다. 이를 위해 IELTS(아이엘츠)라는 시험을 봐야 했다.

IELTS의 벽을 넘다

IELTS는 영국에서 만든 국제공인 영어시험으로, 미국에서 만든 토플과 비슷하다. 주로 이민을 가거나 유럽, 미국, 호주 등 영어권 대학 또는 대학원을 갈 때 비자 또는 입학 허가를 받기 위해 치르는 시험이다. 리스닝Listening, 리딩Reading, 라이팅Writing, 스피킹Speaking의 네 부문으로 이루어져 있고, 만점은 9점이다. 미국 영주권 수속을 위해 필요한 점수는 전체 평균인 Overall 6.5(스피킹은 7.0)를 넘겨야 한다.

스피킹 7.0이란, 'good user'에 해당하는 수준으로, 보통 12~13분 정도 영국인 혹은 미국인 시험관과 1:1로 시험을 보면서, 논리성, 유창성, 어휘, 발음, 문법적 오류에 따라 점수가 매겨진다. 한국인 응시자가 9점을 받으려면, 외국에서 초·중·고등 및 대학을 나오거나 거의 원어민 수준이 되어야 한다. 8점도 극소수나 받을 수 있고, 7점도 응시자의 10퍼센트가 채 안 된다고 한다.

IELTS 공부 자료들. 스피킹 연습장만 A4 종이로 1000장 정도 된다.
스피킹 한 주제당 2장씩, 매일 반복해서 스무 번도 넘게 읽었다.

꿈 을 좇 으 면 영 어 는 덤 이 다

따라서 외국 국제학교를 졸업했거나 영미권에서 석사를 졸업한 사람도 보통 스피킹 6.0 또는 6.5를 받는다. 영어를 공용어로 쓰는 필리핀 사람, 싱가포르 사람도 보통 7.5, 높으면 8.0이라고 한다.

나는 소리드림을 시작한 지 1년 후 별 준비 없이 시험에 응시했다. 2000개가 넘는 녹음파일과 매일 쓰던 영어일기 덕분인지 신기하게도 스피킹과 라이팅에서 좋은 점수를 받았다. 한국인은 보통 리딩, 리스닝을 잘 보고 스피킹과 라이팅을 엄청 어려워한다는데, 내 경우에는 큰 준비 없이 치른 시험에서 라이팅 6.0, 스피킹 6.5를 받았다. 그 이후 몇 개월 더 공부해서 당당하게 합격할 수 있었다.

2017년 4월에 합격하여, 소리드림 수업시간에 자랑하던 모습.

그린카드, 미국 영주권을 신청하다

　IELTS 점수를 만들고 2개월 만에 뉴욕주 간호사 면허NCLEX도 딴 나는 2017년 8월 미국 영주권을 신청했고, 10월경에 이민 승인을 받았다. 아마 내년 2~3월쯤에는 영주권을 발급받아 뉴욕주에서 새로운 시작을 할 수 있을 것 같다.

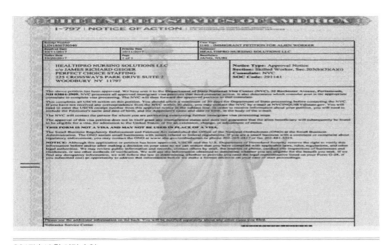

2017년 10월 이민 승인.

　뉴욕에서 간호사로 취업하려면 여러 방법이 있는데, 나는 그중에서 에이전시 소속으로 뉴욕주 병원에서 2년 정도 경력을 쌓으며 컬럼비아 병원으로의 이직을 목표로 종양간호사 시험, 심폐소생술 과정 등을 준

　　　　　　　　　꿈 을　좇 으 면　영 어 는　덤 이 다

비할 것이다. 컬럼비아 병원은 대학원 과정을 상당 부분 지원해주기 때문에 컬럼비아 대학원 'nurse practitioner(미국 전문 간호사로 의사와 비슷한 업무를 하며 환자를 직접적으로 책임진다)' 과정 이수 후, 박사과정까지 마칠 생각이다.

나는 어제보다 오늘 더, 오늘보다 내일 더 꿈에 한 발자국씩 더 가까워지고 있는 중이다. 물론 나의 꿈을 이루기 위해 긴긴 시간과 피나는 노력, 많은 부분에서의 희생, 그리고 열정 가득한 땀을 흘릴 준비가 되어 있다.

"Fight for my dreams, and my dreams will fight for me!"

소리드림 성공 사례 4 : 윤혜아

내 삶으로 먼저 증명하기 위해 시작한 여정

나는 스스로 대단한 일을 했다고 생각하지도, 또 남과는 다른 특별한 능력을 가졌다고 생각하지도 않는다. 단지 내가 하고 싶은 일이 무엇인지 조금 더 심각하게 고민하고, 조금 더 용기를 냈을 뿐이다.

그리고 지난날의 나처럼 무엇을 해야 할지 고민 중이거나 무엇을 좋아하는지 몰라서 선택조차 어려운 사람들이 있다면, 내가 했던 작은 경험을 통해 조금이라도 용기를 낼 수 있도록 하고 싶어 글을 쓰게 됐다.

각종 페스티벌에서 자원봉사를 하며 내가 꿈꾸던 일에 한 걸음씩 다가갈 수 있었다. 물론 소리드림을 통해 영어를 공부한 것이 큰 도움이 되었다.

나에게, 그리고 지난날의 나처럼 고민이 많은 누군가에게 내가 가장 하고 싶은 말은 "하고 싶은 일을 하세요!"이다. 물론 소리드림 수업을 들었다면 문성용 코치님에게 세뇌될 정도로 많이 들었던 말일 수도 있다. 한편으로는 너무 막연해서 귀 기울이게 되지 않는 말일지도 모르겠다.

그래서 나는 나의 삶을 통해 하고 싶은 일을 하는 삶의 즐거움을 먼저 증명해보기로 했다. 작은 일부터 하나씩, 그동안 비전카드에 무언가를 채우기 위해 썼던 그 일들을 시작한 것이다.

영어를 못한다는 핑계로 도전하지 못했던 유럽 여행을 다녀왔고, 좋아하는 페스티벌에서 자원봉사를 하고, 소리드림에서 찾은 비전을 따라 영화제, 공연, 페스티벌 등 문화 관련 행사 등에서 일을 찾으며 다양한 활동을 했다. 이렇게 하고 싶은 일만 찾아다니며 1년을 보내고 나니 왜 하고 싶은 일을 하며 살아야 하는지 조금을 알 수 있게 되었다.

스물일곱, 다시 고민에 빠지다

하고 싶은 일을 찾아 즐겁게 살던 어느 날, 나는 생각지도 못한 고민에 빠졌다. 매일 하고 싶은 일을 하고, 좋은 사람들과 어울려 재미있는 경험을 쌓아가는 것이 엄청난 행복이었지만, 그래도 마음 한구석에 무언가 아쉬움이 남는 것을 어쩔 수가 없었다. 그래서 다시 비전카드를 꺼내 들었다. 새로운 계획을 짜기 위해 비전카드를 재정비하면서 드는 생각은 '한국에 사는 27살 윤혜아'는 무엇을 해야 하는 것일까 하는 물음이었다.

'한국에 사는 27살'을 떠올리면 당연히 안정적인 곳에 취업을 하고 결혼을 하기 위해 준비해야 할 것만 같았다. 누가 그렇게 해야 한다고 시킨 사람도 없었지만, 취업을 준비하고 결혼을 준비하는 것이 잘 사는 모습 같다는 생각이 들었다. 그렇게 다시 꺼내든 비전카드에 나는 진짜 하고 싶은 일들은 모른 채하며 원하지 않는 목표들을 꾸역꾸역 채워 넣고 있었다.

하지만 비전카드를 채우면 채울수록 나의 20대를 원하지 않는 일들

꿈을 좇으면 영어는 덤이다

을 준비하며 보내기에는 억울하다는 생각이 들었다. 그래서 마지막으로 다시 용기를 내보자고 다짐했다.

캠퍼밴 라이프 Camper Van Life

다시 용기를 충전한 후, 나는 지금 현재 내가 가장 하고 싶은 일이 무엇인지 생각했다. 그것은 바로 런던에서 살아보듯 여행을 하는 일이었다. 런던을 다녀온 후에는 죽은 듯이 결혼과 취업 준비를 할 생각으로 편도 비행기 티켓을 끊고 2018년 1월, 드디어 런던으로 출발했다.

런던에 도착한 후에는 가장 해보고 싶었던 일을 시작하며 숙식과 경비를 해결하고 생활했다. 지난 유럽 여행 때 여행자보다 더 여행자 같았던 민박집 스태프를 보고 충격을 받았던지라, 이번에는 내가 민박집의 스태프를 자처했다. 그곳에서 2개월이 넘는 시간 동안 수백 명의 여행자들을 만났다.

외국 생활의 또 하나의 장점이라면 한국에 있을 때보다 훨씬 더 자유롭게 나에 대해 생각할 수 있다는 것이다. 오롯이 나에게만 집중할 수 있는 환경이 주어진 것이다. 이런 환경 속에서 나는 내가 꿈꾸는 삶이 무엇인지 생각하고 결론내릴 수 있었다.

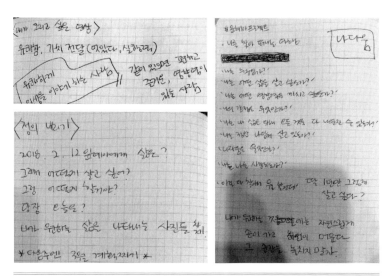

내가 하고 싶은 일을 찾기 위해 나에게 집중했던 시간의 흔적들

광활한 자연 속에 머무는 것.

지도에 있는 수많은 나라들의 땅을 밟아보고 문화를 체험하는 것.

많은 사람들을 위해 의미 있는 일들을 실행하고 나누는 것.

할머니가 되어서도 윤혜아답게 살아가는 것.

내가 하고 싶은 일, 되고 싶은 것에 대해 정의를 내렸지만, 막상 어떻게 실천해야 할지 전혀 감이 오지 않았다. 그때 나는 민박집에서 긴 시

꿈을 좇으면 영어는 덤이다

간 이야기를 나누고 있던 여행자를 통해서 캠퍼밴 라이프에 대해 알게 되었다.

캠퍼밴 라이프란 화물용 밴을 주거공간으로 개조한 후, 그 안에서 여행과 일상의 갭을 줄이며 사는 것을 말한다. 그리고 캠퍼밴과 함께 생활하는 사람들을 '밴 라이퍼Van Lifer'라고 부른다. 이미 외국에는 캠퍼밴 라이프를 즐기는 사람들이 굉장히 많았고, '미니멀 라이프Minimal Life'를 즐기기 위해 최소한의 물건을 두고 사는 사람들도 많이 볼 수 있었다. 그렇게 나는 밴 라이프에 빠지게 되었고, 밴 라이프를 즐기는 사람들을 통해 윤혜아의 밴 라이프를 수없이 많이 그려봤다. 그리고 밴 라이프야말로 내가 꿈꾸던 삶의 모습에 가까울 것이라는 결론에 도달했다.

나는 나에게 밴 라이프를 이야기해준 여행자와 함께 밴 라이프를 준비하기로 했다. 밴 라이프를 하기로 결정하기까지 수많은 고민들이 있었지만 '일단 시작해보고 판단하자'는 생각으로 도전에 나선 것이다.

그렇게 나는 민박집을 나와 두 달 반 정도를 달랑 침대만 있는 밴 안에서 생활하면 차를 개조하기 시작했다. 생각보다 더딘 진행에 중간에 포기하고 싶기도 했고 두렵기도 했다. 매일 먼지를 뒤집어쓰는 것은 당

두 달이 넘는 시간 동안 만든 나의 캠퍼밴

연한 일이었고, 어느 날은 원하는 삶을 살아보겠다고 주차장에서 지내는 외국인 신세의 내 모습이 너무 처량해서 펑펑 울기도 했다. 부엌이 만들어지기 전까지는 매번 마트에서 저렴하고 조리가 필요 없는 음식들로 끼니를 해결해야 했다. 피트니스 센터에서 눈치를 보며 샤워를 했고, 인터넷 요금을 아끼기 위해 와이파이가 설치된 사무실 밖에서 한참을 서 있기도 했다. 지금 다시 하라면 할 수 없을 것 같은 힘든 날들이었지만, 힘든 만큼 재미있는 일들도 많았고 뿌듯하고 묘한 쾌감이 들기도 했다.

밴 라이프를 위해서는 공부할 것들도 다양했다. 알뜰하게 식재료를

꿈을 좇으면 영어는 덤이다

사서 오래 먹는 방법, 공공장소에서 70리터짜리 물통에 물을 채우는 방법, 주거공간을 만들기 위해 필요한 자재들, 살면서 불필요한 것들을 구분하는 방법 등등, 평범한 삶을 택했다면 알 필요가 없는 것들을 알기 위해 공부했다.

그렇게 2018년 5월 19일, 모든 것이 완벽하게 준비되진 않았지만 기본적인 생활은 할 수 있는 상태가 되었고, 예정했던 날짜에 맞춰 나의 캠퍼밴 라이프가 시작되었다. 그리고 이 글을 쓰는 지금, 나는 프랑스 파리에 와 있다.

생각하고, 쓰고 말하는 대로 믿고 실천하면 꼭 이루어진다

캠퍼밴 라이프를 시작한 지 이제 겨우 한 달이 넘었을 뿐인데, 느낌은 1년이 지난 기분이다. 한 달 동안 광활한 자연 속에서 거센 바람에 차가 휘청이는 곳에서 머물기도 했고, 문만 열면 아름다운 호수가 보이는 곳에 캠퍼밴을 세워두고 마음껏 눈을 호강시키기도 했다. 또 제2차 세계대전에 빠져 공부하다가 6월 6일, 노르망디 상륙작전이 펼쳐진 날에 맞춰 노르망디에 가기도 했다.

이외에도 평생을 두고 떠올릴 수많은 일들을 겪으며 매일매일 정신없

나의 캠퍼밴 라이프는 아무것도 예측할 수 없다. 그래서 나는 지금을 열심히 즐기고 사는 것에 집중하기로 했다.

는 하루를 보내고 있다. 이런 삶을 평생하게 될지, 당장 한 달 뒤에 그만두게 될지는 알 수 없다. 하지만 중요한 것은 내가 원하는 것을 하고, 내가 원하는 곳에 있다는 사실이다. 그래서 그다음 일들은 크게 걱정하지 않는다. 지금 내가 가장 집중하며 생각하는 것은 어떻게 하면 지금의 삶을 잘 유지할 수 있을까에 대한 것이다. 그래서 나는 마지막이 언제인지 모르는 캠퍼밴 라이프를 통해서 오늘, 현재에 집중하는 삶을 살기 위해 노력하고 있을 뿐이다.

우리는 무언가 시작해야 할 때 어떻게 시작할지에 대한 생각보다 시작

꿈을 좇으면 영어는 덤이다

할 수 없는 이유들을 더 많이 찾곤 한다. 그리고 시작할 수 없는 수많은 이유들을 합리화하며 원하는 것들을 외면한다. 그런데 미래의 어느 날, 나의 지난날을 회상했을 때 과연 나는 어떤 선택을 자랑스러워하고, 어떤 선택을 후회하게 될까? 이런 생각을 하고 나니 나는 런던행 비행기 티켓을 끊지 않을 수 없었고, 밴 라이프를 시작하지 않을 수 없었다.

물론 모든 사람들이 여행을 하며 살 수도 없고 살 필요도 없다. 모든 사람들이 대기업에 들어가고 결혼하고 아이를 낳고 기르며 살 필요도 없다. 사람에게 주어진 삶의 그림은 제각각이기에 같은 삶을 살아가는 사람은 없을 것이다.

대신 나라는 사람이 어떤 꿈을 가지고 있으며, 어떤 삶을 원하는지에 대해서는 꼭 들여다보았으면 한다. 머릿속으로 내가 원하는 삶을 사는 나의 모습을 그려보고, 그 그림에 가까워지기 위해 노력하는 것이 중요하다. 미래를 정확히 예측할 수는 없지만, 지금 당장 내가 하고 싶은 일들을 하나씩 하다 보면 내가 그린 그림이 현실로 다가오는 날이 있을 것이다.

생각하고, 쓰고, 말하는 대로 믿고 실천하면 그 꿈은 꼭 이루어집니다.

책을 마치며…

사람들을 돕고 싶다.

모든 일은 하나의 마음에서부터 시작되었다.

그저 좋아서 시작한 일이다. 사랑하는 아내가 꿈을 이룰 수 있도록 응원하는 일이 좋았다. 그다음은 스스로를 성공헬퍼라 칭하며, 영어 때문에 고통 받은 학생들이 영어를 할 수 있게 가르쳤다. 그게 그렇게 좋았다. 이렇게 수강생과 함께 한 시간이 벌써 10년이다. 강산이 바뀔 만한 시간이 흐른 만큼 나 또한 성장했음을 느낀다.

매일 어떻게 하면 더 쉽고 재미있게 영어를 알려줄까? 하는 고민을 하며 강의를 준비했다. 그렇게 앞만 보고 달리면 될 줄 알았는데…… 그러나 냅다 뛰다 보니 발아래 돌부리를 보지 못 해 넘어진 적도 많았다.

책 을   마 치 며

대부분의 경우 훌훌 털고 일어났지만, 고백하건대 넘어진 김에 누워만 있고 싶은 적도 꽤나 있었다. 건강이 나빠져 강단에 서 있기조차 힘들 때, 강의실 문제로 경제적 어려움에 처할 때는 '노후는커녕 다시 건강할 때로 돌아갈 수는 있을까?'라는 생각만 머릿속에 가득했다.

이제 와 다행이건 시간이 걸리기는 했지만, 지금 다시 일어나 달리고 있다는 사실이다.

'내가 좋아하는 일이기 때문일까?'
'내가 정해놓은 비전이었기 때문일까?'
'이제껏 나의 모든 노력을 다 쏟았기 때문일까?'

소리드림은 내가 좋아하는 일이며, 동시에 비전이기도 하다. 그리고 태어나 가장 많이 노력한 일이다. 이러한 이유가 지금의 나, 성공헬퍼 문성용을 있게 한 힘이다. 하지만 세 가지 이유만으로는 모든 것을 설명할 수 없다.

가장 중요한 것이 빠졌기 때문이다. 바로 사람이다. 함께 하는 사람 말이다. 처음에는 학생에게 힘든 일이 있으면 어떻게든 도와주기 위해 생각하는 자신을 보며, 난 주기만 하는 사람인줄 알았다. 하지만 시간이 흐르고 난 뒤, 알게 되었다. 그들이 웃을 때 나도 웃게 되고, 그들에

꿈 을 좇 으 면 영 어 는 덤 이 다

게 생긴 좋은 일이 나의 좋은 일이었다.

어제 강의 때 얼굴빛이 안 좋았다며 홍삼을 주고 간다. 잠시 화장실 갔다 오면 교탁 위에 항상 마실 것과 먹을 것이 있다. 수업을 듣지 않은 학생도 어찌 알았는지 아프다는 이야기 들었다며 몸 좀 챙기시라 안부 문자를 보내온다. 수업 준비에 잠을 못 자 지쳐 보일 땐 먼저 밝게 웃어 주고, 그만두고 싶어 주저앉을 때는 함께 울어주셨다. 어느 하나 소중하지 않은 순간이 없었다.

하루는 새벽에 수업 준비를 하다가 거울을 보았다. 눈가에 자연스레 주름이 잡혀 있다. 왠지 모르게 기분이 좋았다. IT 관련 일을 하던 시절 난 적성에 맞지도 않은 일을 하느라 매일 웃음을 잃어갔다. 일을 그만 둘 때쯤에는 미간에 일자 주름이 잡혔고, 얼굴에서 웃음기라고는 찾아볼 수 없을 정도였다. 그런데 육체적, 정신적으로 더 힘든 일을 하는 지금은 잠 못 자는 날은 있어도 웃지 않은 날은 없다. 매일 웃어서 생긴 백만불짜리 주름인데 기분이 안 좋을 리가 있겠는가.

이렇게 보니 내가 학생들의 성공헬퍼가 아니라 그들 모두가 나의 성공헬퍼들이다. 준 것이 많은 줄 알았는데 받은 것이 더 많은 사람이다. 감사하고, 감사하고, 감사한 마음이다.

마지막으로 꿈을 이루는 비밀을 알려드리려 한다.

평범한 내가 많은 사람들 앞에서 영어를 가르치는 것이 가능했던 이유는 철저한 준비에 있다. 밤새 강의 준비를 끝내놓고는 앞에 수강생이 있다고 생각하고 강의 리허설을 한다. 동시에 말을 타자로 받아 적는다. 이렇게 연습을 하고 나면 매일 A4 용지 약 10장 분량이 나온다. 이제는 방 한쪽 벽면 책장을 꽉 채울 정도다. 10년이나 했으니 "이젠 그만 해도 되지 않나?"라고 물어오는 사람도 있다. 처음에는 강의가 너무 어려워서, 그 두려움을 이겨내기 위해 철저하게 준비했다면, 그 어려운 시기의 행동들이 지금은 소중한 습관으로 자리 잡았다. 또한 빈틈없는 준비가 학생들에게 도움이 된다는 것을 잘 알고 있다. 그게 나의 매일의 행복이다.

여러분이 원하는 비전을 찾길 바란다. 그리고 혼자보다는 소중한 사람들과 항상 함께 했으면 한다. 최선을 다해 노력한다면, 우리 모두 지금도 내일도 행복할 것이다. 즉 행복의 비밀은 좋아하는 일을 하는 것이다.

앞으로 성공헬퍼 문성용은 제가 좋아하는 여러분과 함께, 소중한 비전의 길을 걸을 것이다.

지금도 행복하시고, 내일도 여러분이 행복하면 좋겠다.

여러분! 좋아하는 일 하세요!

비전을 위해 A4용지 10장 두께만큼 매일 10년 동안 쌓아 올린 수업 준비 자료와 수업 교재.

마지막으로 어려운 시기에 항상 곁에 있어준 직원 여러분들께 진심으로 감사한 마음을 전합니다.

꿈을 좇으면 영어는 덤이다

ⓒ 문성용 2018

초판 인쇄 2018년 7월 13일
초판 발행 2018년 7월 23일

지은이 문성용
펴낸이 황상욱

기획 황상욱 이은영   **편집** 황상욱 윤해승
디자인 김선미   **마케팅** 최향모 강혜연   **교정** 오효순
제작 강신은 김동욱 임현식   **제작처** 한영문화사

펴낸곳 (주)휴먼큐브
출판등록 2015년 7월 24일 제406-2015-000096호
주소 10881 경기도 파주시 회동길 455-3 3층
문의전화 031-8071-8685(편집) 031-8071-8670(마케팅) 031-8071-8672(팩스)
전자우편 forviya@munhak.com

ISBN 979-11-88874-16-3 13740

트위터 @humancube44 **페이스북** fb.com/humancube44